Die Tür

Erfahrungen
eines Rausschmeissers

Geoff Thompson

WU-SHU-VERLAG KERNSPECHT

Warnung:

Der Verlag warnt die geneigten Leser davor, dem Beispiel des Türstehers Geoff Thompson bis zum bitteren Ende zu folgen. Sich ins Milieu zu begeben, um innerlich hart (tough) zu werden für vielleicht nie stattfindende Ernstfälle, das ist kein harmloses Allheilmittel gegen die Angst, sondern gefährdet Ihre Moral. Wer sich in solchen Kreisen bewegt, kommt vielleicht nie mehr da raus! Viele der geschilderten Kampfaktionen (Treten zum Kopf des schon kampfunfähig am Boden liegenden Gegners) würden nach unserem geltenden deutschen Recht (selbst wenn man der Angegriffene ist) eine strafbare Handlung darstellen.

Der Herausgeber

Titel des der engl. Originalausgabe:
Watch My Back – A Bouncer's Story (ISBN 1 87347503 9)

Übersetzung: Ronald Butler BA (Oxon.)

Lektorat: L. Winsley, MA, R. Liebscher-Bracht, G. Herrmann und Uli H., der davon träumt, den Herausgeber im Armdrücken einmal fast geschlagen zu haben.

ISBN 3-927553-08-5

Inhaltsverzeichnis

Links n. rechts:
Colin der Nackenlose Maynard, Jabber James, der Schreck-
liche Anderson, Geoff Thompson

Widmung

Für meine Eltern, ich liebe Euch.
Für Sharon, mein Leben, meine Inspiration
Für Kerry, Lisa, Jennie und Louis,
meine so wunderschönen Kinder,
und
für meinen verstorbenen,
großen Freund Mick Brennan

Über den Autor

Geoff Thompson ist zweifellos einer der anerkanntesten und gleichzeitig umstrittensten Autoren und Lehrer dieses Jahrhunderts auf dem Gebiet der Selbstverteidigung mit über 20 Bestsellern und 20 Lehrvideos.

Sein Werk ist innovativ und gibt Denkanstöße. Seit Jahren erscheint dieser Botschafter der Kampfkünste in englischen und internationalen Fernsehsendungen – z.B. als der *BBC Good Morning* Selbstverteidigungsexperte – und spricht zu Themen wie Sicherheit.

Er bildet die Polizei, die Marine, die lokalen Behörden und die Teilnehmer von Bodyguard-Trainingscamps in seiner eigenen Selbstverteidigungsmethode aus.

Geoff Thompson erschien in zahlreichen Zeitschriften wie *SG's Martial Arts, Combat, Traditional Karate, Fighters,* Terry O'Neills *Fighting Arts International, Muscle Mag* (Britain – USA), *Black Belt Magazine* (USA), *Fighters* (Schweden) und *Australasian Fighting Arts* (Australien). Zur Zeit ist er stellvertretender Herausgeber von *Martial Arts Illustrated.* Auch in trendigen Hochglanzmagazinen wie *Loaded, Maxim, Esquire* und *GQ*-Magazin (England-Paris) wurde zum Teil in Fortsetzungsserien über ihn berichtet.

Der Autor ist einer der erfahrensten Selbstverteidigungs-Lehrer unserer Zeit mit einer langen Liste von Qualifikationen. Zur Zeit ist Thompson Trainer in Sambo *(Moskau Sambo Föderation),* Griechisch-Römisch *(FILA),* Olympischen Freistil-Ringen 3. Stufe *(FILA),* Ju-Jitsu und Trainer der British Combat Association. Thompson ist 5. Dan Karate *(EKGB),* 2. Dan JKA *(Japan Karate Association),* 1. Dan Shaolin Modga Gung Fu, 1. Dan Judo *(British Judo Association),* ABA Box-Trainer und BTBC Muay Thai-Trainer. Außerdem ist er ehemaliger englischer Waffen-Champion, ausgebildet in der Benutzung der Stabtaschenlampe zur Selbstverteidigung und im PR24 Side Handled Polizeiknüppel.

1997 haben ihn Chuck Norris und Richard Norton nach USA eingeflogen, damit er seine Selbstverteidigungsmethode auf ihrem int. Kampfkunst-Seminar zusammen mit Kampfkunst-Größen wie Benny Urquidez und Jean-Jacques Machado vorstellen konnte.

Aber der Autor hat nicht nur Bücher und Videos herausgebracht, sondern auch einen Spielfilm über sein Leben geschrieben sowie 12 Fernseh-Sendungen basierend auf seinen drei Türsteher-Büchern.

Trotz aller internationalen Anerkennungen wird Geoff Thompson wegen seiner realistischen Einschätzungen in vielen traditionellen Kampfkunstkreisen immer noch als Ketzer und Nestbeschmutzer angesehen.

5

Danksagung

Ich möchte mich an dieser Stelle bei folgenden Personen bedanken:

- *John Johnson*, meinem Ausbilder, der mich unter seine Fittiche nahm, mir seine Freundschaft gab und mir „den Weg" zeigte.

- Meinem guten Freund, Sempai und Ratgeber *John Anderson*, der mir alles über die Türsteherei beibrachte.

- *Mick Finnie*, der mir ein Jahr lang geduldig beibrachte, mit meinen Händen umzugehen, und mir mehr als einmal den Rücken freihielt.

- *Alan Hines*, meinem Trainings- und Sparringpartner und besten Freund, der schneller als Cassius Clay und witziger als Buster Keaton ist.

- *Tony Roberts*, der mir noch näher steht als ein Bruder, und mir unzählige Male den Rücken freigehalten hat.

- *Sue Lary* vom Coventry Evening Telegraph, die mir den literarischen Weg zeigte.

- Meinem Freund *Richard Barnes* für alle seine Hilfe.

- Meinem Bruder *Ray*, eine große Inspiration.

- *Tony Coppola*, meinem guten Freund und Krafttrainer.

- *Stewart* und *Baz*, meinen Freunden im Eclipse Nachtklub.

- Und besonders bei *Sharon*, die mir stundenlang geholfen hat, alles auf die Reihe zu kriegen.

6

Von links nach rechts: Geoff Thompson, Paul, Rob

Respekt und Bescheidenheit

Erweise immer Respekt.
Wenn das Böse dann sein häßliches Gesicht zeigt,
hast Du die Rechtfertigung,
statt dessen die eiserne Hand zu heben.

Übe Dich in Bescheidenheit,
denn Bescheidenheit ist das Zeichen von Größe.

7

Geleitwort des Herausgebers

Vor zwei Jahren hatte ich dieses umstrittene Werk, das erste von insgesamt drei Bänden über die Lehr- und Kämpferjahre des wohl berühmtesten Doorman in Europa, bei Foyles, dieser bibliophilen Institution, in London entdeckt.

Als ich dann mit meinem WingTsun-Team in Thailand war, um die australische Muay-Thai Nationalmannschaft, die von meinem WingTsun-Schüler, Kru Yai Stephen Fox, Professioneller Australischer Thaiboxing und Intercontinental Champion, trainiert wird, im Kampf gegen das thailändische Team anzufeuern, verschlang ich dieses Buch am Strand von Ko Samui in einer einzigen Sitzung.

Geoff Thompson war tatsächlich im fernen England zu Ergebnissen, Mut und Taktik betreffend, gelangt, die ich bislang wie ein einsamer Rufer in der Wüste seit 1970 tauben allzu traditionellen Ohren mit – ich gestehe – resignierendem missionarischem Eifer predige.

Ich hatte mich damals selbst schon lange wissenschaftlich mit dem Phänomen Angst beschäftigt und mich mit Kämpfern verschiedener militärischer und polizeilicher Eliteeinheiten und dem bulgarischem Psychologieprofessor und Vize-Rektor der Nationalen Sportakademie Sofia, Prof. Kaikov, ausgetauscht. Außerdem konnte ich aufgrund meiner eigenen Entwicklung Geoffs Werdegang von einem eher ängstlichen und schüchternen Jungen zu jemand, der sich durchzusetzen versteht, gut nachvollziehen.

Überglücklich im Bewußtsein, nicht mehr allein zu stehen, nahm ich sofort Kontakt zu ihm auf, sandte ihm mein eigenes Glaubensbekenntnis „Vom Zweikampf" zu, das gerade als „On Single Combat" auf Englisch erschienen war, das dieser ebenso glücklich begrüßte als: Das beste Buch auf dem Markt! Es hat mich erleuchtet! Es behandelt soviele Themen, daß es man es nicht auf einen Stil begrenzen kann. Es ist allumfassend! Mit höchster Empfehlung! Ein Prädikat, das ich für Geoffs Bücher uneingeschränkt zurückgeben kann.

Darauf trafen sich zwei congeniale Suchende verschiedenster marzialischer Schulen im Land der Queen und fanden soviel Gefallen aneinander und an den gegenseitigen Erkenntnissen, die die eigenen (Vor) Urteile bestätigten, daß ich mich spontan entschloß, Geoffs Bücher in meiner Schwarzen Reihe einem deutschsprachigen Publikum teilhaftig werden zu lassen. Und dies, obwohl ich in einem wichtigen Punkt durchaus nicht seiner Meinung bin. Ich weiss nämlich, daß es bei entsprechendem Psychotraining möglich ist, einen Menschen zum Kämpfer zu trainieren, ohne daß er sich vorher zehn Jahre als Türsteher im Milieu verdingen muß.

So gerne ich den launigen Text selbst übersetzt hätte, so sehr war es mir zeitlich nicht möglich. Nachdem ich monatelang per Anzeige an anglistischen Seminaren verschiedenster deutscher Universitäten nach einem adäquaten Übersetzer gefahndet hatte, packte mich schier die Verzweiflung. Denn diese sandten mir zwar die Kopien ihrer Staatsexamensnoten (Übersetzungsteil: Note Sehr gut!), aber schon die Übertragung des englischen Originaltitels *Watch My Back* (sinngemäß: *Halt mir den Rücken frei*) wurde von den studierten Damen und Herren meist als *Schau auf meinen Rücken* fehlübersetzt. Kurz, ich entschloß mich, die Übersetzung in die bewährten Hände meines WT-Schülers Ronald Butler (BA Oxon.) zu geben, der nicht nur neiderregend zu den seltenen Personen gehört, die beide Zungen gleichermaßen in Wort und Schrift beherrschen, sondern darüber hinaus der schnellste gute Übersetzer ist, der mir je begegnet ist. Gleichwohl wird auch diese Übersetzung dem angelsächsischen Original nur schwerlich gerecht, denn Ronald war nie Türsteher und hat den Lingo dieses Genres natürlich nicht drauf. Wie sagt man in deutschen Türsteher- und Rausschmeisser-Kreisen für *he lost his bottle* (er verlor den Mut)? Sagt man hier im Kiez *er hatte Muffe* oder *ihm ging der Arsch auf Grundeis* oder *er machte sich die Hose voll* oder sind das alles Ausdrücke, die mich als jemand outen, der schon über 28 Jahre alt ist? Nun habe ich zwar Ex-Schüler, die dem horizontalen Gewerbe als Beschützer dienen, aber sie kann ich nicht mehr fragen, da sie sich *selbständig gemacht* haben, nachdem unser Verband sich von ihnen trennen mußte, schließlich ist WingTsun traditionell gesehen, das einzige Kampfsystem mit dem sich das schwache Geschlecht mit Erfolgschancen gegen Männer zur Wehr setzen kann. Hätte ich diese durchaus

9

realitätsbewußten Herren weiterhin als WT-Lehrer im Verband geduldet, hätten wir uns dem moralischen Vorwurf aussetzen müssen, den Bock zum Gärtner oder besser zum Ausbeuter seiner schutzbefohlenen Schülerinnen zu machen. So muß ich fachsprachenkundige Leser um ihre Verbesserungsvorschläge bitten, die in der 2. Auflage (auf Wunsch mit Nennung der Einsender) berücksichtigt werden. Noch ein letztes Wort an die lieben Eltern meiner WingTsun-Schüler, die dieses Buch ihrem Karl zum Wiegen- oder Weihnachtsfeste auf den Gabentisch legen: Es ist dies kein Erbauungsbuch ad usum delphini. Geoff Thompson war 9 Jahre jede Nacht im Milieu tätig, und aus seinem englischen Originaltext spricht streckenweise die typische gewalttätige, sexistische, anal- und genitalfixierte Sprache seiner Umgebung.

Bis zu diesem Zeitpunkt sind wir uns nicht einig, ob wir die drei oder so anstößigen Passagen lieber ganz weglassen, entschärft übersetzen oder als F... oder A.... oder S...... andeuten sollen, obwohl die Kids ihnen täglich in der Schulpause oder durch TV oder Internet ausgesetzt sind.

Dem pädagogischen Wert des Buches als Entwicklungsbericht eines Geläuterten mit durchaus psychologisch und philosophischen Erkenntnissen (denn wo erkennt man die anderen und sich selbst schneller als in einschlägigen Etablissements?) würde dies entgegenkommen. Andererseits würde aber auch die ungeschönte Kiezsprache vor dem Verwandlungs- und Abstumpfungsprozeß, der mit der Arbeit eines Rausschmeißers an einer harten Tür verbunden ist, warnen. Vielleicht wäre es nachgerade verantwortungslos, sich hier durch die Sprache einer Verharmlosung schuldig zu machen. Denn die Arbeit an der Tür verändert den Charakter nicht notwendigerweise zum Besseren.

Die Authentizität und die Milieuschilderung würde leiden, so daß ich z.Z. für einen konfuzianischen Mittelweg plädiere: Gemäßigte Wiedergabe, aber für den, der sich es antun will/muß, die problematischen Zitate im ungekürzten und unzensierten Englisch. Eine wirksame Schranke für allzu junge Leser.

Keith Ronald Kernspecht,
9. Großmeistergrad WingTsun (WT), EWTO
Wu Shu-Verlag

10

Ian McCranors Vorwort

Als ich sechzehn Jahre alt war, glaubte ich, daß Karate alle meine Träume wahr werden lassen würde. Ich glaubte, Karate würde mir die Kraft und das Selbstvertrauen geben, die ich suchte, und gewissermaßen hatte ich auch recht. Als ich neunzehn wurde, hatte ich meinen schwarzen Gurt erreicht und nahm regelmäßig mit großem Erfolg an Wettkämpfen Teil, wodurch ich eine stattliche Sammlung von Pokalen aufbaute.

Das Unterrichten in meinem eigenen Klub brachte mich mit vielen Leuten in Berührung, und durch die Berichterstattung in den Medien konnte ich einen Ruf aufbauen. Im Alter von 24 Jahren arbeitete ich als Türsteher in einem nahegelegenen Nachtklub; bis dahin war ich noch nie in einen echten Straßenkampf verwickelt worden, in dem es keine Regeln und keinen Schiedsrichter gab. In einen Kampf, bei dem der Gegner mir auf den Kopf springen würde, wenn ich zu Boden gehen sollte.

Dort traf ich auf Gegner, die mich nicht kannten und denen ich auch völlig egal war. Die hatten das Wort *Yammae* (Stopp!) noch nie gehört und waren von einem schnellen, unheimlich sauber ausgeführten Jodan Mawashigeri (Rundtritt zum Kopf) gänzlich unbeeindruckt. Wettkampfteilnehmer kennen die Schmetterlinge im Bauch, den trockenen Mund und das Herzpochen vor einem Kampf, aber bei einer wirklichen Auseinandersetzung verzehnfacht sich das Ganze. Wenn du noch nie in einer realen Kampfsituation warst, dann mache dir nichts vor. Ein Straßenkampf hat nichts mit einem Wettkampf gemein und dauert normalerweise nur einige Sekunden.

Die Probe habe ich erfolgreich bestanden, sonst wäre ich nicht hier, aber ich lernte viel aus dieser Begegnung und mir war klar, daß ich meine Trainingsmethoden überdenken mußte. Damals kämpfte ich auf internationalem Niveau und machte gerade einen großen psychologischen Veränderungsprozeß durch. Ich wußte, daß meine Karatetechniken funktionierten, sogar gut funktionierten, aber ich wußte auch, daß ich sie hier und da modifizieren mußte. Mit der Zeit glaubte ich der einzige zu sein, der so dachte, jedoch fand ich bald heraus, daß es allen so ging, die ich darauf ansprach. Spitzenkämpfer in allen Disziplinen haben alle ihre eigenen Unsicherheiten und Selbstzweifel. Mit Erstaunen stellte ich fest, daß es renommierte Wettkampfsieger gab, die noch nie einen richtigen Kampf erlebt hatten.

Eine bestimmte Person, mit der ich sprach, dachte nicht nur so wie ich, sondern hatte auch etwas unternommen. Er hatte sich mit dem Problem praktisch auseinandergesetzt und konnte mir sowohl körperlich als auch psychologisch helfen, die erforderlichen Änderungen herbeizuführen. Er half mir, indem er mir seine Vorgehensweisen und Gedankengänge in bestimmten Situationen schilderte und offen zugab, wie oft er gegen sich selbst kämpfen mußte, um seine Angst zu überwinden. Es handelt sich um den Autor dieses Buchs, Geoff Thompson. Geoff hat sich etwas wiederangeeignet, das in uns allen schlummert. Was du gleich lesen wirst, wird Dein Leben verändern. Dieses Buch wird ohne Zweifel deine Bibel werden. Meine ist es schon.

Ian McCranor, 4. Dan,

Commonwealth Silbermedaillengewinner,
ehem. Mitglied der englischen Nationalmannschaft,
Cheftrainer der Central England Karate Association

Peter Consterdines Vorwort

Dies ist nicht einfach nur ein Buch über Gewalt oder über die Kampfkunst, obwohl der Verfasser ein erfolgreicher Kampfkünstler ist, der die Gewalt zu seinem Beruf gemacht hat. Es ist vielmehr ein Buch über die Fähigkeit, mit der Angst umzugehen, und zwar in einem besonderen Mikrokosmos unseres gesellschaftlichen Lebens, den Nachtklubs.

Die sinnlose Gewalt, die einige Zeitgenossen bereit sind, gegen ihre Mitmenschen auszuüben, beschränkt sich nicht nur auf Nachtlokale in Coventry, sondern ist fast täglich auf unseren Straßen zu finden. Selbst der Durchschnittsbürger wird etwas in diesem Buch finden, das ihm möglicherweise einmal das Leben retten könnte. Nicht etwa kampftechnische „Sofortlösungen", sondern eine geistige Einstellung, die ihm in bestimmten Situationen einzig und allein hilft, durchzukommen.

Für Kampfsportler ist dieses Buch eine bittere aber ehrliche Pille. Was sie als Sport betreiben, erweist sich im Ernstfall selten als brauchbar. Mit dieser Tatsache und den eigenen Ängsten läßt es sich jedoch zweifellos besser aus der Sicherheit eines Sessels auseinandersetzen, als wenn man sich in die vom Verfasser beschriebenen Situationen begibt.

Eine wahre Geschichte über moderne Gewalt und Gegengewalt, wobei das notwendige Quentchen Humor in jedem Kapitel nicht weit unter der Oberfläche zu finden ist.

Peter Consterdine, 6. Dan
Karate-Redakteur (Martial Arts Illustrated)

13

Einleitung des Autors

Die traurigste aller Wahrheiten ist, daß Gewalt nur mit noch größerer Gewalt bekämpft werden kann, ob auf dem Schulhof, wo der Grobian seinen schwächeren Mitschülern das Leben zur Hölle macht, oder auf den blutigen Schauplätzen des Kriegs.

Politiker und Gesetzesmacher haben diese Wahrheit aus verständlichen Gründen schon immer vehement bestritten, denn sie zu akzeptieren kommt einer offenen Einladung gleich. Dennoch entsprechen ihre Handlungen nicht immer den schönen Worten. Was passierte, als Adolf Hitler sich entschied, die ganze Welt gewaltsam für seine eigenen Machtzwecke zu erobern, nachdem sämtliche Gespräche und Verhandlungen ihn nicht davon abzuhalten vermochten? Was unternahm die britische Regierung, als die Argentinier sich weigerten, die gerade von ihnen überfallenen Falklandinseln nach wiederholten Aufforderungen wieder herauszurücken? Und was verstanden die Vereinten Nationen unter *gerechtfertigten Mitteln* als Saddam Hussein nicht einlenken wollte? KRIEG! Die heftigste Form der Gewalt, die der Mensch kennt. Gewalt ist nie gut, aber manchmal ist sie notwendig, um den Frieden zu wahren.

Ohne Gewalt wäre auch mein eigenes Leben angenehmer und meine Welt schöner und glücklicher. So wie die Dinge zur Zeit aussehen, wird dieser Traum jedoch nie Wirklichkeit werden.

Ich persönlich stelle mir einen guten Türsteher als jemanden vor, der Leute bei ihrer Ankunft begrüßt, die gute Mehrheit vor der bösen Minderheit und die Dazwischenliegenden vor sich selbst beschützt und allen am Ende des Abends eine gute Nacht wünscht. Der aggressive, sadistische Türsteher, der so oft als solcher von den Medien dargestellt wird, ist m.E. eine seltene Erscheinung. Sein *Job* ähnelt dem eines Polizisten: undankbar, in der heutigen Gesellschaft zunehmend notwendig, aber leider total mißverstanden.

Ich wäre meinen Lesern also sehr dankbar, wenn sie dieses Buch unvoreingenommen lesen, sich von eventuellen falschen Vorstellungen über Türsteher befreien und sich selbst gegenüber brutal ehrlich sein, sich sogar selbst in meine Lage versetzen würden, ehe sie über meinen Charakter urteilen. Wer dieses Buch nur oberflächlich liest, wird in mir vielleicht nur den Kämpfer wahrnehmen.

Wer nur einen gewalttätigen Mann sucht, wird hier auch nur das finden. Wer jedoch fähig ist, etwas tiefer zu schauen, wird meine wirkliche Natur entdecken: einen netten, sensiblen Mann, der sich in den Vulkan des Lebens warf, um verzweifelt mit der Hitze umgehen zu lernen; der vom Leben so gedemütigt und herumgeschubst wurde, dessen Schwäche ihn derart anwiderte und schmerzte, daß er beschloß, sich trotz der Angst lieber diesem Leben zu stellen, als weiterhin ein Dasein als Wurm zu fristen. Der Leser, der meint, daß ich in meinen Bemühungen, mich zu verbessern, etwas übertrieben habe, möge mir verzeihen, ich wußte mir nicht anders zu helfen.

Die *Tür* war für mich Mittel zum Zweck. Ich konnte mir nicht, wie manch anderer, leisten, nach Japan, dem Mekka der Kampfkünste, zu gehen, um Geist und Charakter zu stärken. Meine Erfahrungen an der Tür machten das auch unnötig. Ich mußte nur mich selbst finden. Indem ich meinen Ängsten die Stirn bot und mich meinen Dämonen stellte, begann ich den langen Weg zum Sieg über meinen eigenen Geist.

Es gibt mehr als einen Weg zum Gipfel eines Berges. Meine Zeit als Rausschmeißer hat mich insgesamt mutiger gemacht; Geist und Wille werden immer stärker. Auch habe ich meine eigenen Theorien über die Angstüberwindung entwickelt. Obwohl die vollständige Beherrschung noch ein fernes Ziel ist, habe ich zumindest meinen persönlichen Weg gefunden. Auf der Kehrseite gehen diese Stärken leider mit einem leichten Verfolgungswahn und Verachtung für respektlose Menschen einher, jedoch wird mein stärkerer Wille mit der Zeit auch damit fertig.

Karate lehrt in erster Linie Bescheidenheit und Respekt. Wenn es mehr bescheidene Menschen gäbe, die ihren Mitmenschen etwas mehr Respekt entgegenbringen würden, wäre der Beruf des Türstehers unnötig, und wir würden in einer Welt ohne Kriege leben. Welch ein schöner Gedanke....

Ich habe ein halbes Jahr lang an diesem Buch gesessen und es dauerte ein weiteres Jahr, bis ich damit ganz fertig war. Die erste Fassung schrieb ich in der Maschinenbaufirma, in der ich damals arbeitete, und zwar auf dem Klo sitzend, wo ich mich vor dem Vorarbeiter zu verstecken pflegte, dessen Vergnügen es war, mir das Leben schwer zu machen. Natürlich arbeite ich jetzt nicht mehr dort, sonst wäre ich wohl nicht so mutig und ehrlich. Trotzdem kann ich keinem raten, sechs Monate auf der Toilette zu verbringen, denn jetzt leide ich an einer gewissen Gefühllosigkeit in den Beinen und habe einen permanenten roten Ring um den Hintern.

Dieses Buch schildert einige meiner Erlebnisse in den acht Jahren, die ich als Türsteher in den Vororten und im Stadtzentrum von Coventry verbrachte; in einer Stadt, die einer Umfrage zufolge einmal als die für ihre Größe und Einwohnerzahl gewaltsamste in Europa galt. Nach meinem Gefühl tut man der Stadt damit Unrecht, aber was weiß ich denn schon. Ich habe nur mein ganzes Leben dort verbracht.

Übertreibungen liegen mir nicht; dieses Buch ist eine ehrliche und wahrheitsgetreue Schilderung einiger Vorfälle, die mich zum Weinen und Lachen gebracht und mitunter schockiert, beunruhigt, beeindruckt und manchmal sogar total verblüfft haben. Von Freunden, Feinden, Zuhältern, Prostituierten, Feiglingen und Helden wird erzählt. Hoffentlich macht euch das Lesen genauso viel Spaß wie mir das Schreiben. Bitte glaubt mir, ich will nicht schockieren, sondern informieren. Meine Schwächen gebe ich zu, meine Stärken zeige ich allerdings auch. Aber nur weil ich hier die Wahrheit geschrieben habe, dürft ihr mich nicht für einen Feigling oder Angeber halten!

Geoff Thompson

1. KAPITEL

Die Anfänge.
Aus kleinen Eicheln wachsen große Eichen.

Ehe ich euch von meinen Erfahrungen erzähle, sollte ich ein wenig über meine frühen Jahre sprechen, damit ihr versteht, daß ich mir die Fähigkeiten und die Kraft, die ich jetzt eventuell besitze, mühsam erkämpft und schwer verdient habe. Vielleicht versteht ihr dann auch, warum ein Mann wie ich in die brutale Welt des Türstehers eingetreten ist.

Während meiner gesamten Kindheit plagte mich die Angst vor körperlichen Auseinandersetzungen und Konfrontationen. Mein Geist war schwach und ständig von Ängsten heimgesucht, gegen die ich mich nicht wehren konnte. Ich war gewiß nicht der einzige, dem es so ging, aber es kam mir damals so vor. Was mich so nervte, das war nicht das *Angsthaben* an sich, sondern der Gedanke, daß ich mein Leben lang unter der Herrschaft dieser Angst leiden müßte.

Unzählige Male schlich ich mich aus dem Hintereingang der Schule, um denen aus dem Weg zu gehen, die es auf mich abgesehen hatten, begab mich dann in kurzsichtige, unwissende Sicherheit und erwachte am nächsten Morgen mit wachsender Angst und Sorge wegen des kommenden Schultages und der Notwendigkeit, dem *Feind* aufs Neue gegenüberzustehen. Oft ließ ich mich vorsichtshalber von meinem Vater zur Schule bringen. Ich erinnere mich noch gut an einen bestimmten Weihnachtstag, als ich weinend allein in meinem Schlafzimmer saß und mir Sorgen über den Schulanfang in zwei Wochen mit dem mir bevorstehenden Elend machte. Als mein älterer Bruder hereinkam und fragte, was denn los sei, konnte ich nur mit den Achseln zucken und schämte mich zu sehr, um meine Schwäche zuzugeben. Meine Kindheit war von solchen Vorkommnissen gezeichnet; diese traurigen, ängstlichen und sorgenvollen Gefühle kamen und gingen ganz willkürlich – ich war meinem eigenen Geist vollkommen ausgeliefert.

Die Hoffung kam in Gestalt der Kampfkünste. Bruce Lee wurde mit allen Leinwandgegnern fertig und kannte keine Furcht. Er wurde mein Vorbild. Wie Tausende von anderen ahmte ich ihm alles mit großer Hingabe, wenngleich wenig überzeugend, nach. Das war überhaupt mein erstes und größtes Mißverständnis in Sachen Kampfkunst, nämlich daß ich an den Mist glaubte, den die Kampfkunstfilme uns auftischen. Erst als ich zehn Jahre lang herumexperimentiert und hinterfragt hatte, sah ich ein, daß richtiges Kämpfen ganz anders ist.

Jedenfalls machte ich stur weiter und lernte gewissenhaft Techniken, wenn sonst auch nichts. Bessere Techniken führten schließlich zu größerem Selbstvertrauen; als Teenager fühlte ich mich weniger ängstlich, ich stellte mich den Plagegeistern von damals, verhaute und vergaß sie. Meine Ängste waren vorübergehend verdrängt, jedoch machten sie einer ebenso großen Schwäche Platz, nämlich dem Übermut. Ich hatte einen ersten Gipfel erreicht und verwechselte Übermut mit Furchtlosigkeit.

Ich hatte hart an mir gearbeitet und trainert, deshalb sah ich meine Furchtlosigkeit als Ergebnis dieser Arbeit an. Später, viel später wurde mir jedoch klar, daß es nicht um die *restlose* Beseitigung meiner Angst ging (das ist sowieso nicht möglich), sondern um ihre Beherrschung und Kontrolle. Als Sechzehnjähriger hatte ich Aikido verlassen, trug den Purpurgurt im Shotokan-Karate und ahnte nicht, daß ich auf einem Zuckersockel stand, der beim ersten Regen in sich zusammenfallen würde.

Eines Tages kam dieser Regen auch in Form eines 1,85 m großen, 85 kg schweren Jamaikaners namens Ronnie. Dieser sah aus wie ein Rottweiler, der auf einer Wespe kaut, und er konnte auch genauso knurren. Seine Hände waren die größten, die ich bisher gesehen hatte, und er wollte mich verhauen. Die Woche zuvor hatte ich seinem Kumpel *Asphaltverbrennungen* verpasst, wobei ich fast ohne Angst war.

Ronnie war nicht gerade gutgelaunt, als er mich aufsuchte. Ich fühlte die Explosion in meinem Innersten, meine Beine zitterten und schienen *ÜBERLASTUNG, ÜBERLASTUNG* zu schreien. Ich hörte jene kleine Stimme im Ohr, die sagte: *Jetzt bist du aber voll in der Scheiße, stimmt's?*

Wenn ich diesen Vorfall heute betrachte, war er wahrscheinlich genauso nervös wie ich, aber er konnte es gut verbergen und ich nicht. Der Arsch fiel mir aus der Hose, mein Zuckersockel zerbröckelte unter mir, und ich befand mich plötzlich auf dem Boden der Realität. Angst und Sorge waren wieder da. Die Unsicherheit kehrte zurück. Wann immer sich auch nur das geringste Selbstvertrauen einschlich, dachte ich im Unterbewußtsein an Ronnie den Rottweiler.

Ich machte weiter Shotokan, hatte aber in einem ruppigen Klub unter Sensei Rick Jackson meine Schwierigkeiten. Ich mußte des öfteren einstecken und nein, das gefiel mir gar nicht. Die Angst, die ich so erfolgreich verdrängt hatte, kam verstärkt zurück. Selbst der Weg zum Dojo wurde für mich zum Kampf; eineinhalb Stunden Training schienen anderthalb Wochen zu dauern. Wenn ich zur Uhr schaute, die 19.30 zeigte, stand sie eine Stunde später nur auf 19.35.

Die Zeit schleppte sich nur so hin, und Schläge einzustecken machte mir gar keinen Spaß. Heute weiß ich, daß richtiges Training richtige Schläge oder zumindest das Risiko von Schlägen beinhalten muß, da es sonst unrealistisch und unpraktisch zu werden droht. Wer zur Musik tanzen will, muß auch die Kapelle bezahlen. Vor jedem Training steckte ich den Kopf in die hohe Tür des Dojos und schaute erst einmal, wer da war. Wenn ich jemanden sah, der mir wahrscheinlich *welche verpassen* würde, sank mir mein Herz in den Magen und Angst und Sorge packten mich wie reißende Wölfe. Dieser Druck und die Entdeckung meiner *Paarungsausrüstung* bewegten mich dazu, mit Karate vorerst Schluß zu machen und mit meinen Ängsten und falschen Auffassungen zu leben.

Ich heiratete sehr früh und wurde bereits mit achtzehn Jahren Vater. Jetzt sah alles ganz anders aus. Ich hatte eine Frau und ein Kind, die ich beschützen mußte. Wenn ich das nicht konnte, was taugte ich denn überhaupt? Mit diesem Gedanken als Ansporn begann ich wieder zu trainieren, dieses Mal Shaolin Modga Gung-Fu bei Sifu Alan Hines. Meine Suche ging weiter. Irgendwann erreichte ich den schwarzen Gurt in Gung-Fu, verkrachte mich aber mit meinen Sempais (nicht mit Alan Hines) und beschloß, wieder zum Shotokan zurückzukehren. Ich trainierte sehr hart, aber ich war öfters drauf und dran, alles hinzuschmeißen. Selbst als ich schließlich den schwarzen Gurt in Shotokan erreichte, fühlte ich mich geistig nicht stärker.

Ich hatte nun die mir selbst gesetzten, körperlichen Ziele erreicht und hoffte, daß sich gleichzeitig meine geistige Substanz aufbauen und meine Angst vor dem richtigen Kämpfen besiegen würde. Manchmal machte ich mir vor, daß es so war, aber es war nicht so. Mich besorgte immer noch die gewaltige innerliche Explosion, die regelmäßig stattfand, wenn Ärger in der Luft war. Einmal gelang es mir jedoch, meine innerlichen Ängste zu überwinden.

Mein Vater war damals um die 55 Jahre alt und es gab keinen netteren, harmloseren Kerl als ihn. Ich liebe ihn. Leider teilten die beiden Halbstarken diese Liebe nicht, die ihm an einem späten Wochenendabend auf dem Heimweg von seinem Arbeiterklub nachgingen. Meine damals sechzehnjährige Schwester, ihre Freundin und ihre etwa gleichaltrigen Freunde gingen fröhlich plaudernd einige Meter vor meiner Mutter und meinem Vater den Bürgersteig entlang. Die beiden 18 bis 19-jährigen Verfolger hatten nichts Gutes im Sinn. Der eine war groß und hatte ein Wieselgesicht und stark tätowierte Arme. Der andere war kleiner, untersetzt und hatte eine Schweinsnase mit eng aneinanderliegenden, hinterhältigen Augen. Keiner meiner Familienmitglieder bemerkte sie, bis sie plötzlich und völlig unprovoziert angriffen.

Zunächst gingen sie auf die beiden Jungs los, die Arm in Arm mit meiner Schwester und ihrer Freundin gingen, und schlugen sie gnadenlos zu Boden. Die Mädchen schrieen auf und flehten um Gnade für die beiden, was aber nur üble Beschimpfungen hervorbrachte. Mein Vater, einer von der alten Schule, lief hin und wollte Jäger und Beute trennen. Statt den erwarteten, altersbedingten Respekt erhielt er einen schweren Faustschlag auf's Auge, der ihn sofort zu Boden klatschen ließ. Darauf folgten mehrere schwere Fußtritte zum Gesicht und Körper; im Halbbewußtsein sah er mit schmerzverzerrtem Gesicht, wie die beiden Schläger dann die noch regungslos daliegenden jungen Burschen mit so heftigen Tritten traktierten, daß ihre Körper den Bürgersteig entlangschlitterten. Das hatten sie nicht zum ersten Mal gemacht. Meiner war nicht der erste Vater, der ihre sinnlose Wut zu spüren bekommen hatte. Wie man hörte, machten sie eine ziemliche Karriere auf dem Gebiet der Gewalt und trafen selten auf irgendeinen Widerstand. Sie waren im weiten Umkreis bekannt, weswegen sie ihre unprovozierten Angriffe ungestraft fortsetzen konnten. Dieses Mal hatten sie aber einen Fehler gemacht. Dieses Mal hatten sie meinen Vater verprügelt.

Courtaulds war ein großes Chemiewerk im Norden der Stadt, das man schon aus mehreren Kilometern Entfernung riechen konnte. Das Werk verbreitete seinen üblen, essigähnlichen Gestank überall hin, drückte die Immobilienwerte und fraß sich in die Hände der Arbeiter, in ihre Kleidung, ihre Autos und ihre Möbeln ein. Alles wurde in Mitleidenschaft gezogen. Ich haßte es, dort zu arbeiten.

Keiner erzählte mir von dem Angriff auf meinen Vater. Erst als wir uns in der Werkskantine begegneten, sah ich die Folgen in Form der Platzwunden und schwarzen Blutergüssen, die er überall im Gesicht trug. Mein Begrüßungslächeln schwand dahin und ich suchte stammelnd nach Worten, fand aber keine. Tränen stiegen mir in die Augen, und dann kam die Wut. Im Stillen hoffte ich, daß es sich hier um einen unglücklichen, dummen Unfall handelte, aber ehe er zu erzählen begann, wußte ich schon was Sache war. Die Einzelheiten seiner Schilderung gruben sich in mein Herz und kratzten an meiner Seele. Stillschweigend schwor ich Rache. Mein Vater wollte die Sache auf sich beruhen lassen, meine Mutter meinte, *laß es so*, aber der innere Schmerz ließ mir keine Ruhe. Ich mußte einfach dafür sorgen, daß die beiden Angreifer und auch alle anderen eines wußten: keiner vergreift sich ungestraft an meiner Familie.

Nach einem Monat Detektivarbeit, bei der ich überall und jeden über den Vorfall befragte, hatte ich die Namen Grinsell und Davis, ihre Adressen und Telefonnummern. Ich wußte mehr über die beiden als ihre eigenen Mütter. Darüber hinaus wußte ich, daß ihre Zeit ablief. Ich entschied mich, sie weder anzurufen noch zu Hause aufzusuchen, denn beide hatten Familien und ich wollte keine Unschuldigen in die Sache verwickeln. Statt dessen ließ ich mir Zeit und wartete auf den geeigneten Moment.

Um 22.45 Uhr klopfte es an meiner Wohnungstür im dritten Stock. Es war Ken, der Bruder meiner Frau. *„Die beiden sind jetzt im Klub, Geoff."*

Diese einfache Nachricht rief eine Mischung aus Furcht und Aufregung in mir hervor. Darauf hatte ich gewartet; meine und ihre Zeit war gekommen. Ich schnürte mir meine schwarzglänzenden *Gleichmacher* mit den Sicherheitskappen aus Stahl an und machte mich auf den Weg zum Klub.

Der große, hohe Konzertsaal im neugebauten Arbeiterklub war brechend voll. Meine Augen überflogen Junge und Alte, Große und Kleine auf der Suche nach den beiden. Ken deutete auf Grinsell, der sich gerade auf den Weg zur Toilette in der Ecke des Saals machte. Mein Blut wallte, als ich mit dem Gedanken spielte, mir meine Rache im Klo zu holen, indem ich seinen Kopf in den Abfluß drückte. So verlockend die Idee auch war, es war nicht machbar – zuviele Zeugen und zuviele, die mich daran hindern könnten. Und mich sollte keiner aufhalten.

„Ich weiß, was du hier suchst", unterbrach Steve, ein hochgewachsener, rothaariger Freund meine Gedanken. *„Mit dem ist nicht gut Kirschen essen, sei vorsichtig, Geoff. Außerdem trägt er immer ein Messer bei sich. Ich weiß, daß du Karate machst, aber sei vorsichtig"*, fügte er kopfschüttelnd hinzu.

Ich wußte, daß er besorgt war, aber ich wußte auch, daß er mir Angst einflößen wollte. Sein Glaube, daß ich mich so leicht von meinem Vorhaben abbringen lassen würde, beleidigte mich. Wußte er denn nicht, daß es hier um Blutrache ging?

Die letzten fünfzehn Minuten des Klubabends vergingen im Zeitlupentempo. Ich sah wie Grinsell und Davis ihre Plätze auf dem niedrigen Balkon etwas über und hinter der Tanzfläche verließen und, gefolgt von zwei Mädchen, an Ken und mir vorbei zum Ausgang gingen. Meine haßerfüllten Blicke bemerkten die beiden nicht. Wir folgten ihnen nach draußen und wir befanden uns zufälligerweise nur einige Meter von der Stelle, wo sie meinen Vater verprügelt hatten, als ich von hinten auf sie zukam und Plauderei und Gelächter verstummten.

„He Kumpel!" rief ich mit leicht bebender Stimme. Grinsell

drehte sich nach mir um. Ich haßte ihn, verabscheute ihn, verachtete ihn. Ich wollte und mußte ihm wehtun. Alles, was ich an einem Menschen hassen konnte, wurde von diesem Stück Scheiße verkörpert, das nun vor mir stand, es wagte, denselben Bürgersteig mit mir zu teilen und die Frechheit besaß, dieselbe Luft wie ich zu atmen. Wieder sah ich das schmerzverzerrte Gesicht meines Vaters, fühlte seine Qual, als die schweren Stiefel immer wieder ihr Ziel fanden und spürte seine absolute Hilflosigkeit in der Gewalt dieses Abschaums.

BUMM! Mein rechter, stahlgekappter Stiefel landete auf seinem Auge und verursachte eine große, blutende Platzwunde. Der Kontakt zwischen Stahl und Knochen hörte sich an wie ein Hammerschlag auf einem Stahlträger. Er fiel schwer nach hinten auf den Grasstreifen und die beiden Mädchen sprangen ängstlich zurück. Davis nahm einen Kampfstand vor mir ein, wobei er in irgendeinem Leinwand-Kung Fu-Stil die Hände kreisen ließ. Stoßweise atmete er ein und aus, in einem erfolglosen Versuch, seiner Angst Herr zu werden.

Ich peilte ihn an und versetzte ihm einen linken Rundtritt in den Unterleib, woraufhin er wie ein Taschenmesser zusammenklappte. Ehe ich ihn jedoch fertigmachen konnte, sprang der noch junge, eher leichtgewichtige Ken dazu und bearbeitete Davis mit Fäusten und Füßen, bis er scharlachrot blutete. Grinsell, der offensichtlich vorher noch nie richtig einstecken mußte, kam ein wenig zu sich und machte sich aus dem Staub. Ich rannte seinem feigen Rücken laut fluchend nach. Zweihundert Meter weiter, als ich schon fast glaubte, ihn nicht mehr einholen zu können, stolperte er und fiel hin. Alle meine Weihnachtsfeste und Geburtstage kamen auf einmal, als ich endlich meine innere Wut entladen konnte. Er schlug die Arme über den Kopf und rollte den Körper zusammen, als ich ihn gnadenlos von Kopf bis Fuß mit den Stiefeln bearbeitete. Er flehte mich an, aber ich konnte nicht aufhören. Immer wieder sah ich das entstellte Gesicht meines Vaters vor mir.

Mein Körper, der so lange nach Rache gedurstet hatte, übernahm die Kontrolle und nur Grinsells winselndes, flehendes Betteln nach Gnade ließ mich schließlich aufhören. War dieses schwache Exemplar zu meinen Füßen wirklich jener harte Brocken, vor dem mich viele gewarnt hatten? War er wirklich der Mann, mit dem ich mich nicht hätte anlegen dürfen? Er war ein Nichts und wird immer ein Nichts sein. Zehn Jahre später sehe ich Grinsell manchmal immer noch in meinem Schatten kauernd vor mir.

Als sich seine Haut an den zahlreichen schweren Prellungen zu spannen begann, die ich verursacht hatte, feierte ich den Untergang seiner Herrschaft. Und seine ehemaligen Opfer auch.

Aus meinen Nachforschungen und Experimenten lernte ich, daß es sich bei dieser *Explosion* in meinem Körper, die ich mit so großer Mühe unter Kontrolle zu bringen versucht hatte, um den Adrenalinschub handelte, um das *Kampf-oder-Flucht-Syndrom*, bei dem die Nebenniere das Kampfhormon Adrenalin in den Blutkreislauf schüttet, das dann wie ein D-Zug durch die Adern schießt und den Körper auf Kampf oder Flucht vorbereitet. Man wird dadurch vorübergehend kräftiger, schneller und etwas schmerzunempfindlicher. Je gefährlicher die Situation, desto größer der Adrenalinaufbau und -schub; je größer der Schub, desto leistungsfähiger wird man. Andererseits ist ein großer Aufbau und Adrenalinschub auch umso schwerer zu kontrollieren; der Kampfwille schlägt umso leichter ins Gegenteil über.

Cus Damatio sagte einmal, daß das Angstgefühl genauso natürlich ist, wie Hunger, Durst oder das Befürfnis, zur Toilette zu gehen. Wenn man Hunger hat, ißt man; wenn man Durst hat, trinkt man, und so sollte es auch mit dem Angstgefühl sein. Man sollte nicht in Panik geraten, sondern dieses Gefühl zuerst beherrschen und dann für sich nutzen. Mein Ziel wurde es deshalb, meine Angst nicht zu beseitigen, sondern sie zu kontrollieren und zu beherrschen.

Schwieriger war es natürlich, diese Theorie in die Praxis umzusetzen. Um die nötige Angst erst einmal zu erzeugen mußte ich mich bewußt in Streßsituationen begeben, mich der Angst bewußt stellen, um quasi eine Desensibilisierung durch Konfrontation zu erreichen.

Wie aber war das zu machen? Ich konnte ja nicht einfach umhergehen und nach Ärger suchen – das wäre gegen den strengen moralischen und ethischen Kodex des Karate und gegen das Gesetz des Karma: *Gutes für eine gute und*

24

Böses für eine böse Tat. Die einzige Lösung war eine Beschäftigung als „Türsteher" in den Kneipen und Nachtklubs in und um Coventry. Gleichzeitig mußte ich mir aber die ernsthafte Frage stellen, ob ich so etwas packen würde, denn Coventry war damals mehr für seine gewaltbereite Szene als für seine drei Kirchtürme und seine Kathedrale bekannt. Die Selbstzweifel ließen mir keine Ruhe. Was wäre, wenn ich zusammengeschlagen würde? Was wäre, wenn ich den Mut verlöre? Mit einem schwarzen Gurt in Karate würde ich einen solchen Job problemlos bekommen; wenn ich aber erfolgreich war und die Stelle über längere Zeit halten konnte, wußte ich, daß die schwarze Fliege und das weiße Hemd eines Türstehers im Endeffekt die ständige Bereitschaft bedeuteten, es mit jedem, der da kam, aufzunehmen.

Ich hatte einen schweren Anfall eines Jonahkomplexes, der Angst vor dem eigenen Erfolg, den der berühmte Humanpsychologe Abraham Maslow wie folgt beschrieb:

Im allgemeinen fürchten wir uns, das zu werden, was wir in unseren perfekten Momenten, unter idealen Bedingungen und in Zeiten der größten Stärke erahnen. In solchen herausragenden Momenten genießen und ersehnen wir sogar die gottähnlichen Möglichkeiten, die wir in uns selbst sehen; gleichzeitig erzittern wir jedoch angesichts dieser selben Möglichkeiten vor Schwäche, Ehrfurcht und Angst.

Wenn ich also den Mut aufbrachte, mich in den Hexenkessel der Gewalt zu begeben, konnte ich danach die Hitze aushalten? Der Gedanke, mit meinen Ängsten zu leben, schien mir schlimmer als die Angst, vermöbelt zu werden. Die eine Angst war langfristig, d.h. für immer, während die andere nur kurzfristig war. So begann also meine Amtszeit *an der Tür.*

2. Kapitel

Ein Kurswechsel

Anfangs funktionierten die Techniken, die ich in den letzten Jahren gelernt hatte, trotz meiner Bemühungen nicht so recht in einer reellen Kampfsituation – und glaubt mir, ich hatte mich wirklich bemüht. Und doch war ich umgeben von Leuten, die noch nie irgendwelchen formellen Kampfunterricht erhalten hatten und trotzdem jede Situation beherrschten und als Sieger hervorgingen, und zwar ohne dabei in Schweiß auszubrechen.

Zuerst war ich darüber ziemlich frustriert, aber nach einigem Analysieren und Nachdenken kam ich zu dem Schluß, daß mein gesammeltes Kampfkunstwissen sehr wohl für mich funktionieren konnte und würde, aber etwas modifiziert werden mußte.

Ich befand mich in einem Dilemma. Natürlich konnte ich Techniken hinzufügen und fallenlassen, wie ich wollte, aber hatte ich das Recht, eine über Jahrhunderte von vielen alten Meistern weiterentwickelte Kunst einfach zu entstellen, weil es mir so paßte? Vielleicht war nicht die Kunst, sondern ich schuld? Vielleicht war ich einfach nicht gut genug, um das System für mich arbeiten zu lassen? Vielleicht entwürdigte ich sogar diese Kunst, indem ich überhaupt an der Tür arbeitete. Welches Recht hatte ich gegen den Strom zu gehen? Das waren nur einige der Gedanken, mit denen ich mich herumschlug.

Nehmen wir einmal an, ich würde die Türarbeit aus moralischen oder irgendwelchen anderen Gründen hinschmeißen und müßte mich dann irgendwann verteidigen. Wie würde ich mich in dem Wissen fühlen, daß die Kunst in ihrer jetzigen Form für mich nicht effektiv war und ich es abgelehnt hatte, sie zu ändern? Wahrscheinlich verdammt schlecht, halbtot in irgendeiner Gosse liegend, wohin mich die dunkle Seite der Gesellschaft verfrachtet hätte. Ich kam also zu dem Schluß, daß eine Änderung überlebenswichtig war.

Ich war schon immer ein Trittspezialist gewesen, aber daran mußte ich etwas ändern. Also trat ich einem Boxverein bei. Vom Nahkampf hatte ich keine Ahnung, deshalb begann ich, Judo zu lernen. Meine Einstellung zum Training änderte sich auch.

An alle Trittspezialisten da draußen: tretet ruhig weiter, aber lernt bitte, mit euren Fäusten umzugehen. Ich habe nichts gegen Tritte, aber es ist eine einfache Frage der Logik. Der Alkohol spielt bei den meisten gewalttätigen Auseinandersetzungen eine Rolle, weshalb sich diese vornehmlich in Kneipen, Nachtklubs usw. ereignen. In solchen Räumlichkeiten gibt es zum Treten einfach nicht genug Platz. Schaut euch einmal bei eurem nächsten Kneipen- oder Klubbesuch um. Schon für einen gescheiten Faustschlag ist kaum Platz, geschweige denn für einen Tritt. Die Situationen, in denen ihr den Luxus einer Trittdistanz habt, sind äußerst selten, und diese Distanz geht schneller verloren, als die Unschuld im Stadtteil Hillfields. Außerdem sind Tritte doppelt so energieaufwendig wie Faustschläge und ihr verliert Mobilität, wenn ihr eure Beine zum Treten benutzt.

Andererseits gibt es nichts Besseres als Tritte, wenn ihr in der glücklichen Situation seid, einen am Boden liegenden Gegner ausschalten zu müssen. Dafür gibt es einfach kein besseres Werkzeug. Schlagtechniken für die Nahdistanz, z.B. Haken und Kinnhaken, sind auch unbedingt wichtig. Geht die Faustdistanz verloren, wie es so oft der Fall ist, dann sind Nahkampftechniken unerläßlich. Etwa 70% aller Kämpfe enden in der Nahdistanz.

Vor allem mußte ich meine Einstellung gründlich ändern. Auch die größten Kampffähigkeiten nützen nichts, wenn man nicht das Herz hat, sie anzuwenden. Manche Leute werden euch erzählen, daß man entweder mit Herz geboren wird oder es niemals haben kann. Wenn ich das glaubte, würde ich nie wieder Karate unterrichten. Als der liebe Gott den Mut verteilte, muß ich hinter der Tür gestanden haben. Wenn ich mich aber allen meinen Ängsten stellen würde, so dachte ich mir, dann hätte ich diese Ängste nicht mehr und würde logischerweise unwahrscheinlich viel Mut entwickeln.

Danach handelte ich und kräftigte damit meine Entschlossenheit. Bald entdeckte ich aber, daß dieses Gefühl der Angst nie weggehen wollte. Tatsächlich stellt die Angst eine Kraftquelle dar. Sie kann dir helfen, wenn sich Hindernisse bieten, dich auf den Beinen halten, wenn du zusammenzuklappen drohst, dich als Sieger gegen eine aussichtslose Übermacht hervorgehen lassen und deinen gesamten Körper gegen die Kälte dieser Welt wärmen. Läßt du sie aber von der Leine, wird sie dich beherrschen, unterjochen, quälen und vielleicht sogar töten.

Cus Damatio sagte einmal: *Die Angst ist der Freund außergewöhnlicher Menschen.* Wie konnte ich also außergewöhnlich werden und die Angst zu meinem Freund machen? Das war die Frage. Nur indem ich es öfters erlebte, konnte ich mich an das Angstgefühl gewöhnen, nicht durch Bücherlesen, darüber reden oder daran denken. Der erste und wichtigste Schritt war natürlich, die Arbeit als Türsteher aufzunehmen.

Der nächste war, meine Einstellung zum Training zu ändern. Also nicht den eigentlichen Inhalt, sondern meine Vorgehensweise. Wenn ich z.B. Tritte, Fauststöße und Blocks in die Luft ausführte, machte ich es nicht mehr als Selbstzweck, sondern stellte mir dabei einen Angreifer und die Wirkung der Technik und meine eigenen Gefühle in einer reellen Situation vor.

Beim Partnertraining wurde mein Gegenüber nun mein *Feind*. Beim Angriff zielte ich nicht mehr vorbei, wie so viele es machen, sondern griff immer mit der Absicht an, einen Treffer zu landen. Darüber wurden meine jeweiligen Partner oft sauer; als sie selber an der Reihe waren, versuchten sie ihr Bestes, mich zu erwischen. Plötzlich war die normale Partnerarbeit kein Spiel mehr.

3. Kapitel

Die Guten

Die Bezeichnung *Türsteher* war scheinbar schon immer gleich-
bedeutend mit *Gewalt*. Tatsächlich spielt die Gewaltanwendung auch von Zeit zu Zeit eine führende Rolle, aber mehr
aus Notwendigkeit als aus Freude an der Sache.
Die meisten Türsteher, mit denen ich gearbeitet habe,
waren gute Türsteher. Die schlechten Türsteher, die selbstherrlichen Typen, die andere gerne einschüchtern, sind nur
zum Teil für den schlechten Ruf verantwortlich, den wir alle
zu haben scheinen. Tatsächlich liegt die Schuld zum größten Teil bei jenen stinknormalen Kneipen- und Klubgängern,
deren Ignoranz über Türsteher und Türarbeit größer ist als
ein Elefantenkondom. Meistens sehen sie nur das Endsta-
dium eines Zwischenfalls – meistens wenn ein Türsteher jemanden schlägt oder rauswirft – und rekonstruieren nach
diesem winzigen Teil den Gesamtablauf. *Der Rausschmeißer
hat den Mann ohne jeden Grund geschlagen* ist eine typische
Aussage; *Das war nicht nötig, das war übertrieben* hört man
auch manchmal. Zweifellos gibt es Türsteher, die aus keinem oder nichtigem Grund zuschlagen, aber es handelt sich
um eine kleine Minderheit, der ich persönlich nie begegnet
bin.

Ich erinnere mich besonders an einen Zwischenfall, als
ich im *Wyken Pippin* arbeitete. Versehentlich rempelte ich
jemanden im Billardraum an und entschuldigte mich sofort
bei ihm. Als Antwort auf meine Höflichkeit teilte er mir ganz
unmißverständlich mit, daß er mir im Wiederholungsfall ein
Glas ins Gesicht schieben würde. Fassungslos bat ich ihn,
das noch einmal zu wiederholen, da ich nicht glauben konnte, was ich gerade gehört hatte. Das tat er auch, wobei er mir
das besagte Glas unter die Nase hielt, um seinen Worten
Nachdruck zu verleihen. Also machte ich ihn platt. In fünf
Sekunden lag er langgestreckt auf dem Teppich. Von den vie-

len Anwesenden bekamen die allermeisten nur mit, daß ich diesen *Unschuldigen* plötzlich verhaute. Etwas später sprach mich einer an und sagte mir, die Stammgäste hielten meine Vorgehensweise für übertrieben.

"Was denkst du denn, warum ich ihn geschlagen habe?" fragte ich ihn mehr als etwas genervt.

Er stutzte. Daran hatte er nicht gedacht. *"Ja, ich weiß nicht so recht. Warum hast du ihn denn verhauen?"* fragte er.

"Meinst du nicht, du hättest das ruhig vorher herausfinden können, ehe du mich verurteilst? Wie lange kennst du mich schon? Glaubst du wirklich, ich würde jemanden ohne Grund schlagen? Damit verletzt du mich!"

Dann erzählte ich ihm ganz genau *warum* und *wofür*. Als ich fertig war, entschuldigte er sich vielmals, aber mir war klar, daß der Ruf des *bösen* Türstehers wahrscheinlich oft aufgrund ähnlicher Zwischenfälle entstand.

Ab und zu habe ich mich mit Leuten *befassen* müssen, die mich angegriffen, bedroht oder angemacht haben, um danach hilflos dabeizustehen, während sie ihren Freunden oder den Herumstehenden erzählten, daß ich sie *ganz ohne Grund geschlagen* hätte.

Ein Bauarbeiter kam eines Tages mit zwei wunderschönen Veilchen zur Arbeit und erzählte seinen Arbeitskollegen: *"Das war Geoff Thompson. Ich stand nur so da und guckte in die Luft, da kam er einfach auf mich zu und verpaßte mir einen auf die Nase."*

Einer der Maurer auf diesem Bau sprang zu meiner Verteidigung: *"Ich kenne Geoff. Wenn der dir eine gehauen hat, dann hast du es auch nötig gehabt."*

Wievielen anderen Leuten hatte er aber dieselbe traurige Geschichte erzählt, als keiner da war, der mich in Schutz nehmen konnte? In einigen Kreisen ist mein Ruf sicherlich kohlrabenschwarz. Deshalb ist es genauso schwer, einige Leute davon zu überzeugen, daß nicht alle Türsteher schlecht sind, wie einer weißen Maus beizubringern, daß schwarze Katzen Glück bringen. Ich habe dieses Kapitel also den Türstehern zu Ehren *Die Guten* genannt. denn das trifft meiner Meinung nach auf die meisten Türsteher zu.

Manchmal waren die Kämpfe und die Gewalt recht heftig, aber, Gott möge mir dafür verzeihen, manchmal besteht

30

der einzige Ausweg darin, Leuten wehzutun. Wenn man versucht, mit Worten gegen Gewalt anzugehen, wird man für seine Mühe beleidigt, eingeschüchtert und letztendlich abgeschrieben. Indem ich euch die Geschichte erzähle und sich die Gewalt über jede Seite dieses Textes ergießt, werde ich versuchen, meine und die Taten anderer zu erklären und zu rechtfertigen.

Die ersten *Türen*, an denen ich stand, waren friedlich und ruhig, was mich sehr freute, denn ich war ein Grünschnabel, so grün, daß mich die Kollegen Robin Hood nannten. Aber ich war ehrgeizig und lernte schnell aus Gewissenhaftigkeit, Hunger und meinem inneren Bedürfnis. Wie schwierig dieser Job war, wurde mir erst klar, als ich eine Klasse aufstieg und von Kneipen zu Nachtklubs wechselte. Vier Jahre lang war der Nachtklub *G's* ein gnadenlos hartes Pflaster. Wenn du mehr als zwei Zähne im Mund hattest, nannte man dich Weichei und die Stammkunden reinigten ihre noch verbleibenden Beißer mit einer *Katana*. Jeder der zu *G's* kam, wurde am Eingang nach Waffen durchsucht, hatte er keine bei sich, wurde ihm der Eintritt zu seiner eigenen Sicherheit verwehrt.

Schon an meinem ersten Samstag ging es rund. Ein gewaltiger Schwarzer mit einem Gesicht wie zehn Boxer und einem Haufen Gesichtsnarben, die ein großes Autobahnkreuz ganz übersichtlich aussehen ließen, bedrohte mich vor dem Eingang mit einem Messer. Außerdem mußte ich mit jemandem kämpfen, der sich nicht gerne zum Gehen auffordern ließ. Mein Adrenalinspiegel war den ganzen Tag lang auf höchster Alarmstufe.

Ich weiß noch, wie ich vor mich hindachte, *Was zum Teufel machst du bloß hier? Du machst einen großen Fehler.* Da und dann entschied ich, daß die Türsteherei nie und nimmer mein Ding sein konnte. Dieser sollte mein erster und zugleich letzter Abend sein. Als der Abend zuende ging, saßen wir alle im jetzt leeren Club und genehmigten uns etwas zu trinken, wobei die Kollegen sich laut lachend über meinen unglücklichen ersten Einsatz amüsierten. Ein paar Komplimente über mein Verhalten flogen auch in meine Richtung und ich fühlte mich gleich etwas besser. *So schlimm war es nun auch wieder nicht,* dachte ich, stolz darauf, daß ich den ganzen Abend durchgehalten hatte. *Ich mach' noch eine Weile weiter.* Das war meine Einführung in die Nachtclubszene.

Bald lernte ich die insgesamt sechs anderen Kollegen recht gut kennen und fühlte mich sehr geehrt, von ihnen an der zweifellos schwierigsten und berüchtigtsten Tür der ganzen Stadt akzeptiert worden zu sein. John war der Cheftürsteher und wir verstanden uns auf Anhieb sehr gut. Er war ein absoluter Profi und nahm mich sofort unter seine leidgeprüften Fittiche. Meine Lernzeit begann und erwies sich als eine sehr komplexe Sache. Es gab so viel zu tun, zu lernen und zu verstehen. Jede einzelne Situation, mit der man konfrontiert wird, erfordert eine andere Lösung, und gerade wenn man meint, die Sache endlich in den Griff zu bekommen, entsteht plötzlich eine neue Situation, die alles wieder in Frage stellt. *Ha, das ist dir wohl noch nie passiert, was?*

Zunächst begnügte ich mich damit, mich zurückzuhalten und John bei der Arbeit zu beobachten. Nach jedem Zwischenfall oder Kampf, in den ich verwickelt war, nahm John mich zur Seite und sagte mir genau, was ich richtig und was ich falsch gemacht hatte. Dieses System funktionierte prächtig, denn John war ein sehr fähiger Lehrer und ich ein sehr eifriger Schüler, der dieses geballte Wissen wie ein Schwamm aufsog. Er war der erste überhaupt, der die Antworten auf alle meine Fragen zu haben schien. Er warnte mich vor all den Gefahren, Hindernissen und Fallgruben und sagte mir, wie ich mich vor, während und nach einem Kampf fühlen würde.

Während der ganzen Zeit unserer Zusammenarbeit beobachtete ich ihn genau, studierte jede Bewegung und machte ihm alles nach. Das machte ich, bis ich alles wußte, was er wußte. Dieser enge Kontakt wurde zu einer lebenslangen Freundschaft, wir wurden Brüder. Der Witz dabei war, daß ich mein halbes Leben damit verbracht hatte, verschiedene Kampfkünste zu trainieren, und alles scheinbar von neuem von einem Mann lernte und nochmals lernte, der noch nie in seinem Leben irgendwelchen formellen Kampfunterricht erhalten hatte. Da er aber ein ausgezeichneter Straßenkämpfer und meisterhafter Türsteher war, vergaß ich erst einmal meinen schwarzen Gurt und mein Ego und lernte. Mit seiner Körpergröße von 1,73 m war John nicht gerade ein Hüne, aber sein mit hervorragend geschmiedeten Muskeln bepackter, 90 kg Körper machte ihn zu etwas ganz Besonderem, obwohl seine Türsteherkluft diese Herkulesfigur eher unscheinbar wirken ließ. Sein dünner Clark Gable-Schnurrbart lag auf seiner karamelfarbenen Haut über einem Mund, der stets grimmig aussah und nur ab und zu für gute Freunde ein Lächeln übrig hatte. Sein kurzes, krauses Haar saß immer peinlich genau; das gleiche galt für seinen schwarzen Anzug, die glänzenden Schuhe und das persilweiße Hemd. John war locker, kühler als ein Bach im Dezember, ihm entging nichts, und er sah alles. Seinen fürchterlichen Jähzorn hatte er fest unter Kontrolle; wenn er sich mal entlud, dann als punktgenauer Laserstrahl von unglaublicher Brutalität, der sich meist in Form eines linken Hakens zu erkennen gab. Er beherrschte auch die Kunst, Schwäche vorzutäuschen, aber sein grimmiger, harter Blick reichte meist, um Möchtegern-Kämpfer ohne körperlichen Einsatz von ihrem Vorhaben abzubringen.

Eines Abends hatten wir zwei Jungs wegen einer Rauferei rausgeschmissen, und der eine hatte dabei sämtliche Hemdknöpfe verloren. Dumm wie er war, entschied er sich, daß man ihm die Kosten dafür ersetzen müsse und wandte sich an John, der neben ihm stand. *„Guck dir nur mein Hemd an, Mann. Fünfzig Pence pro Knopf!"* In aggressiver Weise schob er die Hand vor und wollte sein Geld. Johns Gesicht blieb ausdruckslos; er nahm seine Zigarette zwischen die Lippen, nahm einen kräftigen Zug, kniff die Augen nachdenklich halb zu und blies dem *Knopfhelden* den Rauch voll ins Gesicht.

„Wieviel?" sagte er ganz ruhig.

Der Knopfheld, dessen Gesicht plötzlich von hart auf butterweich umschlug, merkte, daß er sich auf Treibsand begeben hatte und einzusacken drohte. Er versuchte, sich aus der Situation zu befreien.

„Zwanzig Pence", sagte er kleinlaut.

John schüttelte den Kopf und fragte:

„Wie gut gefällt dir dein Gesicht eigentlich?"
„Eigentlich sehr", kam die winselnde Antwort.
„Dann wäre es besser, wenn du dich verpißt", sagte John,
immer noch mit ruhiger Stimme.
Keine Aggression, keine Gewalt, Thema durch.

Raf war mit einem guten Freund und jetzt auch mit mir
befreundet. Er war Boxprofi im Mittelgewicht; sein jugendliches, freundlich lächelndes Gesicht erweckte bei einigen den
Eindruck, daß er nicht einmal ein Ei zerschlagen konnte,
aber der Mann konnte richtig loslegen. Mit 1,80 m war er
groß für ein Mittelgewicht, schien immer energiegeladen zu
sein und hatte für jeden ein freundliches Wort. Raf war für
die Bescheidenheit was Nurejew für das Ballet war - aber
welch ein Türsteher.

Seine erste Tür war eine ruppige, und er muß mit seiner
tadellos gebundenen Fliege, seinem freundlichen Wesen und
leicht verlegenen Lächeln in dieser Bikerkneipe am Rande
der Stadt, wo es mehr Stahl als in Solingen zu sehen gab,
ziemlich fehl am Platze ausgesehen haben. Es war eine
Eckkneipe mit einem Haupteingang an der Hauptstraße und
einem Bareingang in einer Seitenstraße, in der sich gegenüber ein kleines Bistro, ein Zaubergeschäft und, um die Ecke,
das Odeon-Kino befanden. Gegenüber vom Haupteingang auf
der Hauptstraße war die von Studenten überlaufene techni-
sche Hochschule von Coventry.

Der Barbereich, den Raf beaufsichtigen sollte, war lang
und voller Küchenstühle und -Tische, die bei jeder Bewegung wie Fingernägel an einer Tafel auf dem steingefliesten
Fußboden kreischten und sogar die ca. 200 Stimmen über-
tönten, die sich an jedem Tisch Gehör zu verschaffen suchten. Beschriftete Lederkutten und langes, schmieriges Haar
waren hier angesagt und wer hier normal gekleidet hereinkam, wurde mit plötzlichem Schweigen und einer Million stra-
fender Blicke begrüßt. Einer dieser Biker – er hätte der Zwil-
lingsbruder von Alice Cooper sein können – hatte sich Mut
angetrunken, war von der freundlichen Erscheinung dieses
schlanken Türstehertyps wenig beeindruckt und wollte einmal die Wassertemperatur probieren. Schmierig, ungewa-
schen und nach Urin stinkend grinste er Raf bedeutungsvoll

an und nickte ironisch mit dem Kopf.

„Was hat denn so ein Arsch wie du hier als Rausschmei-ßer zu suchen?" fragte er aggressiv.

Raf sah an ihm vorbei, behielt aber jede Bewegung im Auge. *„Dafür werde ich bezahlt, und ich kann es auch."*

Alice konnte einfach nicht verstehen, wie so ein schmächtiger Jüngling eine derartige Behauptung aufstellen konnte, also machte er weiter.

„Was könntest du Arsch denn schon machen?"

Dabei drehte er den Kopf nach links und rechts und suchte Bestätigung in den zahlreichen Augen, die nun auf die Situation aufmerksam geworden waren. Dort fand er keine Freunde; sie mochten Alice Cooper auch nicht, aber jetzt hatten sie die Gelegenheit, zu sehen, aus welchem Holz dieser neue Türsteher geschnitzt war. Raf spürte, daß die Zeit zum Reden zuende ging, richtete seine Rechte aus und sagte dem Biker mit fester Stimme: *„Wie ich schon sagte, der Chef bezahlt mich und ich mache nur meinen Job."*

Das überhebliche Grinsen lief Alice wie Aquarellfarbe vom Gesicht, er ballte die linke Faust und hob sie drohend auf Rafs Kinnhöhe. Alle Augen im Raum waren jetzt auf Raf gerichtet. Alice war übermütig, schlecht vorbereitet und geistig entwaffnet, wie eine mit Wattebällchen geladene Schrotflinte. *BUMM!*

Rafs rechte Faust fand ihr Ziel am Unterkiefer des Übelriechenden, der sich plötzlich als zuckender Haufen vor Raf am Boden liegend wiederfand – K.o. – Raf unterdrückte sein triumphierendes Lächeln. Große Dinge kommen in kleinen Packungen. Raf war ein Gentleman, der Inbegriff von Ying / Yang:

In Freundschaft bescheiden, im Kampf barbarisch.

Gut ist natürlich bewundernswert, wird aber von einigen Leuten ausgenützt. Ein Türsteher in einer benachbarten Stadt verlor deswegen sein Leben. Nachdem er einem jungen Burschen den Eintritt in einen bestimmten Nachtklub verwehrt hatte, drehte er ihm den Rücken zu und erhielt als Lohn für seine Mühe einen tödlichen Messerstich. Dieser traurige Zwischenfall ging mir besonders nah, denn beinahe wäre es mir draußen vor *G's* genauso gegangen.

Es war an einem mäßig besuchten Mittwochabend. Ich stand am Klubeingang bei den rotgestrichenen Stahldoppeltüren, von denen eine immer abgeschlossen war. Der Eingangsbereich wurde wie von einem riesigen Betonregenschirm vom Parkplatz der Markthalle überdacht. Links führte eine Treppe zum Markt und zur Einkaufspassage. Schräg gegenüber führten weitere Treppen zum darüberliegenden Parkplatz und nach unten zu einem weiteren, kreisförmigen Parkplatz. Unter dem Ende der Betonüberdachung befand sich eine etwa 1,20 Meter hohe Stahlreling, die auf den Parkplatz und die darunterstehenden Marktbuden blickte. Rechts von der Tür, die zur Klubtreppe führte, befand sich die berüchtigte Videoüberwachungskamera von *G's*, die ihre Bilder an zwei Monitore schickte: einer in der Garderobe gleich neben der Tür und einer mit Videorekorder im Büro des Geschäftsführers, das durch eine Glastür zwischen dem Eingangsbereich und dem Klub selbst zu erreichen war.

Die beiden Jungs kamen die Treppe von der Einkaufspassage hoch und schließlich zur Tür, vor der ich stand. Beide waren absolut gleich gekleidet, mit hohen Doc Martin-Stiefeln, hautengen Jeans, weißem Hemd, roten Hosenträgern und einem KZ-Haarschnitt. Ich hatte/habe nicht viel für Skinheads übrig, jedenfalls nicht für ihre rassistischen Parolen, aber an dieser Tür und in diesem Job mußte ich meine persönlichen Überzeugungen und Vorurteile beiseite lassen. Die Stiefel verstießen jedoch gegen die damalige Kleidervorschrift im Klub, also mußte ich ihnen den Eintritt verwehren.

„*Schaut mal, Jungs*", sagte ich freundlich, „*wenn ihr nach Hause geht und euer Schuhzeug wechselt, kann ich euch reinlassen. Es geht nicht um euch persönlich, sondern nur um eure Stiefel.*" „*Ihr dreckigen, rassistischen Bastarde*", wollte ich noch hinzufügen, tat es aber nicht. Ich blieb höflich.

Der Kleinere von den beiden antwortete höflich und aufgeschlossen: „*Oh danke. Das ist sehr nett von Ihnen.*"

Diese unerwartet höfliche Antwort entwaffnete mich. Ich begann, mich mit ihm über die Gründe für Kleidungsvorschriften in Nachtklubs zu unterhalten und vergaß dabei völlig seinen größeren Freund. John steckte den Kopf zur Tür heraus und rief mich zu sich.

Er schloß die Tür hinter uns und fauchte mich an.

„Dieses Arschloch wollte dich gerade abstechen, Geoff! Was machst du denn bloß? Hast du gar nicht bemerkt, wie er sich von hinten angeschlichen hat?"

Ich war völlig fassungslos.

„Nein, habe ich nicht bemerkt. Ich habe mich mit seinem Kumpel unterhalten. Er schien mir OK zu sein."

John sagte mir, wie es weiterging.

„Wir gehen jetzt zusammen nach draußen. Du deckst den Kleinen ab und ich nehme mir den Langen vor."

Wir gingen also wieder vor die Tür und beide standen noch da. Ich stellte mich vor den Kleinen und John ging auf den Langen zu, der seine rechte Hand in verdächtiger Weise hinter dem Rücken verbarg.

„Was hast du da in der rechten Hand, Kumpel?" fragte John.

Der Lange wurde nervös.

„Gar nichts."

Als die Antwort kam, schoß John plötzlich nach vorne, packte ihn an beiden Ellenbogen und hob ihn fast vom Boden. Ich sah Angst in Johns Augen, eine Angst, die ich noch nie vorher und seitdem auch nie wieder in ihm gesehen habe. Das Gesicht des Langen zeigte bereits Panik, als John ihn durch die Eingangstür und in die Garderobe schob. Wir benutzten diesen Raum immer für unsere *Lektionen*, dort war auch unsere Notausrüstung versteckt, darunter Schlagringe und Baseballschläger. In der Garderobe wurde der Lange blaß vor Angst und John rot vor Wut.

Er hielt den Langen so fest, daß seine Knöchel weiß wurden.

"Was hast du in der Hand?" fauchte John mit zusammengebissenen Zähnen.

"Nichts", winselte der Lange.

"Laß es fallen, du kleiner Wichser!" schrie John ihn an.

Vom Eingang sah ich, wie ein Stilett mit 15 cm langer Klinge vor Johns Füßen auf den Teppich fiel. Ein kalter Schauer lief über meinen Rücken, als mir bewußt wurde, was hätte passieren können. Die angsterfüllten Augen des Langen richteten ein erbärmliches Ersuchen nach Gnade an Johns Herz, aber John brachte sein Herz nie zur Arbeit mit.

Er brauchte es dort nicht.

BUMM.

John verpasste ihm eine gewaltige Kopfnuß und stieß ihm gleichzeitig das Knie ins Schambein, so daß er schwer auf den Teppich klatschte. Dort rollte er sich wie ein Baby zusammen, die Luft war raus. Um sein Leben zu flehen, war nicht sein Ding, aber es rettete ihn vor weiteren Aufmerksamkeiten von John, der vor Wut fast schäumte.

John überließ ihn mir. Ich schaute auf ihn herab – ein ängstliches, kauerndes Nichts. Es fiel mir schwer, in ihm denjenigen zu sehen, der mich noch vor wenigen Minuten abstechen wollte. Solchen Fehler habe ich nie wieder gemacht.

4. Kapitel

Die Schlechten und die Häßlichen

Der Begriff *schlecht* deckt bekanntlich eine Vielzahl von persönlichen Eigenschaften ab, darunter auch *häßlich*, z.b. häßliche Charakterzüge, häßliche Zwischenfälle usw., also habe ich beide Begriffe zusammengerollt und dieses 4. Kapitel als Endprodukt geschrieben.

Glaubt mir, schlechte Menschen sind in den Nachtklubs von Coventry durchaus keine Seltenheit, obwohl ich fairerweise hinzufügen muß, daß sie immer noch eine Minderheit bilden. Aus rechtlichen Gründen habe ich einige Namen und Orte in diesem Kapitel ändern müssen; wenn irgendeiner von euch bösen Buben da draußen jedoch namentlich aufgeführt wird und meint, meine Bemerkungen seien etwas zu negativ geraten, dann soll er mich gerne aufsuchen und mit mir *vor die Tür gehen*. Bedenkt aber vorher, daß ich ein klein wenig vorbelastet bin.

Ich habe in meiner Zeit einige schlechte Typen kennengelernt, sowohl Türsteher als auch andere, aber richtig schlechte Menschen sind nie zu rechtfertigen und deshalb *ist die Macht* nur selten *bei ihnen*. Meist sind es Papiertiger, die auf Zuckersockeln stehen. Der *Panzer* war so schlecht wie er gemein war, aber ein Papiertiger war er keineswegs. Diejenigen, die ihn liebten, würden mir zweifellos Unrecht geben, aber Liebe kann bekanntlich ein wenig blind sein. Zur Zeit sitzt er eine 5-jährige Haftstrafe wegen schwerer Körperverletzung an einem Türsteher ab, den er erst K.o. schlug und ihm dann das Bein zertrümmerte, indem er mit beiden Füßen draufsprang. Nur äußerst komplizierte, brillante Chirurgie rettete dem armen Kerl das Bein. Der *Panzer* hinterließ auch eine ganze Latte von anderen Vorstrafen wegen Gewalt, als er ins Kittchen kam.

Der *Panzer* war/ist ein gefährlicher Straßenkämpfer und war damals Anführer der berüchtigten *Bell Green-Bande*, die in voller Besetzung über 100 Mann zählte und wahrscheinlich die gefürchtetste Bande von Schlägern in der ganzen Stadt war. Ich persönlich mag sie nicht und halte kämpferisch auch nicht viel von ihnen. *Einer gegen einen* sind sie meist überhaupt nicht zu gebrauchen, aber wenn sie in größeren Gruppen auftreten, sind sie nicht zu unterschätzen. Vor etwa zwei Jahren, zur Weihnachtszeit, liefen sie einmal im Stadtzentrum von Coventry amok. Sie zerschlugen alles und alle, die ihnen über den Weg liefen. Vor einer der Kneipen, die sie demolierten, lagen überall auf dem Bürgersteig die Glasscherben der kaputten Fenster. Auf dem Weg nach draußen hoben die *Jungs* diese Scherben auf und seilten sie wie rasierklingenscharfe Frisbees durch die leeren Fensterrahmen auf Kundschaft und Personal drinnen.

Ich lernte den *Panzer* zuerst an der Eingangstür von *G's* Nachtklub kennen. Einige Jahre später wurden wir einander richtig vorgestellt und ich fand ihn ruhig, freundlich und umgänglich. Wir wurden Freunde, obwohl unsere erste Begegnung alles andere als freundschaftlich war.

Samstag abends war bei *G's* immer viel los, und dieser Samstagabend war keine Ausnahme. Die auf Einlaß Wartenden bildeten eine lange Schlange, die sich in einer Dreierreihe von der Einkaufspassage, die Treppe hoch, an der Mauer entlang und schließlich zum Eingang erstreckte. Dort durchsuchte ein Türsteher jeden nach Waffen, während zwei weitere ihm Rückendeckung gaben. Es war eine sehr warmer Juliabend und wir hatten unsere Jacken abgelegt. Meine Fliege war ungemütlich eng, also zog ich von Zeit zu Zeit an ihr, um mir etwas Luft zu verschaffen.

Big Neil, ein großer, gutaussehender Neuling an unserer Tür, erspähte den *Panzer* ziemlich weit hinten in der Warteschlange und machte Colin und mich auf ihn aufmerksam, denn er war dafür berüchtigt, schon die meisten Klubs und Türsteher in der Stadt demoliert zu haben. Einmal soll er sogar mit einem Auto durch die Eingangstür gebraust sein. Er war in der gesamten Umgebung bekannt und gefürchtet. Wir beschlossen in Anbetracht dieser Tatsachen, daß wir ihm keinen Zutritt geben würden, denn Ärger hält man am besten gleich an der Tür auf, ehe er wie ein Lauffeuer um sich greift und nur mit ernsthafter Gegengewalt in den Griff zu bekommen ist. Die meisten Türsteher hatten anscheinend Angst, solche bekannten Schläger gleich an der Tür aufzuhalten und ließen sie in der Hoffnung herein, daß sie ihnen

40

dann wohlgesonnen sein würden. Wir wollten den *Panzer* aber nicht in unserem Klub haben, hatten keine Angst vor ihm und wollten es ihm auch sagen, wenn er vorne ankam.

Als er allmählich weiter nach vorne rückte, sah ich ihn mir genauer an und war – ehrlich gesagt – wenig beeindruckt. Er wog ca. 95 fette Kilo und hatte dicke Pausbacken, sein schwabbelnder Bierbauch quoll über den Hosenbund. *Panzer* erinnerte mich an eine bekannte Komikfigur, einen dikken Schuljungen, der seinen Mund ständig mit Leckereien vollstopfte und in der Schule wegen seiner Fettleibigkeit und Unfähigkeit, am Sport teilzunehmen, gnadenlos gehänselt wurde. Trotzdem entzündete sich das Feuer der Angst in meinem Bauch, als er langsam näherkam. Colin machte die Durchsuchungen, ich stand zu seiner Linken und Neil rechts.

„Du kommst hier nicht rein!" sagte Colin kalt und direkt. Colin beherrschte diese schroffe Art perfekt. Er wußte ganz genau, daß man Schlägern dieses Kalibers absolut keine Freundlichkeit zeigen darf, da sie darin nur Schwäche sahen, die es auszunützen galt. Wenn sie die kleinste Lücke im Schutzpanzer bemerkten, würden sie diese so geschickt bearbeiten und manipulieren, daß sie schließlich zu einer klaffenden Öffnung wurde, durch die sie einfach durchmarschieren würden, ohne die Seiten zu berühren.

Ich sah, wie sich das Gesicht des übergewichtigen Schuljungen in blanken Haß verwandelte. Die zwei fehlenden Vorderzähne, die bisher verborgen geblieben waren, verstärkten den Gesamteindruck noch. Seine bestimmende, arrogante Art strotzte vor Respektlosigkeit, als er seine giftige Antwort fauchte:

„Du kannst mich mal. Ich hab' hier nichts verbrochen. Warum kann ich nicht rein?"

Colin blieb ganz ruhig und sah ihm direkt ins Gesicht. Colin war 1,68 m groß und 1,68 m breit. Seine breiten Schultern waren wie Stahlträger und ließen keinen Platz für einen Hals, so daß sein Kopf direkt auf den Schultern zu sitzen schien, wie eine Erbse auf einem Berg. Er war schwärzer als Pech und hatte einen grimmigen Ausdruck, den jeder für herzlos hielt.

Herzlos war er aber nicht; das war bloß eine Maske, die er sich mit seiner Fliege anzog. Ich kannte ihn als warmherzigen, sensiblen Menschen, aber er würde es mir nicht danken, wenn ihm einer das weitererzählt.

„Ich brauche keinen Grund. Ich will dich einfach nicht hier haben", sagte er kühl.

Die Augen des *Panzers* weiteten sich und er schritt aggressiv auf Colin zu, wobei er an mir vorbei mußte. Ich ahnte böse Absichten und hielt ihn auf, indem ich den rechten Arm über seine Brust legte. Sein Kopf schoß herum und seine Augen funkelten.

„Nimm deine verdammten Hände von mir!" schrie er.

Er war gefährlich nah und „in meinem Raum", also schob ich ihn mit beiden Händen rückwärts. Sofort bildete sich ein Kreis um uns. Er war kein Typ, der sich gerne schubsen läßt.

„Dann hau' doch ab!" erwiderte ich seine Herausforderung genauso aggressiv.

Sekundenlang standen wir Auge in Auge, dann kam seine Entscheidung:

„Du und ich, um die Ecke. Einer gegen einen! Nur wir beide."

WUMM! Mein Magen explodierte innerlich. Ich rang um Kontrolle und beherrschte die Angst.

„In Ordnung".

Die Worte kamen von selbst. Die Menge teilte sich wie das Rote Meer, als er durch sie hindurchschritt und sich auf den Weg zum Schlachtfeld um die Ecke, bei der Treppe machte.

Meine Hände und Beine zitterten, als das Adrenalin scheinbar versuchte, aus meinem Körper zu platzen. Darin liegt das Geheimnis des Kämpfens, man muß diese innere Bestie zähmen. Die Bestie, die gegen dich zu sein scheint, aber eigentlich nur helfen will; die dich scheinbar einsperren möchte, aber in Wirklichkeit befreien will; die dich scheinbar schwächen, aber tatsächlich kräftigen will; die dein Feind zu sein scheint, aber in Wirklichkeit dein bester Freund ist. Gehe *mit* dem Adrenalinschub, nicht *gegen* ihn, und der Sieg ist dir gewiß! Meine zitternden Hände lösten den Klettverschluß meiner Fliege und knöpften meinen Hemdkragen auf, als ich ihm um die Ecke folgte und mir schnell noch eine Strategie überlegte. Als ich ankam und um die Ecke bog, kam er plötzlich aus dem Nichts und stürzte mit fliegenden Armen auf mich zu. Ich spürte die Luftzüge seiner schweren Hände an meinem Gesicht, als ich einen schnellen Doppelschritt zurück machte. Das brachte mich in die perfekte Distanz für einen rechten Cross.

BUMM! Genau am Unterkiefer. Sein Kopf schoß nach hinten und rüttelte sein Gehirn durch. Die dunklen Wolken der Ohnmacht zogen ihn an ihre Brust, und er sackte schwer auf den rauhen Beton. Er war tapfer, kämpfte gegen die Ohnmacht und versuchte verzweifelt, wieder auf die Beine zu kommen, die ihren Dienst gerade versagt hatten. Ich verpaßte ihm einen schweren Tritt zur Schläfe und seine Augen schlossen sich, die Lichter gingen aus. Etliche Male trat ich auf seinen regungslosen, schwabbelnden Körper ein und sah wie das Fettpolster auf seinem entblößten Oberkörper unter der Wucht dieser Tritte wallte. John schob sich durch die schockierten, staunenden Gaffer und schaute auf Dornröschen.

„*Fette Sau*", sagte er nur und schlenderte seelenruhig zum Klub zurück.

Meine Rechtfertigung, wenn man so etwas überhaupt rechtfertigen kann, war Angst vor Vergeltung. Ich hatte bereits die Narben in den Gesichtern derjenigen gesehen, die er in der Vergangenheit mit einem Glas angegriffen oder gebissen hatte und wußte, was für einer er war. Wenn ich ihn nicht richtig fertigmachte, würde er irgendwann sein Glück noch einmal versuchen, und ehrlich gesagt, mit einem Kämpfer seines Kalibers sollte man sich nur einmal anlegen. Ich mußte ihm derart Angst einjagen und ihn glauben lassen, daß ich ein noch schlimmeres Tier als er war, damit er es aus Angst vor seinem endgültigen Ende nie wieder darauf ankommen lassen würde, es noch einmal zu versuchen und zu verlieren. Schläger dieses Formats respektieren nur eines, Angst.

Ich muß jedoch zugeben, daß ich danach viel Respekt für den *Panzer* hatte. Er hatte den Mumm gezeigt, es – einer gegen einen – mit mir aufzunehmen. Wie ich schon sagte, begegneten wir uns Jahre später unter angenehmeren Umständen wieder und aus ehemaligen Feinden wurde beinahe so was wie Freunde.

Ich erinnere mich an einen besonders schlimmen Zwischenfall, der sich im Nachtklub *Reflections* am anderen Ende der Stadtmitte von Coventry abspielte. Ich sagte bereits, daß es im *G's* ziemlich rauh zuging, aber im Vergleich zum *Reflections* war *G's* ein Spaziergang. Man sagte, die Türsteher dort würden 50 Pfund pro Abend plus einen Gratisbeitrag zur Krankenversicherung verdienen. Andere sagten, daß Lebensmüdigkeit zu den Einstellungsbedingungen gehörte.

Babygesicht war ein alter Schulfreund von mir. Ich konnte ihn sehr gut leiden, aber mein Gott, er liebte es einfach, mit anderen zu kämpfen, und machte es auch verdammt gut. Eigentlich war er ein netter Kerl, aber die Mischung aus Kampflust und Alkohol ergab einen Molotowcocktail der Gewalt. Er war schlank, sehnig und athletisch und hatte eine unschuldige, knabenhafte Miene, die sein Talent für die Schattenseite nicht ahnen ließ. Er hatte gerade fünf Jahre abgesessen, weil er den nackten Rücken eines älteren Opfers bei einem mißglückten bewaffneten Einbruch mit einer Rasierklinge verunstaltet hatte. Ja, ein netter Junge. Kaum war er wieder draußen, fand er seine kriminelle Energie wieder und kam auf die gewalttätigen Beine.

Das *Reflections* war ein Erdloch wie ein Kaninchenbau und wurde von denjenigen Unerwünschten besucht, die schon aus anderen Klubs wie Schweinefraß rausgeflogen waren. Jede Woche bekam dort irgend jemand ein neues Gesicht von einem kaputten Bierglas oder Teppichmesser geschnitzt. Der Schuppen durfte überhaupt nur weitermachen, weil die Polizei dann genau wußte, wo sie den kriminellen Abschaum jederzeit finden konnte.

Der Klub bestand aus einer Eingangstür inmitten einer Reihe von Geschäften, einem schmalen Flur und einer kleinen Tanzfläche, die schon mehr Blut aufgesaugt hatte, als eine Armee von Vampiren. Selbst die Polizei mied den Klub wie die Pest. Hier wehte das Banner der Anarchie. Die *Bell Green-Bande* war hier zuhause, und selbstverständlich war *Babygesicht* einer von ihnen. Er hatte schon eine Menge getrunken, als er seine Ex-Freundin am anderen Ende des vollbesetzten Raums erspähte. Sie unterhielt sich gerade mit zwei jungen Indern. *Babygesicht* verwandelte sich vor Eifersucht schlagartig in *die Bestie*. Sie war klein und hübsch, mit blonden Haaren und einem Schulmädchengesicht in dem Angst aufkam, als *die Bestie* sie auf die Seite zog.

„Was zum Teufel fällt dir ein, dich mit diesen Kanacken zu unterhalten?"

„Was geht dich das an? Ich bin nicht dein Eigentum", gab sie tapfer zurück. Er gab ihr eine schallende Ohrfeige.

Die beiden jungen Inder sahen was passierte, kamen dazu und sagten ihm, er solle sie in Frieden lassen. Er war wutentbrannt und stürmte los, um seine Leute zu holen. Dann bewaffnete er sich mit einem schweren Henkelglas, das er am Henkel hielt und auf dem Fußboden zerbrach, so daß er jetzt mit einer zackigen, rasiermesserscharfen *Glasfaust* dastand.

Das bemerkte der erste junge Inder erst, als sich die Glasfaust mit einem gewaltigen Schlag durch seine rechte Wange bohrte und sein Gesicht explodierte. Blut spritzte und pumpte in alle Richtungen. Er war bereits K.o., ehe er auf dem schmierigen Teppich aufschlug. Während die *Boys* über den anderen Inder herfielen, kniete sich *die Bestie* auf sein schlafendes Opfer und stieß das Glas mehrmals in das klaffende, stark blutende Loch, wo einmal das Gesicht gewesen war. Die Schläge waren so brutal, daß sie auch die linke Wange von innen durchstießen.

Er hörte erst auf, als jemand ihn herunterzog, das Glas, seine Hand und seine Kleidung voller Blut. Das Gesicht des jungen Inders war eine einzige blutüberströmte Maske; Wange, Nase und Lippen hingen in Fetzen herunter und tropften Blut auf den Teppich.

Der Zwischenfall erschien am nächsten Tag in der Zeitung, und der Notarzt mußte die Wunden mit so vielen Fäden vernähen, daß er sie nicht mehr zählen konnte. *Babygesicht* wurde später zu fünf Jahren verurteilt. Mal wieder eine Schlägerei im *Reflections*. Damals lautete ein Witz: *Wenn du mal richtig lachen willst, gehe ins Reflections. Wenn du dann wieder rauskommst, kannst du dich nicht mehr zusammenhalten.*

Es gibt zweierlei Arten von *schlecht*, nämlich diejenigen, die es tatsächlich sind und diejenigen, die sich nur dafür halten. Es ist praktisch unmöglich, den Unterschied auf Anhieb zu erkennen. Um sie richtig zuzuordnen, muß man sie bis an die Schwelle der Gewalt führen. Der *Macher* geht durch diese Tür, der *Schwätzer* nicht. Der Macher *redet wie man redet* und *geht wie man geht*, während der Schwätzer zwar nur *redet wie man redet*, es aber so gut bringt, daß er die meisten überzeugen kann, auch die harte Gangart zu beherrschen. Einer dieser Denker versuchte einmal sein Glück bei *Colin Maynard dem Halslosen* am Eingang von *G's*.

Colin hatte den Denker schon eine Woche davor an die frische Luft gesetzt, da man ihn beim Klauen von Handtaschen erwischt hatte, immer ein Problem in diesem Klub. Er hatte einen überdurchschnittlich großen Riechkolben, der einen Schatten auf sein übriges Gesicht zu werfen schien. Er war nach neuestem Trend unrasiert und trug ein halboffenes, weißes Hemd unter einer Jacke aus Nappaleder. Seine Begleiterin sah etwas flittchenhaft aus, zeigte viel Haut und hatte ihr Make-Up wohl mit einem Spachtel aufgetragen, denn es schien sich nicht im Einklang mit ihren Gesichtsausdrükken zu bewegen. Der Denker wollte sein Gesicht nicht vor ihr verlieren und begann seine gut einstudierte Routine, indem er vor Empörung die Arme zurückwarf und die Brust vorschob, einige Sekunden lang selbstbewußt seinen Kaugummi bearbeitete und dabei wissend mit dem Kopf nickte, wie es solche Leute an sich haben.

„Du weißt es anscheinend noch nicht", sagte er, indem er seine Jacke auszog und an *Spachtelgesicht* reichte, „aber *ich bin gut drauf.*"

Ich stand hinter Colin, wackelte mit den Hüften und flüsterte ihm im Singsangton ins Ohr:

„Oh Vorsicht, Colin, er ist guuut drauf!"

Colin unterdrückte ein Lächeln, zog seine eigene Jacke aus und offenbarte seine gewaltigen Ausmaße, die sein weißes Baumwollhemd mit der Kragengröße 44 vollständig ausfüllten. Seine mächtige Brust schlug dem Denker förmlich entgegen.

„OK", sagte Colin ruhig, „*schauen wir mal, was du kannst.*"

Die Augen des Denkers wären ihm fast aus dem Kopf geschossen, als er verzweifelt überlegte, ob dieser Berg von einem Mann, der da vor ihm stand, echt sein konnte. Der Denker dachte, traf seine Entscheidung und machte sich mit olympiaverdächtiger Geschwindigkeit aus dem Staub, wobei er Freundin und Jacke zurückließ. Wir kriegten uns vor Lachen gar nicht mehr ein.

Es gibt also diejenigen, die *denken*, und diejenigen, die *machen*; manchmal gibt es auch welche, die etwa in der Mitte stehen. Die denken oder machen, je nach dem Format desjenigen, der gerade vor ihnen steht. Solche Leute verdienen die Bezeichnung *Grobian*, und Mr. *T* war ein Paradebeispiel dieser Gattung. Er hielt sich wirklich für *schlecht* und überzeugte auch viele andere davon, denn als Kämpfer hatte er einen ziemlichen Ruf. Nach meiner bescheidenen Meinung war das einzig Schlechte an Mr. *T* jedoch sein Atem.

Meine erste und einzige Begegnung mit Mr. *T* war sehr unerfreulich, aber nur für ihn. Da dieser Aspekt bei diesem Zwischenfall und wahrscheinlich bei jedem Zwischenfall eine Rolle gespielt hat, in den ich verwickelt war, sollte ich euch ein wenig über mich erzählen. Mein Aussehen, meine Art zu sprechen und mein Verhalten sind nämlich, so sagten mir schon viele, für einen Türsteher sehr untypisch. Ich komme vielen etwas *weich* vor und entspreche nicht ihrer normalen Vorstellung von einem *Rausschmeißer*.

Karate lehrt in erster Linie Bescheidenheit und Respekt; ich persönlich glaube, daß die Bescheidenheit mit dem Können wächst. Je besser ich als Kämpfer, Karateka und Türsteher geworden bin, desto bescheidener und respektvoller wurde ich auch. Obwohl ich erwartungsgemäß so manche Kampfspuren trage, scheinen meine weiche Stimme, mein freundliches Lächeln und meine umgängliche Art diese zu übertünchen, so daß es dauernd Leute gibt, die mit mir kämpfen wollen. An der Tür von *G's* passierte das so oft, daß die Jungs mir sarkastisch den Namen *Schläger Thompson* gaben, als ob ich es war, der absichtlich Ärger suchte.

Der Nachtklub *Pink Parrot* saß an diesem ruhigen Mittwochabend fürstlich und isoliert inmitten der Seitenstraßen der Innenstadt, die ihn wie ein Burggraben umzogen. Der Vordereingang war hell erleuchtet und besaß ein rosarotes Vordach, das sich um die Ecke vorstreckte und an der gesamten Seitenmauer entlanglief, um den schlangestehenden Nachtschwärmern winterlichen Schutz zu geben. Der helle, luxuriöse Eingangsbereich führte an der Kasse und Garderobe vorbei und mündete schließlich in eine kreisförmige, leicht abgesenkte Tanzfläche mit einer langen Bar zur Linken und drumherum mehrere weichgepolsterte Tische und Sessel. Der Klub war gerade erst renoviert worden und sah funkelnagelneu aus.

Ich war erst seit ein paar Wochen dort angestellt, also kannten mich noch nicht alle. Mr. T kam etwa um Mitternacht herein, sah mich bei der Garderobe stehen und mochte mich auf Anhieb nicht.

„Wer ist denn dieser Wichser?" fragte er den Chef.

Mr. *T* war damals der Cheftürsteher im *Studio 21*, dem Schwesterklub des *Pink Parrot*, der derselben Familie gehörte.

Er war gut gebaut, wog etwa 95 Kilo und war 1,85 m groß. Der überhebliche Ausdruck in seinem jungen Gesicht sagte mir, daß er ziemlich viel von sich hielt. Er hatte helles, kurzes Haar, trug einen tadellos sitzenden, dunklen Anzug mit auf Hochglanz polierten, schwarzen Schuhen und erinnerte mich an einen Bullen in Zivil. Da er jedoch den arroganten Gang eines Zuhälters hatte, war das aber wohl nicht der Fall.

Er redete mit einer Arroganz, die mir noch nie vorher oder seitdem begegnet ist; die Verachtung lief ihm wie Schweiß aus jeder Hautpore. Er mochte mich wahrlich nicht.

Der Chef sagte Mr. *T*, wer ich war, und daß ich ihm bestens empfohlen worden war. Mr. *T* war wenig beeindruckt. Er konnte gleich sehen, daß ich nicht *viel drauf hatte*. Er war schon lange genug Türsteher gewesen, um einen Wichser auf Anhieb zu erkennen und war sich seines Urteils so sicher, daß er es mir auch gleich selbst sagen wollte. Hätte er etwas näher geschaut, in meine Augen, hätte er dort vielleicht die Fallgrube gesehen, in die schon viele, viele gestürzt waren. Aber er ließ sich von seiner eigenen Überheblichkeit blenden und täuschen. Ihm fehlten die Intelligenz und die Einsicht, so etwas wahrzunehmen und zu erkennen, daß es letztendlich zu seinem Untergang führen mußte. Voller Übermut in einen Kampf zu gehen heißt, Pfeil und Bogen zu einer Schießerei mitzubringen.

Er kam also herüber, um mir die *guten* Nachrichten zu ge-

48

ben. Da er von hinten kam, war ich etwas überrascht. Als ich hier zu arbeiten begann, wußte ich, daß ich mir wie an jeder Tür erst meine Sporen verdienen mußte, aber so schnell hatte ich nicht damit gerechnet. Als er dazukam, unterhielt ich mich gerade mit Kev, dem Cheftürsteher, und einem hübschen, jungen Garderobemädchen. Angeber und Selbstsüchtige lieben Zuschauer. *Das Ich weiß alles und kann alles*-Grinsen in seinem Gesicht war dasselbe, das ich schon von mehr als 200 Gegnern vor ihm entfernt hatte. Es roch förmlich nach Selbstzufriedenheit und schien mich anzuschreien: *„Du bist ein Nichts!"*

„Haben wir uns nicht mal bei G's gehauen?" unterbrach er die Unterhaltung.

Ich war von dieser schroffen, ungebetenen und überheblichen Anrede leicht schockiert. Er hatte die Körpersprache eines Grobians und die Selbstsicherheit von zehn Männern aber, wie sich herausstellte, die Kampffähigkeiten einer Gartenhecke.

„Ich glaube nicht", sagte ich, denn ich wollte nichts provozieren. *„Kann sein, aber wenn ja, erinnere ich mich nicht mehr daran."*

Diese defensive Antwort gab ihm noch größeren Appetit:

„Du würdest dich schon daran erinnern. Ich hätte dir nämlich den verdammten Kopf abgerissen!"

Dieser verbale Angriff machte mich sauer. Trotzdem erwiderte ich nur lahm:

„Ich habe bei G's nie verloren, also kann ich es nicht gewesen sein."

Kev schaltete sich ein:

„Nein das war nicht Geoff, es muß ein anderer gewesen sein."

Mr. T triumphierte und grinste noch breiter. Seine Augen ohrfeigten mich wiederholt.

„Dann muß es wohl irgendein anderes Arschloch gewesen sein."

Ehe ich mir der Tragweite dieser Bemerkung richtig bewußt geworden war, reichte er mir die Hand. Instinktiv gab ich ihm meine, haßte mich aber im selben Augenblick selbst dafür.

„Ich bin Mr. T, ich mache die Tür im Studio", prahlte er.

„Ja, ich hab' den Namen schon gehört", sagte ich.

Als er sich umdrehte und ging, schüttelte das Garderobenmädchen angewidert den Kopf und meinte:

*„Ich hasse diesen Mistkerl. Er hatte überhaupt keinen Grund,
so mit dir zu reden."*

Noch ehe sie sprach, war mir klar, daß ich einfach da
gestanden war und mich beleidigen lassen hatte. Ich war in
großer Gefahr, mein Gesicht zu verlieren. Die einsame Erkenntnis, daß jetzt etwas passieren mußte, saß wie eine
Bowlingkugel in meiner Magengrube. Ich sprach Kev besorgt
an:

„Hey Kev, hält der mich für einen Wichser oder was?"

Kev versuchte, die Sache herunterzuspielen.

*„Nein, kümmere dich nicht um ihn, Geoff. Er hat was drauf,
aber im Grunde genommen ist er nur ein Großmaul. So redet
er mit jedem."*

Ich schüttelte verunsichert den Kopf.

*„Das kann ich aber nicht auf mir ruhen lassen, Kev. Er
hat mich vor den anderen kleingemacht. Ich werde mal mit
ihm reden."*

Kev überlegte eine Sekunde.

*„Ja, du hast recht. Ich würde ihn auch nicht so mit mir
reden lassen. Wenn du willst, spreche ich mal mit ihm"*, bot er
an.

Aber ich wollte nicht den Eindruck eines Petzers erwek-
ken, also schlug ich sein Angebot aus. Ich mußte es ihm
selbst sagen.

Mein Adrenalinspiegel erhöhte sich rapide, als ich zur
Tanzfläche ging, wo Mr. T sich mit seiner Freundin und einem anderen Pärchen amüsierte. Mittwochs war es immer
ruhig. Nur ein paar vereinzelte Leute waren im Klub. Die
Musik war sehr laut, konnte aber keinen mitreißen und schien
bei einem so kleinen Publikum fehl am Platze zu sein. Mr. T
machte das Beste daraus und hampelte mit der Eleganz einer Flußpferdes auf der Tanzfläche herum, in der Linken seine
Freundin und in der Rechten eine Flasche Champagner.

Er war wirklich ein Brocken – konnte ich ihn schaffen?
Er hatte schon viele verhauen. Irgendwie wünschte ich, daß
ich nicht in dieser Situation wäre, aber es war nun einmal
so, und das gleiche Gefühl hatte ich immer vor einem Kampf.

50

Ich knöpfte meine Manschetten auf und nahm die Fliege ab. Das Jackett hatte ich bereits beim Mädchen in der Garderobe hinterlassen, aber warum hatte ich ihr nicht gesagt. Meine Beine begannen wie gewohnt zu zittern, als das Adrenalin wie ein Frettchen in einem Kaninchenbau durch meine Adern schoß. Ich wollte es jetzt hinter mich bringen. Mein alter Freund – die Angst – nagte an den schwächsten Gliedern meiner Kampfgeistkette und erzählte mir, daß ich verlieren könnte und jetzt meinem Meister begegnet war. Groß sah er aus und hart. Kev hatte mir gesagt, daß er gut sei, also mußte das stimmen. Diese Gedankengänge nahm ich fest an die Leine und konterte jetzt jeden negativen Gedanken mit einem positiven: *Er ist übermütig, er hat Übergewicht, er hat getrunken, ich habe schon mehr als 200 Kämpfe gewonnen, ich bin kräftig, ich bin fit, ich kann ihn besiegen, ich werde ihn besiegen.* Die vier Schlager, zu denen er mit seiner Freundin weitertanzte, schienen eine Ewigkeit zu dauern, als ich vor der Tanzfläche auf ihn wartete. Der Adrenalinstau machte mich bereits mürbe, ich wurde müde. Er mußte freigesetzt werden.

Ich überlegte mir meine Taktik und was ich ihm sagen würde, wohlwissend, daß es dann zum Kampf kommen mußte. Wenn er nicht kämpfte, würde er zuviel Gesicht verlieren. Der innere Druck wurde stärker, ich kontrollierte, beherrschte und zügelte ihn. Mr. T verließ die Tanzfläche. Als er an mir vorbeikam, berührte ich ihn am Ärmel.

„Verzeihung, kann ich mal ein Wort mit dir reden?" sagte ich, indem ich auf eine Ecke wies.

Er nickte kurz und verabschiedete seine Freundin mit einem Klaps auf dem Hintern, ich haßte ihn. Dann folgte er mir in eine ruhige Ecke zwischen den Toiletten und der Cocktailbar, die Champagnerflasche immer noch in der Hand. Die merkte ich mir. Wir standen dicht zusammen, eigentlich etwas zu nah, also senkte ich mein Kinn zum Schutz gegen eine mögliche Kopfnuß, wodurch ich gezwungen war, ihm mit nach oben gerollten Augen ins Gesicht zu schauen.

„Hör mal zu, ich habe dich noch nie vorher gesehen, du kommst hierher, während ich arbeite, und behandelst mich ohne Grund wie ein Stück Scheiße. Wenn du das noch einmal machst, gibt es einen Kampf."

Er stand mir frontal gegenüber und war in einer ungünstigen Position, einen Angriff zu starten.

„Ja, OK, in Ordnung", sagte er. Dabei zog er das linke Bein leicht nach hinten, um seinen Winkel zu verbessern und die Champagnerüberraschung vorzubereiten. Ich bemerkte es sofort, denn er war ein Amateur und richtete sich zu offensichtlich aus. Das funktionierte vielleicht beim nichtsahnenden Otto Normalverbraucher, aber ich war ein alter Hase und zog mein rechtes Bein zur gleichen Zeit etwas zurück, wodurch ich einen kompakten um 45° gewinkelten Stand einnahm. Diese Bewegung tarnte ich mit den Worten:

„Mehr habe ich nicht zu sagen."

BUMM!

Mein rechter, leicht gehakter Cross traf ihn etwas oberhalb des Kiefers, als seine linke Hand mit der Champagnerflasche hochkam. Er torkelte in einem 45° Winkel nach hinten und ich dachte, gleich schläft er, aber nein, er fing sich wieder und wollte kämpfen. Zu spät, ich hatte ihn. Ich verpaßte ihm eine Kombination von fünf Faustschlägen, die ihm beide Augenbrauen aufrissen und die Nase brachen. Er bedeckte sein blutendes Gesicht mit den Händen und kauerte vor mir, woraufhin ich sein blutbespritztes, weißes Hemd an den Schultern packte und ihn mit dem Kopf zuerst auf den Teppich zwang.

Er war fertig. Sein Zuckersockel schmolz unter dem Hagel meines Angriffs dahin. Er hielt das Gesicht immer noch bedeckt, also trat ich mehrmals heftig auf seinen Rücken ein bis Kev, der dicht dabeistand und mir Rückendeckung gegeben hatte, dazwischenkam und den Kampf stoppte.

Eine kleine Gruppe von Zuschauern hatte sich um uns versammelt und flüsterte sich gegenseitig etwas zu. Mr. T's Freundin rannte um ihn herum wie ein kopfloses Huhn. Ich triumphierte. Der Wurm hatte sich behauptet, die Kontrolle über meine Angst war mein größter Verbündeter, sein Übermut meine größte Hilfe gewesen. Er war auf einen kleinen, unbedeutenten Erdhügel getreten und wurde von der Landmine zerfetzt, die sich darunter verbarg.

Häßlich. Nun, nichts gegen häßlich, bis es versucht, dich in einem Nachtklub zu küssen. Dann kannst du es mit der

Angst kriegen. Ricky war 1,90 und wog 105 mit geschmiedeten schwarzen Muskeln bepackte Kilo. Als dreimaliger Regionalmeister im Profiboxen und Anwärter Nr. 1 für die britische Meisterschaft war er auf keinen Fall ein Weichei, aber sein Mut verließ ihn völlig an jenem Abend, als *Medusa* ihn um einen Weihnachtskuß bat.

Damals arbeiteten wir beide bei *G's*. *G's* ist, obwohl klein, ein recht ungewöhnlicher und zugleich sehr beliebter Nachtklub, weil der gesamte Innenraum wie eine Höhle aufgemacht ist. Vom Boden bis zur Decke wölben sich überall Steinformationen und geben den Eindruck, man sei tatsächlich in einer Höhle. Selbst die Bar ganz hinten scheint aus einer unterirdischen Felswand gemeißelt worden zu sein.

Dienstagabende waren immer für die Punkrocker reserviert, die es drauf ankommen ließen, so schmuddelig und schlechtgekleidet wie möglich aufzutreten. Wann immer diese Gestalten aus den Trockeneisschwaden auftauchten, die die versunkene Tanzfläche umnebelten, hatte man wirklich das Gefühl, in einer Höhle voller primitiver Steinzeitmenschen zu sein. In der Woche vor Weihnachten war wie immer viel los, die Leute wie Sardinen zusammengequetscht.

Medusa stand am Rande der Tanzfläche. Sie als häßlich zu beschreiben, würde dem Dudenbegriff nicht Genüge tun, keiner mit nur einem Kopf dürfte so häßlich sein. Ihr Gesicht sah aus, wie der Daumen eines blinden Schusters. Ihre schwarzen, faulen Zähne verliehen ihr ein Lächeln wie eine Klaviertastatur und verbreiteten einen fauligen Geruch, der die Nasenschleimhäute selbst aus 3 m Entfernung angriff. Es war nicht so sehr ihr Mundgeruch, der mich abstieß, als ihre Häßlichkeit, obwohl ich zugeben muß, daß ich ihre Augen schön fand, besonders das braune. Das war *Medusa*, und sie wollte Ricky. Alles, was Ricky wollte, war Schutz und ein gutes Versteck.

Er muß den 100 m-Weltrekord gebrochen haben, als er von der Tanzfläche zum Empfang sprintete. Er keuchte und hechelte derart, daß er kaum reden konnte.

„Oh nein", dachte ich, *„es muß jemand gestorben sein."*
Aber nein, es war schlimmer – *Medusa* wollte ihn küssen.
„I. . Ich gehe da nicht wieder rein, Mann",
stieß er atemlos und in leiser Panik hervor.

„*Was gibt's denn?*" fragte ich besorgt.

„*Da drin ist ein Mädchen, die will mich küssen.*"

Ich kratzte mir den Kopf, etwas durcheinander.

„*Gibt es etwas, das du uns noch nicht gesagt hast, Ricky?*" dachte ich im stillen. Laut fragte ich "*Na und?*"

Rickys Augen quollen wie weichgekochte Gänseeier hervor, und sein Gesicht zuckte panisch, als er mit dem Finger in Richtung Tanzfläche zeigte.

„*Sieh' doch selbst nach, Mann*", sagte er nur.

Ich nickte und lächelte ihn verständnisvoll an. So schlimm konnte es doch nicht sein, oder? Also begab ich mich in den Klub, woraufhin mein Lächeln schlagartig verschwand. Dort stand sie, *Medusa*, und suchte die Tanzfläche nach möglichen Kußopfern ab. Selbst von hinten erkannte ich, daß diese Straußenbeine und die wollige Haarmähne unmöglich einem schönen Menschen gehören konnten. Als sie sich zu mir drehte, fragte ich mich unwillkürlich, ob es diese Lady mit der Hakennase schon zu Zeiten des Herrn gegeben hatte; in dem Falle wäre nämlich ein elftes Gebot fällig gewesen. Dann passierte es. Wir bekamen Augenkontakt.

Dreh' dich weg, du Idiot, sagte ich mir, aber der Schock hatte mir die Beine gelähmt. Meine Arme hingen schlaff an meinen Seiten, wie die eines Gorillas, und mein Mund stand offen. Mein Gehirn schickte eine Botschaft an die Stimmbänder:

„*Sag' ihr, du bist verheiratet. Nein, sag' ihr, du bist schwul!!*"

Dieser Befehl kam aber irgendwie verzerrt an und verließ meine Lippen als unartikuliertes, säberndes Kichern. Die Zeit, die Ricky noch vor kurzem geschafft hatte, halbierte ich sogar, als ich um mein Leben rannte und Ricky fast umrempelte. Wir versteckten uns in der Garderobe und kicherten wie zwei Schulkinder vor Erleichterung, nicht von Medusa zu Stein verwandelt worden zu sein.

Fünfzehn Jahre Kampftraining und geistige Abhärtung waren mir mit dem Herz in die Hose gerutscht, aber zumindest waren Rickys und mein *Küsser* unversehrt geblieben. Häßliche Zwischenfälle sind natürlich nicht so witzig.

June war eine hübsche, zierliche Krankenschwester mit leuchtenden Augen und hohen, orientalischen Wangenknochen. Gayle war ebenso sexy, mit einem verführerischen, dunklen, geheimnisvollen und herausfordernden Blick, der genau zu ihrer Madonna-Kleidung und dem Hüftewackeln beim Gehen paßte. Ich kannte Gayle gut. Sie war Stammkundin bei *G's*, und ich konnte sie ehrlich gesagt gut leiden, hauptsächlich weil sie jedesmal, wenn wir uns am Eingang, im Klub oder in der Bar begegneten, und egal ob der Klub voll oder fast leer war, ganz dicht an mir vorbeiging, als wenn kaum Platz wäre, wobei ihre Lippen verlockend an meinen vorbeistreiften und sie ihr Schambein gegen meinen pulsierenden Lustwurz drückte. Dann schloß sie wonnevoll die Augen und sagte mit tiefer, heiserer, provokativer Stimme *„Tschuldigung"*, woraufhin ich den Rest des Abends mit einer Erektion herumlief. Na ja, es war ein Job und irgendeiner mußte ihn schließlich machen.

June hingegen war mir fremd, eine von Tausenden von jungen Leuten pro Woche, die diesen beliebten Nachtklub besuchten. Der gemeinsame Faktor, der zwischen diesen gegensätzlichen Typen einen Zwischenfall auslöste, den beide nie vergessen werden, war Paul, der ehemalige Freund von zuerst June und dann Gayle. June hatte mit ihm schlußgemacht, weil sie einfach nicht zusammenpaßten. Eine Woche oder so danach kam Gayle mit Paul zusammen, aber zwei Wochen später wurde der arme Kerl aus unbekannten Gründen auch von ihr abserviert. Also gingen beide nicht mehr mit ihm und hatten, soweit ich es beurteilen kann, auch nicht die Absicht. Dort liegt die Ironie der Geschichte.

Der Streit, der jetzt entbrennen würde, handelte sich also um einen Jungen, den keine der beiden wollte. Es gefiel June aber nicht, daß Gayle so schnell mit Paul angefangen hatte, nachdem sie ihn fallen gelassen hatte, und sie sorgte dafür, daß Freundinnen Gayle dieses Mißfallen zutrugen. Wenn sie Gayle begegnen sollte, würde sie ihr gehörig die Meinung sagen usw.

Gayle gab sich gerne ein bißchen hart und meinte, sie könne auch kämpfen; das konnte sie aber nicht wirklich und die Drohungen machten ihr Sorgen. An einem Freitagabend war es dann soweit: Gayle trank sich genügend Mut an und konfrontierte June an der vollbesetzten Bar. Neben dem Kartenautomaten an der Wand im Eingangsbereich befanden sich drei kleine Lämpchen, grün, orange und rot , die als Notruflampen fungierten. Grün war für den kleinen Bereich an der Imbißtheke, orange für die Tanzfläche und rot für den Barbereich. Wenn es Ärger in diesen Klubbereichen gab, brauchte das für den Bereich zuständige Personal nur auf einen verborgenen schwarzen Knopf zu drücken, um die Türsteher am Haupteingang herbeizuholen. Das Lämpchen leuchtete dann auf und gab einen lauten Summton von sich, der unweigerlich den Adrenalinspiegel schlagartig steigen ließ, während man zum jeweiligen Bereich rannte.

Das rote Lämpchen leuchtete auf und summte, woraufhin wir wie üblich losrannten, um dem Befehl zu folgen. Wir schoben uns durch die Menge, erreichten den Barbereich in wenigen Sekunden und suchten ihn mit den Augen nach dem Problem ab. Eine Gruppe von besorgten Mädchen hatte sich um June versammelt, die vornübergebeugt stand, ihr Gesicht hielt und hysterisch schrie. Ihre Freundinnen versuchten sie zu beruhigen, aber vergeblich. Da ich der erste Türsteher zur Stelle war, ging ich dazwischen, während Colin und Ricky meinen Rücken deckten. Im schwachen Licht der kleinen Sternenlämpchen an der niedrigen Höhlendecke betrachtete ich den Schaden.

Zunächst schien die Sache nicht so schlimm zu sein. Da sie immer noch schrie und ihr Gesicht fast vollständig mit den Händen bedeckte, konnte ich nicht recht erkennen, was los war, aber irgendetwas stimmte nicht. Es war nicht viel Blut zu sehen, aber aus ihrem rechten Wangenknochen ragte etwas heraus. Ich hielt es zuerst für einen Hautklumpen, aber eine nähere Betrachtung ergab, daß sich eine 3 cm lange Scherbe eines Weinglases in ihren Wangenknochen gebohrt hatte. Die Glasscherbe war so nah an ihrem Auge, daß sie sie sehen konnte, daher ihre Panik. Die Gesichtshaut um diese Wunde war feuerrot und eingesunken, während das restliche Gesicht vergleichsweise so fahl wie Asche war.

Mit ganz ruhiger Stimme versuchte ich, ihre hysterischen Schreie zu beruhigen, aber es half nichts. Je mehr ich auf sie einredete, desto schlimmer wurde es. Der Gedanke kam mir, sie kurz ins Gesicht zu schlagen, so machen sie es ja in Filmen, aber die Glasscherbe war im Weg und ich wollte mir schließlich nicht die Hand verletzen, oder? Statt dessen brüllte ich sie an und sie wurde zu meinem Erstaunen sofort ruhig. Sie atmete jedoch schwer und unregelmäßig. Ihre Augen hatten ihren Glanz verloren und schienen nach innen gekehrt, während ihre Hände in der Luft flatterten, als wenn sie irgendeinen unsichtbaren Geist davonjagen wollten.

Sie zitterte am ganzen Körper, als ich ihren Kopf zum Schutz gegen neugierige Blicke mit meiner Jacke bedeckte und sie behutsam ins Chefbüro bugsierte, wo man einen Krankenwagen rief. Ihre Freundin kam auch mit. Ich setzte sie auf einen alten, lederbezogenen Stuhl im winzigen Büro, wo der feingekleidete, dunkelhaarige Chef inmitten der ganzen Unordnung sein Amt verrichtete.

Inzwischen tauchte ein junger Kerl mit einer großen, blutigen Glaswunde am Hinterkopf im Eingangsbereich auf und suchte nach Mitleid und Hilfe.

„Irgendeiner hat mich mit einem Glas angegriffen", sagte er zu einem, der dort herumstand.

„Na und? Hier ist schließlich G's", kam die mitleidlose Antwort.

Vorsichtig tupfte ich den Bereich um die Glasscherbe mit einem Wattebausch ab, der das Blut und die Tränen aufnahm, die über den süßen Wangenknochen und den wie festgewachsenen Glasstummel gelaufen waren. Ihr ganzer Körper zuckte unkontrolliert, und sie tat mir sehr leid.

Eine dickflüssige, gelecartige Substanz, die ich nicht als Blut erkannte, kroch jetzt aus der Wunde.

„Wie sieht das Blut aus, dickflüssig oder dünn?" fragte sie mich durch den Schmerz.

Grundehrlich und dumm wie ich war, sagte ich: *„Es sieht ziemlich dickflüssig aus"*.

Ehe June diese Antwort richtig wahrnehmen konnte, schüttelte ihre Freundin, die hinter ihr stand, aufgeregt mit dem Kopf und ich korrigierte schnell meinen Fehler:

„Nein, es sieht ziemlich dünnflüssig aus".

„Oh gut", seufzte sie, *„wenn es dickflüssig wäre, würde das bedeuten, daß das Glas eine Arterie beschädigt hat"*.
Sie als Krankenschwester wußte so etwas. Ich als Türsteher wußte es nicht.

„Nein, nein", fügte ich noch hinzu, *„es ist richtig dünn, so dünn, daß du es nicht glauben würdest."*

Als der Krankenwagen June abgeholt hatte, sprach ich mit ihrer Freundin, die sich für meine freundliche Hilfe bedankte und mir erzählte, was passiert war. Anscheinend war Gayle besorgt und ziemlich angetrunken in der Bar auf June zugegangen. Ein Streit begann zwischen den beiden Mädchen und ehe jemand dazwischen gehen konnte, hatte Gayle ihr Weinglas an der Thekenkante zerbrochen und es June mit solcher Kraft ins Gesicht gerammt, daß es noch einmal brach und steckenblieb.

Der Spezialist, der am nächsten Morgen ihr Gesicht operierte, meinte:

„Hätte das Glas sich nicht in ihr Gesicht gebohrt und den Blutfluß aus der verletzten Arterie gestoppt, wäre sie möglicherweise verblutet".

Er machte bei der Gesichtsreparatur ausgezeichnete Arbeit, aber selbst ein Jahr später traute sich June aufgrund der emotionellen Narben, die solche Angriffe immer hinterlassen, selbst in Begleitung nicht in das Stadtzentrum von Coventry.

Gayle erwachte am nächsten Morgen und ihr wurde klar, was sie getan hatte. Innerhalb einer Woche setzte sie sich aus Angst vor der polizeilichen Verfolgung ins Ausland ab, wo sie Arbeit als Bardame fand. Sechs Jahre später ist sie immer noch weg und hat Angst, nach Hause zu kommen.

5. Kapitel

Kämpfen ohne zu kämpfen

Für jeden Kampf, bei dem ich körperliche Gewalt anwenden mußte, gab es drei, die ich ohne einen einzigen Schlag gewann. Bruce Lee nannte es *Kämpfen ohne zu kämpfen*. Ich nenne es psychologische Kriegsführung. Es ist die Kunst, jemanden, der mit dir kämpfen will, derart einzuschüchtern, daß er es nicht mehr will. Normalerweise funktioniert diese Vorgehensweise nur bei Möchtegern-Kämpfern oder Bluffern, aber ich habe auch schon erlebt, wie ihr echte Kämpfer zum Opfer fallen. Außerdem tut eine Erniedrigung viel mehr weh als eine Tracht Prügel, denn keiner wird gerne als Feigling hingestellt.

Ich habe drei Grundstrategien bei dieser psychologischen Kriegsführung: den *Schubs*, die *Ohrfeige* und die *Herausforderung*.

Die Herausforderung

Die Herausforderung ist wahrscheinlich am wirkungsvollsten. Wenn man es z.B. mit einer Gruppe von jungen Krachmachern zu tun hat, die kurz davor sind, loszulegen, sollte man die Nummer 1 unter ihnen abchecken. In jeder Gruppe gibt es einen, er steht meistens vorne und hat das lauteste Mundwerk und den muß man zum Kampf einer gegen einen herausfordern. Sehr wenige Leute haben den Mumm, den ein Herausforderungskampf erfordert, besonders nicht Großmäuler und Rudeltiere. Also wird das Angebot mit einem höflichen *Tut mir leid, diese Herausforderung kann ich nicht annehmen* ausgeschlagen werden. Und wenn der nicht kämpfen will, dann haben seine Kumpel auch plötzlich keine Lust mehr.

Öfters hatte ich Streit mit anderen, den ich aufgrund besonderer Umstände wie z.B. Polizeipräsenz nicht an Ort und Stelle beenden konnte. Eine Woche, mitunter einen Monat später traf ich diese Leute zufällig wieder und stellte sie

zur Rede: „*OK, jetzt sind es nur noch wir beide. Keine Außen-seiter. Wir gehen jetzt alleine auf den Parkplatz und bringen das Problem hinter uns.*"
Nur sehr selten nimmt jemand eine solche Herausforderung an, besonders wenn man ihn nüchtern erwischt hat. Wenn man den Fehdehandschuh wirft, sollte man aber auch bereit sein, die Sache durchzuziehen, falls der Sparringpartner sich tatsächlich einverstanden erklärt.

Der Schubs

Diese Technik ist etwas mehr körperlich und wird am besten angewendet, wenn die Problemursache etwas näher steht. Ich habe den Schubs von Colin gelernt, der ihn zu einer Kunst-form gemacht hat. Er funktioniert ausgezeichnet, wenn je-mand einen aggressiv anmacht oder ärgert, jedoch nicht ge-nug, um *Parkplatzverbrennungen* zu rechtfertigen. Man schubst ihn mit beiden Händen kräftig zurück. Das hat eine sofortige Schockwirkung und führt meist zu einem Rückzie-her. Falls der andere sich zu überlegen scheint, ob er es doch noch versuchen sollte, zerstört man sein restliches Selbst-vertrauen mit einem lauten verbalen Angriff. Diese Taktik hat sich für mich bereits hunderte Male ausgezahlt. Ein be-stimmter Zwischenfall liefert ein gutes Beispiel:
Donnerstags war Studentenabend bei *G's* und Hunder-te fanden sich immer bei uns ein. Normalerweise sind Stu-denten kein Problem, aber es gab eine kleine Minderheit von Idioten, besonders diejenigen, die in der Hochschule Kraft irgendeines Amtes etwas zu sagen hatten. Die fielen mir wirk-lich auf die Nerven.
Zwei, denen ich den Einlaß verwehrt hatte, verkörper-ten diesen Typ ganz perfekt. Sie waren betrunken, also wei-gerte ich mich ganz höflich, sie in den Klub zu lassen. Beide waren jung und unordentlich gekleidet, grinsten mich her-ablassend an und fingen an, mir verschiedene Gesetzes-paragraphen zu zitieren.
Sie waren Jurastudenten, also wußten sie Bescheid. Ihre Bemerkungen wurden immer ausführlicher und grenzten schließlich an glatter Beleidigung. Da etwa einhundert wei-tere Studenten an der Wand entlang und die Treppe hinun-

ter Schlange standen, hatten die beiden ein höchst willkommenes Publikum. Normalerweise hätten mich solche Beleidigungen veranlaßt, die Sache mit etwas körperlichem Einsatz im Keime zu ersticken, aber ich nahm Rücksicht auf die Tatsache, daß sie Studenten waren und diesen beleidigenden Umgangston wahrscheinlich als lebhafte Debatte ansahen. Außerdem hatte ich es gerade mit der Polizei zu tun und wollte ihnen nicht auch noch zwei schlafende Studenten als Munition präsentieren. Je mehr ich mich aber zurückhielt, desto weniger respektierten sie mich und desto beleidigender wurden sie. Die Wut kam wie ein Vulkan in mir auf und drohte, das Dach meiner Selbstkontrolle mit einem heißen Lavafluß zu sprengen. Da die beiden keinerlei Erfahrung in solchen Dingen und keine Ahnung hatten, wie weit sie mich fast gebracht hatten, machten sie noch mehr Druck, angespornt vom aufgeregten Gemurmel ihrer Kommilitonen. Der Mutigere von den beiden setzte noch eins drauf:

„Na komm' doch, warum schlägst du nicht zu? Du weißt, daß du das nicht darfst, nicht wahr? Wenn du mich auch nur einmal anfaßt, rufe ich die Polizei."

Es reichte mir jetzt. Die Wut drängte meine Selbstbeherrschung langsam in den Hintergrund, aber irgendwie behielt ich doch noch einen kleinen Fetzen Kontrolle: statt ihn zu schlagen, schubste ich den Winkeladvokaten mit der scharfen Zunge kräftig rückwärts, und zwar so heftig, daß er mit seinem hinter ihm stehenden Kumpel zusammenstieß und beide betrunken übereinander zu Boden fielen. Meine Kollegen, die vorher so bewundernden Zuschauer und ich selbst konnten uns vor Lachen nicht mehr halten, als die beiden versuchten, wie Bambi auf dem Eis wieder auf die Beine zu kommen. Je mehr sie erfolglos versuchten aufzustehen, desto lauter wurde das Gelächter. Endlich kam der Geschubste wieder auf die Beine und lief mit bösen Absichten auf mich zu. Ich stellte mein Gelächter sofort ein und legte mit einer verbalen Attacke los, die ihn wie ein Vorschlaghammer traf und seinen Angriff mit der sofortigen Wirkung einer Tasse Zyankali-Tees stoppte.

„Noch einen einzigen Schritt und ich mach' dich platt!" Diese Warnung unterstrich ich, indem ich aggressiv mit dem Finger auf ihn zeigte. Jetzt wußte er, daß ich es todernst

meinte und verzog sich schnell. Dabei stieß er leere Drohungen über alle möglichen gerichtliche Folgen aus, vermutlich, um über seinen plötzlich fehlenden Mut hinwegzutäuschen. Ich gab ihm jenes breite, selbstzufriedene Grinsen, das in solchen Situationen eine richtig ätzende Wirkung hat.

Die Ohrfeige

Wie der Schubs ist die Ohrfeige mehr eine Einschüchterungstaktik, die das Opfer durch Schockwirkung zur Besinnung bringt, ohne richtig wehzutun. Sie ist nicht so wirkungsvoll wie der Schubs, funktioniert aber auch. John hatte sich auf Ohrfeigen spezialisiert, war dabei aber etwas zu erfolgreich, denn statt seine Opfer nur einzuschüchtern, um weiteren Ärger zu vermeiden, schlug er sie nicht selten mit einer einzigen Ohrfeige K.o., es mangelte ihm einfach an Kontrolle. Und was mich betraf, ich ohrfeigte die meisten nicht hart genug, um sie vom Kampf abzubringen. Viele, die ich zunächst geohrfeigt habe, mußte ich dann doch noch zusätzlich verhauen.

Papas Augapfel war 1,85 m groß und wog beeindruckende 90 Kilo, von denen sein Minderwertigkeitskomplex etwa ein Drittel ausmachte. Auch ihn habe ich einmal bei *G's* abgewiesen, weil er etwas zuviel gebechert hatte. Ich entschuldigte mich sogar für diese Frechheit; da er aber nicht einsichtig war und meine Freundlichkeit mit Schwäche verwechselte, begann er lautstark herumzupöbeln und nannte mich einen Wichser, weil ich ihn nicht in den Klub lassen wollte. Es war an diesem Abend ziemlich ruhig und nur etwa ein Dutzend Leute standen in der Schlange.

Ich entschuldigte mich noch einmal und bat ihn, zur Seite zu gehen, damit die Wartenden hereinkonnten. Er weigerte sich und begann wieder, mich zu beschimpfen, also schubste ich ihn rückwärts. Er fühlte sich schwer an, und sein Gesicht verzog sich zu diesem so wohlbekannten, verärgerten Ausdruck, den ich schon bei so vielen Sparringpartnern vor ihm gesehen hatte. Ich hoffte, daß der Schubs ausreichen würde, aber es sollte nicht sein.

Er hatte den kurzen Haarschnitt eines harten Brockens, die runden Ohren eines Teddybärs und weit auseinanderliegende E.T.-Augen, die mit seiner zunehmenden Wut immer größer wurden. Er war breitgewachsen und schien die Explosivkraft einer Granate zu haben, jedoch fehlte der Zünder. Wieder nur ein Blender. Er schritt auf mich zu. John stand an meiner rechten Schulter und wunderte sich, wieso ich ihn noch nicht zerstört hatte. Normalerweise gab ich keinem soviele Chancen. Ein Jahr später im berüchtigten Willenhall, wo Gewalt praktisch zur Schulausbildung gehört, war irgendein freundlicher Typ mit ihm nicht ganz so geduldig und schnitzte ihm mit einem Teppichmesser ein neues Gesicht.

Die Zuschauer gingen zur Seite, denn sie wußten, daß *Papas Augapfel* in wenigen Augenblicken Haue bekommen würde. Ich verpaßte ihm eine kräftige Ohrfeige. John lächelte still und die Zuschauer machten „*OOOOH!*" Es nützte aber nichts. Der Junge hatte sein Mundwerk auf Autopilot; er brüllte und fluchte noch lauter.

BUMM!

Meine linke Gerade klatschte auf seine Wange und ein Fußfeger brachte ihn gleichzeitig zu Boden. Als er unten ankam, versetzte ich ihm einen Tritt, aber nicht hart, nur ein Warnschuß. Er zog eine empörte Grimasse und versuchte, aufzustehen und weiterzumachen.

BUMM!

Mein linker Fuß traf ihn voll im Gesicht und zerfetzte seine Lippen. Er kapierte jedoch immer noch nicht, also trat ich nochmals zu, so daß seine Nase wie eine überreife Tomate aufplatzte. Endlich hatte er verstanden. Ich fühlte mich innerlich zwar gerechtfertigt, aber ich ärgerte mich darüber, daß ich viel zu lange freundlich geblieben war, um einen Kampf zu vermeiden, den er trotzdem unbedingt wollte. Ich habe schon immer an gütliche Einigung statt Kampf geglaubt, aber die meisten miesen Typen, mit denen man es in diesem Beruf zu tun hat, haben dafür kein Verständnis. Sie respektieren nur Schmerzen und ich hasse es, anderen unnötigerweise Schmerzen zuzufügen. Bei einem Zwischenfall, der mir stark in Erinnerung geblieben ist, war die Ohrfeige aber wirklich meine Rettung.

Delilah war eine junge Prostituierte und zeigte auch alles, was dazugehört. Ihr junges, hübsches Gesicht hatte bereits die harten Züge angenommen, die dieser gnadenlose Beruf mit sich bringt. Das dünne, ultrakurze Kleid zeigte alles und verbarg nichts, Saum bis zum Kinn und Ausschnitt bis zum Knie. Das frostige Novemberwetter richtete ihre Brustwarzen wie 9mm Geschosse auf, die aus ihrer blauen Nylonbluse explodieren zu wollen schienen. Ihre Augen hatten den leeren, hohlen und traurigen Blick eines Menschen, der in stiller Verzweiflung lebt. Sie konnte fluchen wie ein Hafenpapagei, aber damit täuschte sie nur über ihre Traurigkeit hinweg. Das blaue Kleidchen war klatschnaß und verbreitete eine kleine Pfütze um ihre blassen, nackten Gänsehautbeine. Sie hatte gerade ein Mitternachtsbad im Stadtbrunnen genommen; das Kleid schmiegte sich an jede Kurve und stellte ihre Waren noch mehr zur Schau, als ihr lieb gewesen wäre.

Als Winston ihr bedeutete, daß sie so nicht in den Klub gehen konnte, meinte sie:

„Verdammter Nigger, du kannst mich 'mal am Arsch lekken, du Bastard. Ich würde selbst gegen Bezahlung nicht in diese Kanackenhöhle gehen!"

Mit Worten war sie wirklich gut drauf. Winston, mein jamaikanischer *Bruder*, dessen Hände sich mit der Kraft eines Maschinenkolbens und der Grazie einer Schwalbe bewegen konnten, wußte im Moment nicht, wie er sich verhalten sollte und ging über diese Beleidigungen hinweg. Da Delilah spürte, daß er etwas verunsichert war und ihr wahrscheinlich klar wurde, daß sie zu dieser späten Stunde nur noch bei uns, also im *G's*, etwas zu trinken bekommen würde, machte sie eine Kehrtwendung und sagte in einem Ton, den sie normalerweise nur ihren besten Kunden zugute kommen ließ:

„Wenn ich mich ein bißchen zurechtmache, laßt ihr mich dann 'rein?"

Ich ärgerte mich darüber, daß sie Winston einen *Nigger* genannt hatte, also fuhr ich dazwischen:

„Das kannst du vergessen, du beleidigendes Miststück."

„Mein Gott, was habe ich getan?" dachte ich, als sie daraufhin ihren rechten Schuh mit dem spitzen Pfennigabsatz auszog und damit wie eine Furie auf mich losging. Ich rann-

64

te im Kreis um mein Leben und wich ihren Schlägen so gut es ging aus, wobei ich in einem erfolglosen Versuch, meine Verlegenheit zu verbergen, laut lachen mußte.

Da mir langsam die Fluchtmöglichkeiten ausgingen, drehte ich mich schließlich in meiner Verzweiflung um, wartete, bis sie näherkam, packte sie an den Schultern und nahm sie in einen Schwitzkasten. Dann zog ich sie rückwärts und hob ihre Füße vom Boden. Das Kleidchen flog nach oben und gab mir und allen Anwesenden einen wunderschönen Blick auf ihre *Ware*.

Ich lachte immer noch laut und sagte ihr, sie solle sich beruhigen, als sie meine Hosentasche zu fassen bekam und mir das rechte Hosenbein halb aufriß. Mein Lachen verstummte, ich ließ sie los und sie plumpste auf das harte Pflaster. Dabei schoß ich ihr einen harten Blick zu, dem sie nicht standhalten konnte und verpaßte ihr eine schallende Ohrfeige wie im Film. Das schlug die Batterien aus ihrem Stimmkasten. Ich hatte jetzt genug.

„Nenne meinen Freund einen Nigger, greif mich mit einem Schuh an, spuck und fluch mich an, stell sogar meine elterlichen Verhältnisse in Frage, aber zerreiß nie, niemals meine neue Hose! Wenn du jetzt aufstehst, brech ich dir beide Beine, du Schlampe", sagte ich höflich.

Offensichtlich glaubte sie, daß ich es auch tun würde, denn sie rührte sich nicht vom Fleck. Nachher bereute ich sehr, daß ich sie geschlagen hatte, aber sonst hätte sie mich auf jeden Fall mit ihrem Schuhabsatz durchlöchert, und das wollte ich beileibe nicht.

Die Psychologie spielt im Straßenkampf eine sehr wichtige Rolle. Die Gegner müssen möglichst glauben, daß man keine Angst hat, keine Schmerzen spürt und unbesiegbar ist. Wo Dummheit herrscht, ist Selbstvertrauen König.

Die Türsteher vertrieben sich gerade mit Scheinkämpfen im kleinen Eingangsbereich zwischen Kasse und Garderobe die Zeit, als die Alarmlampe aufflammte und das durchdringende Summen ertönte. Drei von ihnen liefen sofort in den dunklen Klub, um sich um das Problem zu kümmern, während John an der Eingangstür Wache stand. Wie es der Zufall wollte, klingelte es gerade an der Tür, als die Kollegen im Klub verschwanden. John öffnete sie und ging ohne nachzu-

65

denken nach draußen. Dort standen sieben Rugbyspieler. John hatte einem von ihnen in der vorigen Woche *Teppichverbrennungen* verabreicht, und jetzt wollten sie Rache. Mit großer Überraschung und Freude nahm der bierbäuchige, zusammengewürfelte Haufen wahr, daß John ganz allein dastand. Ihr Anführer, dessen Nase platter als ein überfahrener Igel war und dessen pockige Gesichtshaut wie die Schuhsohle eines Marathonläufers aussah, ergriff die Initiative und rannte auf John los, bis ein Tritt in den Munitionskasten mit einem stahlgekappten Stiefel den Angriff jäh unterbrach. Zunächst zeigte sich kein Schmerz in seinem Gesicht, nur eine plötzliche Blässe als das Blut es verließ und sich die Augen nach innen kreuzten. John dachte: *Scheiße, mein bester Schuß, und der steht immer noch!*

Einige Sekunden lang standen alle stillschweigend wie Wachsfiguren da. Das Schweigen wurde plötzlich unterbrochen, als der *Unterleibsgeschädigte* laut aufstöhnte und sich mit beiden Händen zwischen die Beine griff, um den unbeschreiblichen Schmerz zu bekämpfen, der gerade in seinem Unterleib explodierte, und zu Boden sackte. Seine Kumpel liefen ihm zur Hilfe und brachten den sich vor Schmerz krümmenden Möchtegern in Sicherheit. John war auf weiteren Ärger vorbereitet, aber es kam nichts mehr. Allen zusammen war der Mumm ausgegangen, und sie machten sich auf den Heimweg.

Der Sieg über den ersten Angreifer, seine offensichtliche Bereitschaft, es notfalls mit allen aufzunehmen und die Tatsache, daß er seine Angst nicht zeigte, gab John den psychologischen Vorteil und rettete obendrein seine Haut. Denn wenn sie ihn alle zusammen angegriffen hätten, wäre er ohne Zweifel der Verlierer gewesen. Wahrscheinlich hatten sie außerdem ihren gesamten Mut auf dem Rugbyspielfeld verbraucht. Nun, hier war echtes Kämpfen ohne Schiedsrichter angesagt.

Die Zahnschutz-Masche von Danny war noch einfacher. Immer wenn er einer Überzahl gegenüberstand, pflegte er seinen bewährten Gaumenschutz aus der Tasche zu ziehen, ihn in den Mund zu stecken und dann zu fragen:

„Na dann wollen wir mal. Wer ist der erste?"

Nur wenige boten sich bei dieser Masche an.

6. Kapitel

Polizeiberührung

Die erbrochenen Überreste mehrerer indischer Mahlzeiten lagen als *Straßenpizza* auf den Linoliumfliesen in der Toilette. Darüber wankte, stöhnte und würgte ein dienstfreier indischer Polizist, dessen Augen mal auf die Überbleibsel von Mamas guter Küche starrten und mal nicht. Komischerweise sah das Zeug jetzt nicht viel anders aus als beim ursprünglichen Verzehr, mit Ausnahme einer schwarzen, lederigen Substanz in der Mitte dieser Lache. *Oh*, dachte er, *meine Schuhe. Ich kann mich gar nicht erinnern, sie gegessen zu haben.*

Leute, die sich in einem Nachtklub übergeben, sind ein Alptraum, denn nachdem die böse Tat verübt worden ist, muß der Täter nach den Hausregeln von einem Türsteher hinausbegleitet werden. Diesen Job meidet jeder wie die Pest, denn bei aller Vorsicht hat man am Ende immer Erbrochenes irgendwo an der Kleidung hängen. Ich erinnere mich jedoch sehr gut an einen bestimmten Täter, der die Rücksicht besaß, erst nach draußen zu gehen und dann seine Klötzchen zu lachen. Der saß an der Wand rechts vom Eingang, übergab sich vorsichtig nach links, um seine Kleidung nicht zu besudeln, und wurde dann prompt ohnmächtig, wobei sein Kopf sehr zum Ekel der Dutzende von wartenden Klubgängern genau in das gerade Erbrochene fiel.

Während einer der unglückseligen Barangestellten sich daran machte, die hinterlassenen Spuren unseres Polizisten wegzuwischen, begleiteten Colin und ich ihn mit äußerster Vorsicht vor die Tür.

An der frischen Luft wurde er etwas nüchterner und wollte unbedingt wieder hinein. Wir weigerten uns höflich, ihn wieder hineinzulassen, woraufhin er seinen Dienstausweis wie einen goldenen Säbel aus der Innentasche seiner besudelten Tweedjacke zog, in der offensichtlichen Überzeugung, daß wir uns seiner Macht beugen würden. Das war aber nicht der Fall. Wir lachten nur.

Für einen Polizisten war unser Freund ein seltsamer Vogel. Ein dünner Schnurrbart bog sich über die Hasenscharte, die er eigentlich verdecken sollte, und der Kopf sah zusammengedrückt aus, wie ein Spiegelbild auf einem Jahrmarkt. Er hatte einen perfekten Polizeihelmrand an der Stirn und einen untersetzten, seelöwenähnlichen Körper. Aber letztendlich war er Asiate, was in den achtziger Jahren scheinbar ausreichte, um von der Polizeibehörde im West Midlands-Bezirk eingestellt zu werden.

Seine Forderungen wurden mehr und mehr zu Drohungen, als er uns immer wieder seinen Dienstausweis unter die Nase schob. Wir lachten noch lauter und je mehr wir lachten, desto mehr schimpfte er. Am Ende war er so verärgert, daß wir einfach die Tür schlossen und ihn sich selbst überließen. Wir beobachteten ihn auf dem Videobildschirm in unserer kleinen Garderobe, und es war offensichtlich, daß er ohne etwas Nachhilfe nicht ruhig nach Hause gehen würde. Colin bewaffnete sich mit dem Feuerlöscher, mit dem er schon so manchem aufmüpfigen Gast den Wind aus den Segeln genommen hatte. Ganz leise öffnete ich die Eingangstür, gerade genug, um die Düse des Feuerlöschers hindurchzuführen, dann warteten wir bis *Wachtmeister Hasenscharte* in Schußweite kam.

ZIIISCH! Colin drückte ab. Der Schock traf ihn wie ein D-Zug, und das eiskalte Wasser ließ ihn scharf einatmen – er war völlig durchnäßt. Wir schlossen die Tür und lachten hysterisch, als wir ihn auf unserem Bildschirm beobachteten. Der Dampf stieg von seinem klatschnassen Körper, während er laut fluchend vor der Tür auf und ab stelzte.

„Das war überhaupt nicht witzig!", hörten wir ihn schreien. Wir fanden es sogar sehr witzig.

Wir dachten, wir wären ihn jetzt los, aber er ging nicht. Vielleicht reichte ihm nur eine Dusche nicht. Ich beobachtete ihn am Bildschirm, während Colin sich an die Tür hockte und die Düse des Feuerlöschers ans Schlüsselloch hielt.

„Sag' mir Bescheid, wenn er an der Tür vorbeikommt, Geoff", sagte er.

Ich beobachtete den Polizisten genau und wartete, bis sein Schritt sich der Tür näherte.

„Jetzt!!" rief ich, woraufhin Colin mit Dusche Nr. 2 los-

legte. Die Lachtränen liefen mir über die Wangen, als ich zuschaute, wie *Hasenscharte* vom eiskalten Strahl getroffen einen Satz nach hinten machte und sich wunderte, woher zum Teufel das Wasser gekommen sein konnte. Das reichte ihm jetzt. Er stürmte davon, wobei er vollflächige, nasse Fußstapfen hinterließ.

Viele Leute sind der Meinung, daß Kämpfen schwer ist; das stimmt nicht, es ist einfach. Nur die begleitenden Aspekte sind schwierig, z.B. Adrenalinaufbau, Rachedurst, polizeiliche Ermittlungen usw. Als ich zuerst begann, an der Tür zu arbeiten, und eigentlich, seitdem ich mich erinnern kann, hatte ich immer eine unterschwellige Angst vor dem Gesetz, also scheute ich mich vor den Ordnungshütern. In den ersten beiden Jahren meines neuen Berufs hatte ich aber soviel Polizeikontakt, daß sich diese Ängste als zufällige Begleiterscheinung völlig legten. Durch das Türstehen und als Karatelehrer machte ich mir sogar viele Freunde bei der Polizei; wann immer ich wegen einer Rauferei verhaftet wurde, was öfters vorkam, halfen diese mir beim Ausfüllen von Aussageformularen oder füllten sie selbst aus, damit ich mich nicht selbst belastete.

Meine erste ernsthafte Begegnung mit dem Gesetz kam aufgrund einer Schlägerei zwischen der Mannschaft bei *G's* und sieben Soldaten. Eine dumme Auseinandersetzung zwischen einem der Soldaten und einem jungen Unbekannten um 2.15 Uhr am Samstagmorgen war für uns das ganz normale Ende einer Arbeitsschicht. Colin, John und ich versuchten, den Streit zu schlichten und die beiden jungen Streithähne auseinanderzuhalten. Wir standen draußen vor der Tür, wo ein ständiger Strom von heimkehrenden Klubgästen uns im Vorbeigehen beäugen konnte. Ein ganz normaler Samstagmorgen im Stadtzentrum von Coventry.

BUMM!

Ein schwerer, dumpfer Schlag traf mich am Hinterkopf und warf mich nach vorne. Ich drehte mich um und sah, wie drei Männer mit dreschenden Fäusten und Füßen wie wild auf mich losstürmten. Ähnliches geschah mit den Türsteherkollegen hinter mir. Unsere Angreifer waren scheinbar Freunde und Kollegen des Soldaten, den wir vom Kämpfen hatten abbringen wollen. Als sie zur Tür heraustraten, bekamen sie das Wortgefecht mit und entschieden sich, daß sie an diesem Spaß auch teilhaben wollten. In einer Sekunde hatte ich alle drei am Leibe, wie einen Bienenschwarm; keine Strategie, keine abwechselnden Angriffe wie im Dojo, diese Kerle wollten mich fertigmachen. Da mir Schmerzen überhaupt nicht gefallen, vergaß ich schnell die Gepflogenheiten und Techniken des Dojos, schaltete auf tierischen Instinkt und schlug wild auf alles ein, das sich meinem Körper auf weniger als 50 cm näherte. Das schien auch gut zu klappen, denn die drei ließen von mir ab und widmeten sich meinen bereits zahlenmäßig stark unterlegenen Kollegen. Nun, von mir hatten sie vielleicht genug, aber ich fing gerade erst an.

Die Finger meiner rechten Hand schoben sich wie von selbst in die Stahlfaust, die schwer in meiner rechten Hosentasche hing. Ich hatte meinen Schlagring noch nie vorher benutzt, aber jetzt schlug ich auf alles ein, was sich bewegte. Die drei, die mich angegriffen hatten, fielen unter meinem brutalen Angriff. Kein Laut drang in meine Ohren; ich war in einem Stummfilm und Humor war nicht im Drehbuch. Gesichter und Schädel platzten auf und spuckten Blut, als der Stahl mich trieb und ihr Fleisch fraß. Die dunkle Seite der Macht hatte mich eingenommen und ihr Kampfgeist schwand mit ihrem Bewußtsein. Ich steckte den Schlagring weg und sah erstaunt auf das von mir angerichtete Gemetzel. Fünf von ihnen wurden ins Krankenhaus befördert und die Polizei war hinter mir her.

Nachher war ich auf meine Tat nicht sonderlich stolz, aber geschämt habe mich auch nicht. Ich glaube fest, daß man in solcher Situation und bei solcher Überzahl grundsätzlich das Recht hat, alles in der Macht stehende zu tun und zu verwenden, um die Verhältnisse auszugleichen. Immer wenn ich in Bezug auf irgendeine Situation ein schlechtes Gewissen bekomme oder mich frage, ob ich nicht etwas überreagiert habe, muß ich an die beiden miesen Typen im *Pink Parrot*-Nachtklub denken, die einem 18-jährigen gnadenlos ein Glas ins Gesicht schraubten und dann auf seinem regungslosen Körper herumsprangen, bis wir, die Türsteher, dazwischengingen. Das Opfer wollte ganz bestimmt kein Gesicht, das mit Nylonfäden zusammengehalten wurde; wenn ich mich im Gedanken selbst völlig hilflos vor ihren Füßen liegen sehe, denke ich: *Nein! Nein! Nein!* Ich selbst habe noch nie in meinem Leben mit der Gewalt begonnen; wenn jemand also mit mir Ärger sucht, dann ist alles, was er dann bekommt, auch in Ordnung. Ich werde nie den Sandsack für irgend jemanden spielen, niemals. In den Augen des Gesetzes sind diese Ansichten natürlich barbarisch und nicht zu rechtfertigen, aber wie Oscar Wilde einmal sagte: *Das Gesetz ist ein Esel.* Man muß Feuer mit Feuer bekämpfen und mit fairen oder faulen Mitteln gewinnen. Es ist besser, von zwölf Geschworenen verurteilt zu werden, als von sechs Freunden zu Grabe getragen zu werden. Wer schützt denn dein Haus und versorgt deine Familie, wenn du blutüberströmt und aschbleich in der Gosse des Lebens liegst, weil du es wagtest, ein faires Spiel mit den Haien unserer Gesellschaft zu spielen?

Zurück im Klub versteckte ich den Schlagring in der Handtasche einer Freundin. Nach vielen Schlägen auf die Köpfe meiner Soldatenfreunde tat mir die Handfläche weh. Wir erhielten die Nachricht, daß die Polizei unterwegs war.

Panik kam erst in mir auf, als ich an die Videokamera dachte. Alles, was sich während des ganzen Abends vor dem Klub ereignete, wurde auf Band aufgezeichnet und für polizeiliche Ermittlungszwecke aufgehoben. Dazu gehörte natürlich auch mein heutiger Starauftritt mit den Soldaten. Später lernten wir aus unseren Fehlern und schalteten das Gerät bei bevorstehendem Ärger aus, oder löschten das Band wenn es uns *in flagranti* ertappte. Manchmal hatte das Videogerät seltsamerweise gerade dann eine Störung, wenn sich ein Zwischenfall ereignete.

Ursprünglich hatte die Geschäftsleitung von *G's* die Videokamera installiert, um die Polizei und das Kontrollgremium für die Ausschanklizenz bei Laune zu halten. Außerdem hatten die Türsteher dadurch die Möglichkeit, die Warteschlange vor der Tür nach möglichen Krawallmachern auszuspähen, da in der Garderobe ein kleiner Bildschirm installiert wurde. Im Endeffekt entpuppte sich das Video jedoch als zweischneidiges Schwert, nämlich als eine Fessel, die uns zu streng an eine unrealistische Gesetzesauslegung band. Wenn wir jemanden bei laufender Kamera schlugen, waren wir geliefert. Vor dem Gesetz waren wir genauso strafbar, wie die Gäste; sobald die intelligenteren unter ihnen da-

71

hinterkamen, daß wir dieses Handicap hatten, nutzten sie es mit Pöbeleien und Herausforderungen aus, wohlwissend, daß wir uns vor der Kamera hüten mußten. Bis wir natürlich schlauer wurden und das verfluchte Ding immer dann ausschalteten, während wir uns um sie *kümmerten*. John ermahnte mich immerzu, mich vor dem Video in acht zu nehmen. Er selbst pflegte seine Widersacher immer irgendwo hinzuschleppen, wo er sie unbeobachtet vermöbeln konnte, ich aber, ich vergaß es immer wieder.

Drei Polizisten, zwei Manager und vier Türsteher zwängten sich in das winzige Büro des Geschäftsführers, das man zuvor schnell aufgeräumt hatte. Ich versuchte, einen völlig unschuldigen Gesichtsausdruck zu bewahren, aber es war nicht einfach. Ich wußte ja was gleich auf dem Film zu sehen sein würde. Zigarettenrauch schwebte in der Luft und brannte mir in den Augen. Mein Gehirn machte sich daran, die bevorstehende Situation zu analysieren und abzuschätzen. Keiner sagte ein Wort, alle schauten auf den Videomonitor, der jetzt knisterte und lebendig wurde. Dave, der gespenstisch dünne stellvertretende Chef, der ständig seine herunterrutschende Brille wieder auf die Nase schob, spulte das Band vor. Ich betete, daß ich außerhalb des Kamerawinkels gestanden hatte oder daß das Band plötzlich in Flammen aufgehen würde, aber natürlich vergeblich. Dave drückte die Lauftaste und der Stummfilm begann. Ich konnte nur hoffen, daß die Götter auf meiner Seite waren.

Zunächst waren sie es auch. Der Film zeigte unsere braven Versuche, die Auseinandersetzung zu verhindern, dann den feigen, unprovozierten Angriff von hinten durch die Soldaten, die zur Tür herauskamen.

„*Halt an!*" forderte der bullige Oberwachtmeister, dessen gepflegte, gutaussehende Gesichtszüge einen mehr an einen Bankfilialleiter als an einen Polizisten erinnerten. Mein Herz klopfte. Dave stoppte das Band, wie ihm befohlen war. Der Oberwachtmeister zeigte bedeutungsvoll auf den Bildschirm: „*Wer ist das?*"

Sein Finger wies auf alle zwölf Leute, die da in verschiedenen stockstillen, aber gewalttätigen Posen zu sehen waren, aber spezieller noch auf mich. Solche Panik hatte ich noch niemals in mir gespürt. Sie verbreitete sich in meinem ganzen Körper wie ein schnellwachsendes Krebsgeschwür und drohte, meine gesamte Selbstkontrolle zu verdrängen. Ich atmete tief ein, kontrollierte sie, meisterte sie, aber sie kämpfte weiter und hackte mit dem Schwert des Selbstzweifels an meinen Schwächen.

Die sperren dich ein – das gibt ein Nachspiel – dafür gehst du ins Kittchen, KITTCHEN, KITTCHEN, KITTCHEN!

Das Schiff meiner moralischen Stärke drohte in die Gewalt von Meuterern in Form meiner inneren „feigen Mannschaft" zu gelangen. Ich knallte mit der Peitsche meiner Selbstkontrolle und brachte die Feiglinge in mir wieder unter Verschluß.

Ich beantwortete seine Frage und verbarg meine Panik.

„Das bin ich."

Seine Augen suchten meine nach einer Schwäche ab, die er aber nicht finden würde. Ich hatte mich fest im Griff.

„Du hast einen Schlagring benutzt", warf er mir vor.

„Nein, ich habe gar nichts benutzt", log ich und bot ihm die Stirn.

Er überhörte einfach meine Widerrede.

„Das ist nicht in Ordnung, Junge," sagte er mit Richterstimme.

Eine lange, lange Sekunde war alles still, dann drückte der Wachtmeister die Lauftaste, das Band spulte ab und alle Augen gingen von mir zum Bildschirm. Die feige Stimme ertönte wieder in meinem Kopf. *Du hast Angst. Du bist am Ende. Gib's zu, sie haben dich. Gib' auf, gib' auf. Du bist schwach, schwach. Du hast die Kraft nicht.*

Jeder Gedanke versuchte eine Blöße in mir aufzureißen, aber ich ignorierte diese Stimme und konterte bewußt: *Ich habe keine Angst. Ich bin nicht am Ende. Ich gebe niemals auf. Ich werde damit fertig.* Ich forderte meinen eigenen Geist heraus: *Schieß' nur los, ich werde mit allem fertig, was du aufwarten kannst.*

Aus Erfahrung wußte ich, daß der eigene Geist dein schlimmster Feind sein kann. Wenn du auch nur ein bißchen nachgibst, werden die negativen Gedanken immer aufdringlicher, stärken sich an jedem kleinen Sieg und machen dich immer schwächer. Ich drehte mich zu John, der mich gut kannte und wußte, wie ich mich fühlte.

„*Was soll ich tun?*" flüsterte ich.

„*Alles abstreiten,*" flüsterte er zurück. Er verschwendete nie seine Worte.

Als das Band zum Höhepunkt des Abends angelangte, kam ein weiterer junger Polizist in das bereits überfüllte Büro und flüsterte dem Hauptwachtmeister etwas ins Ohr. Ich versuchte mitzuhören, aber die Nachricht wurde vom Stimmengemurmel übertönt, das bei seiner Ankunft ausbrach. Der Hauptwachtmeister und sein junger Kollege verließen das Büro und kamen nur einige Sekunden später zurück.

„*Hört mal zu*", sagte der Hauptwachtmeister bestimmend, die Hände in traditioneller Pose hinter dem Rücken gefaltet.

„*Draußen habe ich einen stocknüchternen Soldaten, der sich bereit erklärt hat, hier 'reinzukommen und die Person zu identifizieren, die einen Schlagring benutzt hat.*"

Um 3 Uhr morgens vor einem Nachtklub und stocknüchtern? Du machst wohl Späße, dachte ich insgeheim.

„*Um die Sache fair zu machen, können die Türsteher eine Reihe bilden und der Soldat kann dann denjenigen, den er mit dem Schlagring gesehen hat, aus der Reihe holen*", fuhr er fort.

„*Ja, das nenn' ich richtig fair*", sagte der Geschäftsführer zu meiner Unterstützung, „*Geoff ist hier der einzige weiße Türsteher, also wird dieser Soldatenfritze wohl kaum ein Problem haben, oder?*"

In mir tobte die Schlacht immer noch. *Sei stark, sei stark, Du wirst damit fertig.* John, der das Ganze für einen Bluff hielt, damit ich zugab, den Schlagring doch benutzt zu haben, sagte:

„*Na gut, dann bringen Sie ihn doch rein.*"

Die Augen des Hauptwachtmeisters blieben todernst und verrieten nichts dergleichen.

„*Bring' ihn rein*", sagte er dem jungen Polizisten, der sofort das Büro verließ. Wir warteten in kaltem Stillschweigen. Das Ticken der Wanduhr wurde um das Tausendfache lauter: TICK TACK, TICK TACK, TICK TACK und dröhnte wie ein Vorschlaghammer in meinem Schädel. Ich blieb äußerlich völlig ruhig und übte das Entensyndrom über dem Wasser ruhig und unerschütterlich, darunter alles voll im Gange. Es war wieder einmal ein Spiel, bei dem man für jede sichtbare

Schwäche Punkte verliert, bis entweder du oder der Gegner genug Punkte gesammelt haben, um den Sieg zu sichern.

Der Polizist kam allein ins Büro zurück.

„Ich habe ihn gerade verfehlt, Chef, sie haben ihn ins Krankenhaus gefahren."

Er log nicht sehr überzeugend. John lächelte selbstzufrieden. Ich atmete innerlich auf.

Mein eigener Punktestand verbesserte sich zunehmend.

Eines war ganz sicher, nämlich daß die Videoaufnahme und die Aussage der Soldaten, wenn sie überhaupt ausgesagt hatten, nicht ausreichten, um mich vor Gericht zu verurteilen. Sonst hätte man wohl kaum diesen Aufwand getrieben, um mir ein Geständnis zu entlocken, und sonst hätten sie mich auch schon längst verhaftet und in eine kleine, kahle Steinzelle verfrachtet, wo man immer nach einer Wolldecke fragt und nie eine bekommt.

Statt dessen saß ich jetzt allein in einem ziemlich großen Konferenzraum in der *Little Park*-Polizeiwache. Das *Halt ihn von seinen Kumpeln getrennt, bis er bricht*-Spiel war in vollem Gange.

Ich saß schon eine Stunde dort.

„Sie sind nicht verhaftet, wir möchten, daß sie freiwillig mit zur Wache kommen, um eine Erklärung abzugeben", hieß es wenig überzeugend.

John und Colin hatten es leicht. Ihre Kämpfe hatten außerhalb des Kamerablickwinkels stattgefunden, und sie wurden darüber befragt, was ich getan hatte, nicht was sie getan hatten. Ich war der Fisch, den sie fangen wollten, aber wenn ich den Köder nicht annahm, in den Haken biß und alles zugab, dann hatten sie wenig Chancen. Im Video war nur klar zu erkennen, daß ich hinterrücks von mehreren angegriffen wurde und mich verteidigte.

Obwohl die Polizei genau wußte, daß ich Stahl benutzt hatte, konnte sie es nicht eindeutig beweisen. Die mutmaßlichen Aussagen der Soldaten würden vor Gericht nicht viel Wert haben, denn sie hatten ganz offensichtlich den gesamten Zwischenfall verschuldet. Ich brauchte also nur ruhig zu bleiben und alles auf Teufel komm raus abzustreiten.

Das psychologische Weichkochen begann wie gesagt damit, daß ich isoliert wurde, keine moralische Unterstützung von meinen Kumpeln bekam und meine Gedanken nicht beschäftigen konnte. Ich sollte mich einsam und verlassen fühlen, damit ich schließlich den ersten besten Ausweg ergriff, den sie mir boten. Da ich diese Masche jedoch von diversen Polizeiserien im Fernsehen kannte, wußte ich, wo es langgeht und spielte nicht mit.

Um mich zu beschäftigen und eventuelle negative Gedanken gleich im Keime zu ersticken, las ich mir sämtliche Plakate und Mitteilungen an den Wänden dieses sterilen, fast leeren Raums durch. Der bevorstehende Polizeiball, eine Gewerkschaftsversammlung, Weiterbildungskurse, Ergebnisse der Beförderungsexamen usw. Ich las jedes Wort, um die Langeweile zu brechen. Dann widmete ich mich den Fliesen des Bodenbelags. Wieviele in Querrichtung? Dreißig. Wieviele in Längsrichtung? Neunundachtzig. Wieviele insgesamt? Zweitausendsechshundertsiebzig. Wieviele beschädigte Fliesen? Zwölf. Wieviel Prozent der Gesamtzahl sind beschädigt? Wieviele Schritte ist der Raum breit? Und wie lang? *Papillon* hat sich so jahrelang die Zeit in Einzelhaft vertrieben, also war ich sicher, daß auch ich es hier für eine Nacht schaffen würde. Ständig kamen mir Gedanken über meine daheim wartenden, bildschönen Töchter, aber ich mußte diese Bilder verdrängen, so schwer es auch war. Solche Gedanken waren förmlich eine Brutstätte für Einsamkeit und Selbstmitleid, also mußten sie weg. Es war besser, an Mitteilungen, Fliesen und andere leblose, gefühllose Gegenstände zu denken. Jeder Versuch, sich in meine Gedanken einzuschleichen, wurde massiv zurückgeschlagen. Geistige Kontrolle war hier unerläßlich. Ich dachte an einen Lieblingsabsatz aus irgendeinem Buch und sprach ihn mehrmals laut vor mich hin, um mir Kraft zu geben und den inneren Schmerz zu lindern: *Schlechte Gedanken zu haben, ist das leichteste auf der Welt. Überläßt du deinem Geist die Kontrolle, zieht ein Strudel dich in immer größeres Unglück. Gute Gedanken zu haben erfordert hingegen Anstrengung und ist Gegenstand von Training und Disziplin. Trainiere deinen Geist sich mit süßen Duftstoffen, dem Gefühl von Seide, leichten Regentropfen gegen ein Shoji und der Ruhe des Morgengrauens zu befassen, dann verringert sich die Anstrengung, und du bist dir selbst wertvoller.*

76

Meine Konzentration wurde durch einen hereinkommenden Polizisten unterbrochen. Er sollte scheinbar die eine Hälfte der *Guter Bulle, böser Bulle*-Nummer sein. Er sollte mich beruhigen, mich glauben lassen, er sei mein Freund und mir freundlich raten, ihm alles zu erzählen, da er mir helfen könne, obwohl er es ja eigentlich nicht dürfe.

„*Hallo Geoff*", sagte die freundliche Stimme, die mir nach diesem langen Schweigen sehr willkommen war.

„*Hallo*", erwiderte ich genauso freundlich.

„*Sieh' zu, Geoff*", begann er die Routine, die er auf der Polizeischule gelernt und zu Hause vor dem Badezimmerspiegel einstudiert hatte – sogar er gefiel sich in dieser Rolle.

„*Eigentlich darf ich dir das gar nicht sagen, aber du scheinst mir ein netter Kerl zu sein, nicht wie diese Bastarde, die du mit dem Schlagring verhauen hast. Die haben die Schmerzen verdient, die du ihnen gegeben hast, also will ich dir helfen. Du tust dir wirklich keinen Gefallen, wenn du den Schlagring leugnest, Geoff, wir haben ja alles auf Video und du solltest es ruhig zugeben. Dann können wir alle nach Hause gehen. Gib's einfach zu und in einer Stunde liegst du zu Hause im Bett.*"

Ja, dachte ich, *auf einer Gefängnispritsche, wenn ich so blöd bin, das zuzugeben. Schau' mich mal an*, wollte ich ihm sagen, *komme ich dir wie die Art Arschloch vor, die solche Scheiße glaubt? Du glaubst wohl, ich sei gerade in einer Luftblase aus dem Klobecken gespült worden!* Ich wollte seine Gefühle aber nicht verletzen, da er selbst ein ganz netter Kerl zu sein schien, also spielte ich sein Spiel mit, nur besser.

„*Ich bin Ihnen unheimlich dankbar, daß Sie mir helfen wollen*", log ich. „*Es ist wirklich nett von Ihnen, so um mich besorgt zu sein, aber warum sollte ich denn etwas zugeben, das ich nicht getan habe?*"

Er kam mit dieser Antwort nicht klar und sah leicht verwirrt aus. *Komisch*, muß er gedacht haben, *in der Polizeischule hat es doch ganz toll funktioniert.*

„*Ja, wahrscheinlich hast du recht*", erwiderte er nur lahm. Also wurde ich wieder im leeren Raum alleingelassen. Ich begann wieder, Texte aufzusagen und die Umgebung zu analysieren, alles Mögliche, um mir die Zeit zu vertreiben. Fünfzehn Minuten, dreißig Minuten, fünfundvierzig Minuten, eine ganze Stunde. Dann erschien Polizist Nr. 2, die zweite Hälfte der *Guter Bulle, böser Bulle*-Routine. Wieder so ein spindeldürrer Typ. Hat der Polizeibezirk West Midlands die Monopolrechte auf spindeldürres Personal? Es schien so. Die tadellos sitzende und gepflegte Uniformjacke strotzte vor Autorität und die silbernen Knöpfe glänzten wie Leuchttürme in einer schwarzen See. Die Schuhe glänzten wie eine Glocke aus poliertem Messing. Das schmale, gespenstische Gesicht hatte stark unter mehreren Nachtschichten gelitten und sah aus wie Kuchenteig, während zwei perfekt geformte, ovale Löcher ihren Dienst als Augen taten. Auch seine Glatze war auf Hochglanz poliert.

Er ging mit seinem harten Belfast-Dialekt direkt zum Angriff über.

„Bist du dir eigentlich im klaren, wie schwerwiegend die von dir verübte Straftat ist?"

Ich gab überhaupt keine Antwort; auch diese Routine hatte ich schon oft im Fernsehen gesehen und kannte meine Rechte. Wenn ich nicht antworten wollte, mußte ich es auch nicht. Wie eine Herausforderung zum Kampf im Morgengrauen schob er mir ein Blatt Papier zu.

„Du füllst jetzt dieses Formular aus und erzählst in deinen eigenen Worten, was sich heute abend genau abgespielt hat", knirschte er. Sein Gesichtsausdruck war hart und unerbittlich, ohne Gefühle. *Der hat offensichtlich auch vor dem Badezimmerspiegel geübt*, dachte ich. Er reichte mir einen billigen blauen Kugelschreiber, dessen Kappe nicht angekaut war – das hatte ich außerhalb eines Schreibwarengeschäfts noch nie erlebt. Also setzte ich mich an einen alten Schreibtisch, der verlassen in der Ecke stand, und begann zu schreiben.

„Wußtest du eigentlich, daß die Benutzung eines Schlagrings eine strafbare Handlung nach Paragraph 18 des Strafgesetzbuchs ist, den Tatbestand der vorsätzlichen Körperverletzung erfüllt und mit bis zu fünf Jahren Gefängnis bestraft wird?" unterbrach er mich. *Was war das hier, ein Quiz?* *„Aber nicht, wenn man keinen benutzt hat"*, antwortete ich keck, ohne aufzublicken oder den Kugelschreiber zum Stillstand zu bringen, mit dem ich meine Lügen gerade zu Papier brachte. Meine Trotzigkeit verärgerte ihn.

„Im Nebenzimmer befinden sich ein junger Soldat und seine Freundin, die ausgesagt haben, daß du einen Schlagring benutzt hast. Der Arzt im Krankenhaus hat uns bestätigt, daß die zahlreichen Verletzungen aufgrund einer Schlageinwirkung mit einem Metallgegenstand zustandekamen. Du weißt, daß du ihn benutzt hast, ich weiß es auch, und ich werde es beweisen."

Soviele Beweisgründe und dennoch keine Verhaftung. Wenn er tatsächlich soviel gegen mich in der Hand hätte, stünde er jetzt nicht hier, um mich davon zu überzeugen. Ich säße schon längst in einer Zelle. Ich zuckte gleichgültig mit den Achseln und schrieb weiter, wobei ich mich auf zwar große, aber einfache Lügen beschränkte. So müßte ich weniger im Kopf behalten, wenn es zum Kreuzverhör kommen sollte.

„Dein Kumpel ist ein Tier", sagte der Hauptwachtmeister zu Colin, der mit ihm in einem kleinen, spartanischen Vernehmungszimmer auf demselben Gang saß und eine Tasse Tee trank.

„Das muß man in unserer Branche auch sein", stellte Colin fest.

„Ja, aber das war doch wohl etwas übertrieben, oder? Er kann nicht einfach einen Schlag einstecken und einen zurückgeben, nein, er muß alle gleich ins Krankenhaus befördern. Er ist ein Tier", sagte der Hauptwachtmeister.

Colin fühlte, wie sich seine Lippen zu einem stolzen Lächeln bogen, unterdrückte es aber. Lächeln ist nicht cool.

„Nein, er macht nur seinen Job gut", sagte er abschließend.

Sie hatte ihr Haar sauber zu einem Knoten zurückgebunden, wodurch sich ihre schönen Gesichtszüge zum Vorteil zeigten. Der dunkelblaue West Midlands-Polizeipullover saß stramm um ihre Hüften und verbarg den leichten Bauchansatz. Sie war schon seit einigen Jahren Kripobeamtin und wußte, wo es langgeht. Sie hatte das Video gesehen und außerdem die Beleidigungen der laut fluchenden Soldaten über sich ergehen lassen müssen, die ihre schmähliche Niederlage nicht so einfach hinnehmen wollten und lautstark auf die Polizei schimpften:

„Was fällt euch ein, uns zu verhaften, ihr solltet lieber

diese verdammten Rausschmeißer verhaften, ihr seid überhaupt nicht zu gebrauchen", usw. usw.

Sie wußte den Wert eines guten Türstehers zu schätzen und war, um ehrlich zu sein, froh, daß man diesen Soldaten eine Lektion erteilt hatte.

„Der kann ja ziemlich gut austeilen, dein Kumpel", sagte sie zu John, mit dem sie in einem Vernehmungszimmer saß.

John lächelte. *Kein Wunder, hat er ja auch von mir gelernt,* dachte er.

„Ja, der nimmt keine Gefangenen", erwiderte er laut. Sie lächelte.

„Scheint mir auch so."

In Zimmer Nr. 3 saß Soldat Nr. 1 und wurde von einem Polizisten befragt. Sein rasierter, zusammengeflickter Kopf sah aus wie ein alter Stiefel. Er war überhaupt nicht glücklich.

„Was ihr macht ist nicht in Ordnung. Dieser Bastard hat Stahl benutzt. Hab' ich denn keine Rechte?"

Der Polizist war müde und hatte von der Scheiße, die dieser Mann ihm den ganzen Abend lang aufgetischt hatte, die Nase voll. Er überhörte ihn einfach und schrieb weiter an seinem Vernehmungsprotokoll. Der Morgen graute draußen, und durch das Fenster erleuchtete die Sonne bereits den Rücken seines blauen Baumwollhemds. Er atmete tief ein und dachte *„Gottseidank, gleich geht's ab nach Hause."*

Dem Soldaten gefiel es gar nicht, daß er ignoriert wurde, also begann er seine *Alter-Kämpfer*-Nummer.

„Ich hab' für mein Land gekämpft, mein Lieber. Ich war auf den Falklandinseln. Ich brauch' mir diese Scheiße nicht gefallen zu lassen."

Der Polizist hob den Kopf von seinem Bericht und hörte auf zu schreiben. Er war überhaupt nicht beeindruckt.

„Die Falklandinseln hast du vielleicht zurückerobert", meinte er geringschätzig, *„aber bei G's hast du nicht gerade gut abgeschnitten, oder?"* So, jetzt hält er die Klappe, dachte der Polizist und unterdrückte ein Grinsen.

Colin, John, ich, die Kripobeamtin und *Guter Bulle, böser Bulle* standen alle in dem Raum, der während dieser langen Nacht mein Gefängnis gewesen war. Die Unterhaltung war spärlich und bedeutungslos. Der Hauptwachtmeister wußte, daß er nicht genügend Beweise für eine Anklage gegen mich hatte und mich freilassen mußte. Also tat er so, als wäre er sowieso immer auf unserer Seite gewesen.

„Jungs, ich glaube, ich kann euch dieses Mal aus der Patsche helfen. Ich habe mir das Video noch einmal angeschaut, und es muß jedem einleuchten, daß ihr dieses Blutbad nicht angezettelt habt. Ich habe den Soldaten gesagt, daß sie durchaus Anzeige erstatten können, in dem Falle aber selbst mit einer Anklage unsererseits rechnen müssen. Das wollen sie ganz bestimmt nicht, da eine polizeiliche Anklage automatisch zu Disziplinarmaßnahmen von ihren Vorgesetzten in der Armee führen würde. Dann sind sie wirklich tief in der Scheiße. Ich habe ihnen zehn Minuten gegeben, sich zu entscheiden."

Eine fast fühlbare, stille Erleichterung verbreitete sich.

„Arbeitet ihr Jungs eigentlich tagsüber?" fragte die Kripobeamtin.

Colin antwortete zuerst.

„Ich bin Schweißer."

Sie sah John an.

„Metallarbeiter," sagte der.

Dann schaute sie zu mir. Colin und John begannen zu lachen. Die Polizistin guckte verwirrt.

„Ist mir etwas entgangen?" fragte sie.

John klärte sie immer noch lachend auf.

„Geoff ist Karatelehrer. Er bringt Leuten Selbstkontrolle bei. Das Blöde ist nur, er hat selbst keine."

Unser Gelächter wurde vom Klingeln des Telefons im Nebenbüro unterbrochen. Der Hauptwachtmeister ging hin und kam nach nur wenigen Sekunden zurück. Sein Ausdruck verriet nichts.

„OK Jungs, ihr könnt gehen. Die haben sich in ihrer Weisheit entschieden, keine Anzeige zu erstatten."

Seine Augen bohrten sich in meine. *„Mr. Thompson, ich bin mir hundertprozentig sicher und habe nicht den geringsten Zweifel, daß Sie gestern abend einen Schlagring benutzt haben. Ersparen Sie sich die Mühe, es abzustreiten. Ich sage Ihnen nur eines: tun Sie sich einen Gefallen und verlieren Sie ihn irgendwo. Benutzen Sie ihn nie wieder."*

Böser Bulle ließ es sich nicht nehmen, noch einen letzten Schuß abzugeben:

„Ich weiß es auch ganz genau; du bist aus der Reihe getanzt." Die Kripobeamtin, meine Heldin, nahm mich sofort in Schutz: *„Laß' ihn zufrieden. Diese Mistkerle haben alles verdient, was sie bekommen haben."*

Böser Bulle schoß ihr wegen ihrer Einmischung einen haßerfüllten Blick. Ich liebte sie deswegen. Ich hätte sie küssen können, sah unter den Umständen aber lieber davon ab.

Soviel Schwein hatte ich noch nie in meinem Leben gehabt. Als ich zu Hause ankam, sagte ich meiner Frau Nina:

„Ich muß meinen Schlagring leider in den vorzeitigen Ruhestand versetzen."

„Nimm's nicht so schwer", meinte sie verständnisvoll, *„Du hast ja noch deinen Baseballschläger."*

Jedes Mal wenn ich nach diesem Zwischenfall zur Polizeiwache mußte, um irgendeinen Tatbestand zu Protokoll zu geben, verlor der Kontakt mit der Polizei etwas mehr an Besonderheit. Die vielen langen Tage, die ich zusammen mit Polizisten bei Gerichtsverhandlungen verbrachte, desensibilisierten mich noch mehr und machten auch einige Polizeibeamte zu Freunden. Des öfteren riefen Polizisten bei mir an, um sich zum Karateunterricht anzumelden. Einmal kamen zwei Beamte in meine Wohnung, um von mir eine Aussage zu erhalten, die höchstens zehn Minuten in Anspruch nehmen müßte. Zwei Stunden später saßen sie immer noch da, tranken Tee und schauten mit mir und meiner Familie Fernsehen.

Dennis, Brian, Graham und Gary wurden besonders gute Freunde. Mit dem *verrückten Tom*, dem Chef des Dezernats für Gewaltverbrechen bei der Kripo in Coventry, entwickelte ich später eine ebenso gute Freundschaft. Im allgemeinen ist die Polizei in Coventry nicht gerade gut auf Türsteher zu sprechen und nur wenige werden von ihnen respektiert. Andererseits haben viele junge Polizeibamte einfach nicht das geistige Rüstzeug, um mit der ihnen von ihrer Uniform verliehenen Macht umzugehen. Die Macht steigt ihnen in den Kopf, und die Beine drohen daraufhin unter der Last einzuknicken. Allmählich steigert sich ihr Überlegenheitsgefühl derart, daß sie auf andere herabschauen und oft unbewußt dazu neigen, ihre Macht zu mißbrauchen. Sie behandeln Leute wie Scheiße und wundern sich dann, daß man sie auch nicht respektiert.

Leider sieht es mit der neuen Generation von Türstehern ähnlich aus, die auch nicht mit ihrer Macht umgehen können. Sie strotzen umher, kauen Kaugummi und spielen den großen Mann. Dabei bemerken sie gar nicht, daß alle, auch die weiseren Mitglieder ihrer eigenen Zunft, sie dafür mißachten.

In den 80er und 90er Jahren Polizeibeamter zu sein, ist ohne Zweifel eine undankbare Aufgabe, aber die Situation wird nicht von denjenigen *Tu was ich sage, nicht was ich tue*-Polizeianwärter verbessert, die ihre schauspielerischen Talente bei unzähligen, strengen Tauglichkeitsprüfungen und Examen sowie langen Erörterungsgesprächen mit erfahrenen Beamten zum Besten zu geben wissen und immer ganz genau das sind und sagen, was erwartet wird, so aussehen und reagieren, wie die Vorgesetzten es am liebsten haben. Der junge Anwärter wird zum Videogerät und spult genau das Band ab, das die Auswahlgremien sehen wollen: ein Spiegelbild dessen, was verlangt wird. Beim Interview bemerken es die älteren Beamten nicht, und wie könnten sie auch? Die Rolle wird absolut perfekt gespielt. Diese jungen Leute sollten sich lieber bei einer Schule für Schauspielerei bewerben, nicht bei einer Polizeischule, aber es ist auch nicht allein ihre Schuld. Man unterzieht sie fast einer Gehirnwäsche; sie glauben, sie müßten vorbildlich höflich und sauber, ohne schlechte Angewohnheiten, Vorbelastungen oder Vorurteile sein. Sie werden tatsächlich zu dem, was von ihnen erwartet wird. Wenn sie sich aber schließlich das Recht erwerben, die Uniform des Gesetzes zu tragen, schwillt ihre Brust an, das Rückgrat versteift sich, und oft bekommen sie selbst eine Gänsehaut angesichts dieser Ehre und ihrer neuen gesellschaftlichen Stellung. Oft steigt ihnen das Ganze zu Kopfe und sie werden überheblich, heben ab, steigen hoch in die Wolken der Plutokratie, sehen sich als herrschende Klasse und laben sich am Reichtum der Macht, obwohl sie menschlich gesehen arme Schlucker sind. Wenn sie diesen Job tatsächlich durch schauspielerisches Vortäuschen eines tadellosen Lebenswandels bekommen, dann kann man doch wohl von ihnen erwarten, daß sie diese Rolle auch für den Rest ihres beruflichen Lebens weiterspielen, statt sie am Ende ihrer zweijährigen Probezeit abzulegen. Wenn diejenigen, die ich hiermit anspreche, groß genug sind, ihre Schwächen und Mängel einzusehen, folgen sie vielleicht meinem Beispiel und sind künftig immer und zu jedem freundlich. Es kostet nichts und bewirkt sehr viel. Wie man in den Wald ruft....

Ich selbst habe eigentlich recht gute Erfahrungen mit der Polizei gemacht. Ich hatte meistens das Glück, es mit anständigen Polizeibeamten zu tun zu haben, aber selbst die würden sofort zugeben, daß es im Garten des West Midlands-Polizeibezirks so manchen faulen Apfel gibt. Und wie wir alle wissen, kann ein einziger fauler Apfel den ganzen Korb verderben.

Viele Verkehrspolizisten sind typische Beispiele für das soeben Gesagte. Sie behandeln Autofahrer wie Scheiße und ihre herabwürdigendes, aggressives Auftreten kotzt mich an. Ich kann einfach nicht verstehen, wieso sie sich so benehmen. Sie müssen doch genau wissen, daß der Mann auf der Straße nicht so behandelt werden will. Für ihn gilt eine Beleidigung als eine Beleidigung, ob sie ausgerechnet von einem Verkehrspolizisten kommt oder nicht, und e i n schlechter Bulle bedeutet, daß alle Bullen schlecht sind. Also wird die schwindende Mehrheit der guten Polizisten und Polizistinnen da draußen über denselben schmutzigen Kamm geschoren, wie die anderen.

Vor zwei Wochen wurde eine Polizeibeamtin von einem allzu aufgebrachten Jugendlichen K.o. geschlagen, den sie gerade verwarnte. Am letzten Samstag wurden fünf Polizisten und eine Polizistin in Uniform zum Nachtklub *Erections* geschickt, um eine Situation unter Kontrolle zu bringen, die den Türstehern zu heiß wurde. Sobald sie den Klub betraten und die Uniformen gesichtet wurden, hagelte es leere und halbvolle Biergläser. Alle sechs wurden verhauen. Und warum? Weil sie die Uniform des Gesetzes trugen. Ich persönlich stehe der Polizei sehr positiv gegenüber, aber aufgrund der kleinen Minderheit von überheblichen, selbstherrlichen und machtbesessenen Polizeibeamten wird meine Einstellung nicht mehr von vielen geteilt.

7. Kapitel

Angebote und Retourkutschen

Ich will nicht lügen; Angebote sexueller Art gab es reichlich, aber das gehört bei einem Türsteher zum Territorium. Und nicht etwa, weil ich gut aussehe, denn das ist nicht der Fall, obwohl ich schon manches Mal als *süß* bezeichnet worden bin.

Layla und Lola, so will ich sie hier nennen, waren, wie ich später herausfand, Prostituierte aus der Nachbarschaft, die sich auch hin und wieder zu einer Gratisprobe hinreißen ließen, wenn sie jemanden nett fanden. Eigentlich waren sie warmherzige Mädchen, aber ihre Sitten waren sehr, sehr rauh. Ihre Gesichter waren von Verworfenheit und Elend geprägt; die einladenden Blicke, sehr kurzen Röcke und tief ausgeschnittenen Blusen waren nur Gardinen, die leere, hoffnungslose Existenzen bedeckten. Das vorgetäuschte Vergnügen lag in Augen, die keinen Glanz mehr kannten, wie Kontaktlinsen, die man bei Bedarf einsetzt oder entfernt und Gedanken an die geteilte Wohnung in Hillfields bedeckten, wo die Feuchtigkeit die billige Tapete von der Wand pellte und das Baby schrie, bis die Verzweiflung wie ein geduldiger Aasgeier auf ihren Schultern saß. G's war für diese beiden nur eine vorübergehende Zuflucht. Sie kamen nicht, um anzuschaffen, sondern nur um sich zu amüsieren.

Ich mochte sie und sie taten mir leid. Es waren zwei einfache Mädchen aus der Arbeiterklasse, die die Gefahren des süßen Lebens zunächst nicht erkannt hatten und zu spät bemerkten, daß sie immer weiter in einen Strudel gerieten, aus dem sie nie wieder herauskommen konnten. Ich wechselte immer ein paar Worte mit ihnen, besonders mit Lola, und manchmal ließ ich sie auch umsonst in den Klub. Eines Abends, als ich gerade zwei junge Burschen mit dem Bürgersteig bekannt gemacht hatte, weil sie mich angriffen, retteten Lola und Layla meine Haut bei der Polizei, indem sie aussagten, daß ich mich nur verteidigt hatte. Sie waren sogar bereit, dasselbe, falls nötig, vor Gericht auszusagen. Ich

85

bewunderte die beiden dafür und ließ sie so oft wie möglich gratis in den Klub. Wahrscheinlich deswegen fand Lola langsam Gefallen an mir. Sie war offensichtlich einmal sehr hübsch gewesen und war es eigentlich noch, aber irgendeiner hatte ihr das Gesicht mit einem Teppichmesser halbiert – ein böser Schnitt, der durch die rechte Wange und beide Lippen ging. Die Narbe zog sich lang und tief durch ihr Gesicht, wie ein Fluß im Mondschein. Ihre Lippen waren durch schlechtes Vernähen leicht versetzt und gaben den Eindruck einer Hasenscharte, oben und unten. Sie erzählte mir, sie wäre zu ihrem Zuhälter frech geworden, der sie dann so bestraft hätte.

„Ich warte auf eine Operation", sagte sie mir ständig. Wir wußten beide, daß es nicht stimmte.

Wenn sie mit mir sprach, wandte sie ihre rechte Gesichtshälfte immer von mir weg, aber das war nicht nötig. Hätte ich sie gern genug gehabt, wäre mir ihre Narbe schön vorgekommen. Wann immer ich bei ihren Vorstößen zurückhaltend blieb, sagte sie:

„Es ist mein Gesicht, oder? Die Narbe stört dich."

Die Narbe bedeutete mir gar nichts. Ich war verheiratet und hatte Kinder, deswegen hatte ich kaum Interesse. Vielleicht in einem anderen Leben. Trotzdem, sie war feurig und erfahren, und der bloße Gedanke erregte mich unwillkürlich. Jedes Mal wenn sie in G's kam, sagte ich ihr, wie nett sie aussah und schmeichelte ihr ein bißchen. Ihr überraschend scheues Lächeln freute mich. Wahrscheinlich war ich der einzige Mensch, der ihr jemals ein Kompliment machte, ohne dafür etwas von ihr zu wollen. Zugegeben, ich schmeichelte ihr auch teilweise, weil ich es wie jeder andere Mann gerne hatte, wenn man mich für bei den Frauen beliebt hielt. Lola verwechselte jedoch Schmeichelei mit ernsthaften Absichten: Eines Abends im Klub – es war knallevoll – wollte sie es endlich wissen.

Ich schlängelte mich durch die Menschenmenge und versuchte, keinem das Bier zu verschütten – bei so vielen Leuten auf so engem Raum ein Ding der Unmöglichkeit. Richard James, der größte DJ der Welt, hatte gerade *The Greatest Love of All* von Whitney Houston aufgelegt, und die Tanzfläche füllte sich mit eng umschlungenen Pärchen. Überall auf dem schwachbeleuchteten Parkett waren nur aneinandergeschmiegte Becken, Hände auf Pobacken und Zungentennis zu sehen. Richard zwinkerte mir bedeutungsvoll zu, als Lola mir mit ihrem üppigen Ausschnitt den Weg versperrte. Ihre sehnsüchtigen Augen suchten mein Gesicht ab, und ihre Hände liefen verführerisch über mein Hemd.

„Du hast einen tollen Körper."

Der verlockende Ton wurde schneller in meiner Hose als im Gehirn registriert.

„Meinst du wirklich?" stotterte ich.

„Ja", hauchte sie und fuhr mit ihren Händen über sämtliche Konturen meines Körpers, auch nach unten.

„Ich würde dich so gerne mit nach Hause nehmen, Babyöl über deinen ganzen Körper reiben und dann..." sie hielt inne und musterte mich von oben bis unten wie einen Zuchthengst.

Mir fiel in dem Moment nichts ein, also zog ich die Augenbrauen hoch und machte eine Art *Und-dann*-Miene. Sie brach ihr Schweigen und fuhr mit ihrer rechten Hand noch einmal über meinen gesamten Körper.

„Dann würde ich Viktor rausholen!"

Plötzlich war ich nicht mehr so verlegen.

„Wer zum Teufel ist Viktor?"

fragte, nein, verlangte ich zu wissen.

Sie hob die Brauen, wie es nur eine Frau kann, und sagte mit einem genüßlichen Lächeln:

„Viktor der Vibrator."

Oh nein, die will mir einen Vibrator reinschieben.

Sie lachte lauthals über meine total verblüfftes Gesicht bis mir allmählich dämmerte, daß ich gerade in Flammen abgeschossen worden war. Nie wieder versuchte ich, mein Ego bei Lola aufzubauen.

Die dreireihige Menschenschlange an der Außenmauer reichte wie an jedem Samstagabend bis zur Parkplatztreppe. Winston stand links von mir. Ich hatte dieses Mal die erfreuliche Aufgabe, die Hereinkommenden zu durchsuchen. Drei Mädchen waren vorne und flüsterten sich gegenseitig mit lautem Gekicher zu. Aufgrund des von den anderen Wartenden verursachten Hintergrundgemurmels bekam ich ihre Unterhaltung nicht mit. Um 12.45 Uhr in der Früh sind kichernde Mädchen allerdings keine Seltenheit, also kümmerte ich mich nicht um sie. Die drei Mädchen steckten ihre Köpfe noch einmal zusammen, schauten mich gemeinsam an und fingen wieder zu kichern an. Dieses Mal bekam ich das Wort *Hintern* mit. Die Blonde ganz vorne wurde mutig und fragte mich keck:

„Hast du einen knackigen Po?"

Eine total normale Frage, dachte ich. Ihre Freundinnen kicherten. Ihr langes, blondes Haar war links gescheitelt, fiel über ihre rechte Gesichtshälfte und bedeckte das rechte Auge etwas, weswegen sie es alle paar Sekunden gelassen zur Seite fegte. Sie hatte eine süße Nase, rosarote Lippen und ein einladendes Lächeln. Ihre Augen waren nur leicht geschminkt und ich fand sie hinreißend. Sie drehte sich zu ihren Freundinnen, um sich moralischen Beistand zu holen, dann zurück zu mir, um meine Reaktion abzuwarten. Ich wollte mich nicht lumpen lassen, drehte mich um, hob mein Jackett hinten hoch und zeigte ihnen meinen *Gluteus Maximus*.

„Na, was meinst du?" fragte ich. Sie kniff mir in den Po und lächelte.

„Schön!" meinte sie. Ihre Freundinnen waren beeindruckt und kicherten wieder los. Ich nahm die Sache in die Hand:

„Du hast jetzt meinen gesehen ...wie wär's, wenn ich deinen mal sehen könnte?" Ohne zu antworten, ohne Zögern und ohne die geringste Scheu drehte sie sich um und hob ihren Faltrock mit beiden Händen hoch, woraufhin sich meinen staunenden Augen ein kleines, weißes Höschen komplett mit rosa Spitzen und einem winzigen, gestickten Blümchen offenbarte. Oh Mann! Das Höschen bedeckte den süßesten kleinen Po, den ich je gesehen hatte.

Von jenem Abend an wurde es ein regelmäßiges Samstagsritual, daß sie mir schamlos ihren Hintern zeigte. Bis sie einige Monate später in Begleitung eines jungen Mannes erschien; danach bekam ich ihren Po nie wieder zu sehen, aber der Anblick bleibt unvergessen.

Retourkutschen: Rachedrohungen werden oft unnötig ernstgenommen. Die meisten Leute haben Angst vor Racheaktionen und lassen sich ungern auf eine Auseinandersetzung ein, nach der sie einen Racheakt befürchten. Obwohl man etliche Male Drohungen wie, *Ich komm' mit den*

Jungs wieder oder *dich knall' ich ab* hört, ergibt sich nur selten etwas daraus. Ich habe auch manchmal selbst auf das Werkzeug der Vergeltung zurückgegriffen, aber bisher hat noch keiner seine Drohungen bei mir wahrgemacht. Wenn du ein fairer Mensch bist und nur kämpfst, wenn du mußt, dann legst du dich auch nicht mit deinem *Karma* an.

Ein bestimmter Zwischenfall, den ich mit der *Bell Green*-Bande hatte, gab mir Anlaß zu Repressalien. Zuerst werde ich den Vorfall beschreiben, der dazu führte.

Ich befand mich damals zwischen zwei *Türen*. Mein letzter Posten hatte seine Ausschanklizenz verloren, weil sich die Nachbarn beschwert hatten, daß Gäste das Lokal nach der Sperrstunde verließen, sich auf der Straße vor den Häusern prügelten und ihre Gärten zum Geschlechtsverkehr benutzten (Höhepunkte können von mir auf Video bezogen werden). Das mit dem Geschlechtsverkehr geb' ich gern zu, aber von Kämpfen weiß ich nichts. Jedenfalls sollte die Kneipe ihre Ausschankgenehmigung verlieren und in einer Woche dichtmachen.

Das *Tally-Ho* stand schräg gegenüber vom *Diplomat* am Ende einer Geschäftereihe an der Ecke. Das alte, dreistöckige Gebäude war gerade teuer und luxuriös renoviert worden. Es fehlte ihnen an Türstehern und die Geschäftsleitung fragte mich ob ich Lust hätte, für zwei Wochen einzuspringen. Da ich die Arbeit gut gebrauchen konnte, sagte ich zu.

Der Freitagabend verlief problemlos, aber den Samstagabend sollte ich nie in meinem Leben vergessen. Einer der *Bell Green*-Boys feierte seine bevorstehende Hochzeit, wie in England üblich, mit einem Kneipenrundgang. Da das *Tally Ho* ihr Stammlokal war, würde sich die Bande zwangsläufig nachher dort einfinden. In jedem der über hundert Lokale, die sie an diesem Abend besuchten, machten sie Ärger, indem sie die Türsteher einschüchterten, sowohl die Gäste als auch die Polizei mit Bier beschütteten und die ganze Stadt unsicher machten. Für diese Jungs gehörte das zum normalen Vergnügen.

Wie ich bereits sagte, halte ich von den Mitgliedern der *Bell Green*-Band als Einzelkämpfer nicht viel, aber als Team sind sie mit Vorsicht zu genießen. Als ich im Lokal ankam, hielten sie den gesamten ersten Stock besetzt. Ich war leicht nervös, denn ich hatte irgendwann schon einmal mit den meisten wichtigen Bandenmitgliedern gekämpft und wußte, daß ich in ihrem Stammlokal nicht gerade willkommen sein würde. Das war mir ziemlich gleichgültig, da ich nur wenig Respekt vor solchen Schlägern hatte. Einige sprachen mich beim Hereinkommen an oder gaben mir die Hand *(Hüte Dich vor den Iden des März)*, aber die Atmosphäre hätte man mit einem Messer schneiden können.

Ständig gab es Raufereien; jedesmal, wenn ich dazwischenging, verschwand mein Arbeitskollege und ließ mich alleine zurechtkommen. Der Wichser, der seinen Junggesellenabend feierte, legte sich mit jedem Außenstehenden an und brachte die ganze Meute schließlich in Fahrt. Zum Verhängnis wurde ihm jedoch letztendlich ein gutmütiger junger Farbiger, der ihn gründlich vermöbelte. Das fanden die Jungs gar nicht gut, und sie kamen ihm zur Hilfe. Als ich hereinschaute, war auf der gesamten Tanzfläche eine Massenschlägerei im Gange. Also lief ich hin, um für Ruhe zu sorgen. Mein Kollege versteckte sich inzwischen unter einem Tisch, vermutlich um seinen Mut zu suchen.

Als ich gerade dabei war, zwei junge Burschen zu trennen, verpaßte mir irgendeiner von der Seite einen Faustschlag ins Gesicht. Ich drehte mich zu ihm hin, packte ihn am Nakken und zog seinen Kopf in sechs schnelle Kinnhaken – nach dem Dritten war er K.o. und auf dem Weg zum Boden, die nächsten drei waren gratis und er fiel wie eine gefällte Eiche. Die Schlägerei verbreitete sich wie Tinte auf Löschpapier in einer Ecke des Raums. Dann sah ich, wer für den Zündstoff dieses Feuers verantwortlich war. Es war Mr. S, der auf jeden in seiner Nähe einschlug. Ich lief hin und gab es ihm:

BUMM – ein rechter Cross und weg war er. Inzwischen tobte eine Schlacht in der ganzen Kneipe; die anderen Türsteher waren herbeigeeilt und versuchten, den jungen Schwarzen vor der wütenden Menge zu beschützen.

„Killt den Nigger", brüllten die Rassisten.

Volle und leere Biergläser flogen dutzendweise auf die ca. 40 bis 50 sich prügelnden Jugendlichen.

Schließlich konnten wir den Schwarzen in Sicherheit bringen, und die Situation entschärfte sich vorübergehend.

90

Wenn der Schwarze gehen muß, dann auch Mr. S, dachte ich, und wenn es ihm nicht gefällt, dann bekommt er von mir noch ein paar verpaßt. Ich hatte ihn sowieso auf der Abschußliste, denn vor einem Jahr hatten er und zehn seiner Kumpel eine Kneipe mit Baseballschlägern verwüstet, in der Freunde von mir arbeiteten. Von mir verdroschen zu werden wäre ganz einfach sein Karma.

Ich schnappte mir Dave, den einzigen Türsteher, der an jenem Abend an meiner Seite blieb, und wir gingen nach oben, um uns Mr. S zu holen. Ich schaute mich um, konnte ihn aber nirgendwo sehen. Er hatte mich aber sehr wohl gesehen: Eine Faust zischte knapp an meiner Nase vorbei und war das Signal für die ganze Meute, auf mich loszustürmen. Später hieß es, es seien etwa vierzig gewesen, aber Menschen übertreiben gerne, ich schätze ihre Zahl eher auf zwanzig. Wenn das Training gut war, schaltet man in einer solchen Situation auf Instinkt und Autopilot. Ich feuerte kurze, gerade Fauststöße in alle Richtungen. (An alle Trittspezialisten da draußen: wenn ihr in einer solchen Situation nicht mit euren Fäusten umgehen könnt, könnt ihr auch nicht kämpfen. Tut mir leid). Ich spürte, wie ein paar Körper seitlich von mir zu Boden gingen, also muß ich einigermaßen erfolgreich gewesen sein. Einzelne Gesichter konnte ich nicht ausmachen. Es waren so viele, daß sie mir wie Ziegelsteine in einer Mauer vorkamen. Wildes Gebrüll und Faustschläge hagelten auf mich nieder und Biergläser flogen mir an den Kopf.

RUMMS!

Sie drängten mich rückwärts in einen Tisch voller Leute und Getränke und ich ging zu Boden. Bumm! Ein Faustschlag zum Kinn drohte, mir die Lichter auszuschalten, aber ich stand auf und kämpfte weiter.

RUMMS! Ich flog über mehrere Tische, diesmal auf den Bauch. Es hagelte weitere Faustschläge, weitere Tritte. Wieder mußte ich mit der Bewußtlosigkeit kämpfen, aber ich machte weiter. Um einen starken Geist aufzubauen, so hatte ich im Karate gelernt, muß man imstande sein, siebenmal zu Boden zu gehen und achtmal aufzustehen. Panik kam in mir auf, weil ich nicht aus der Bauchlage kam, aber ich verdrängte sie. Ich wurde fast zerquetscht, schaffte es aber letztendlich, auf die Beine zu kommen und den gesichtslosen

Feind weiter anzugreifen. Irgendeiner packte mich um die Taille und zog mich aus der Menge. Dave hatte Kopf und Kragen riskiert, um mich zu retten. Bam, ein dienstfreier Türsteher, kam dazu und half mit, während Rob vor mir ging und mich mit seinem Rücken schützte.

„Kannst du etwas Hilfe gebrauchen, Geoff?" fragte er. Ich bewunderte seinen Mut. Bam stand zwischen mir und der grölenden Meute. Ganz vorne stand drohend und fingerzeigend der Bruder von Mr. S. Er war groß und schlank; vorne fehlten ihm zwei Zähne. Wir bekamen Augenkontakt.

„OK, du und ich", rief ich. Er ging einen Schritt zurück, drohte und schrie aber immer noch. Ich rief noch einmal: „Du und ich. Draußen. Nur wir zwei."

Er hörte mich ganz bestimmt, schaltete aber auf Taub und verschwand in der Menge, die sich nun anführerlos auflöste.

Ich atmete schwer und mein Hemd hatte sämtliche Knöpfe verloren. Mein Gesicht hatte viele, viele Schläge abbekommen und fühlte sich wie aufgebläht. Blut lief aus einer Schnittverletzung an meiner rechten Hand und aus zwei weiteren Schnittwunden am Kopf sickerte mir Blut ins Haar. Ich wikkelte mir das Hemd um die rechte Hand, um den Blutfluß notdürftig zu stoppen und begutachtete den angerichteten Schaden. Überall Glas, Tische und Flaschen (allein 10.000,- Mark an zerbrochenem Glas). Zwei schluchzende junge Frauen wurden von ihren Freunden getröstet.

Und ich, ich war froh, daß ich noch am Leben war.

Wir machten uns auf den Weg zum Haupteingang. Dave lieh mir seine Strickjacke, damit ich meinen bloßen Oberkörper bedecken konnte. Der Chef kam herüber und sah sich meine Hand an.

„Die muß vernäht werden. Du gehst am besten gleich zum Krankenhaus", meinte er.

„Nein", sagte ich fest entschlossen, *„ich bleibe hier, bis der Abend zuende ist."*

„Du brauchst aber ärztliche Behandlung. Die Wunde ist ziemlich schlimm", beharrte er.

„Keine Chance", sagte ich, *„ich gehe erst, wenn meine Schicht zuende ist."*

„*Gut*", gab er nach, „*aber laß' dir von meiner Frau die Hand verbinden.*"

Bam kam auf mich zu. Er war schwer beeindruckt.

„*Die haben dich einfach nicht geschafft, Geoff. Als ich dazukam, fielen sie dir hinten vom Rücken.*"

Zunächst war ich geschmeichelt, dann lachte ich auf.

„*Das hast du mir geschuldet, seitdem ich dir damals bei G's geholfen hab.*"

Als ich diese Worte sprach, erschienen der Bruder von Mr. S und drei seiner Freunde auf der Treppe und wollten gehen. Sein Blick sagte mir, *wir werden uns schon wieder begegnen*, aber für mich war diese Zeit schon jetzt gekommen. Ich folgte ihnen nach draußen. Als ich die Tür passierte, wurde sie von zwei jungen Türstehern hinter mir verschlossen und ich stand plötzlich alleine da.

„*Hey!*" rief ich Mr. S nach, „*ich will mit dir reden.*" Alle vier drehten sich nach mir um.

„*Da drin hast du ein großes Maul gehabt. Wie wär's, wenn du und ich jetzt zusammen einen Gang machen?*" forderte ich ihn heraus.

Er wurde bleich und war total verdutzt.

„*Nein Mann, da kann ich nicht für meine Sicherheit garantieren. Irgendwo stecken deine Kumpel.*" Ich ärgerte mich über diese faule Ausrede.

„*Was denn für verdammte Kumpel? Die haben mich ausgesperrt!*" Er schaute zur geschlossenen Tür, dann wieder zu mir. Seine Freunde wandten sich ab. Er war allein. Er versuchte kühl zu bleiben, aber seine Angst leuchtete wie eine Neonlampe.

„*Nein, Mann, ein anderes Mal.*" Ich hatte Lust, ihm eine zu hauen, aber eine Demütigung würde ihm viel mehr wehtun, also rieb ich Salz in die Wunde:

„*Nix da. Jetzt. Du und ich. Laß' deine Freunde hier, und wir beide machen einen Gang.*" Er schüttelte den Kopf und verschwand langsam im eigenen Arschloch.

Am nächsten Tag, als ich Zeit gehabt hatte, mir die Sache zu überlegen, entschied ich, daß ich an irgendjemanden ein Exempel statuieren mußte. Und da es Mr. S gewesen war, der die ganze Meute auf mich gehetzt hatte, sollte er dafür herhalten. Ich mochte ihn sowieso nicht. Zufälligerweise arbeitete er in derselben Fabrik wie ich, nur arbeitete er nachts und ich tagsüber. Er hatte den fatalen Fehler gemacht, vor seiner eigenen Haustür zu scheißen. Da ich wußte, daß seine Schicht am Montag um 21 Uhr beginnen würde, wählte ich diesen Zeitpunkt für unser Treffen. Am Montagabend saß ich also in meinem Auto vor der Fabrik und wartete auf ihn. Neun Uhr kam und ging; kein Mr. S. Viertel nach neun; er kam immer noch nicht. Vielleicht war er früher angekommen und war schon am Arbeitsplatz, also ging ich ins Werk und fragte nach ihm. Er war nicht zur Arbeit erschienen.

Am nächsten Abend lag ich wieder auf der Lauer. Ein Kribbeln lief mir durch den Körper. Ich war dabei, diesem Kerl eine Chance zu geben, die er nicht verdiente: einen Herausforderungskampf, mane de mane, eine reelle Gelegenheit, mir meinen Titel streitig zu machen. Ich riskierte alles für scheinbar wenig, aber es ging hier nicht um wenig, es ging um alles.

Es reichte mir nicht, daß ich ihm am Samstagabend die Stirn geboten hatte, als alle anderen sich dünn machten. Ich mußte ihm zeigen, daß man sich nicht ungestraft mit mir anlegt:

Ich bin zwar auch nur ein Mensch; habe ich eine Überzahl gegen mich, kannst du mir eine aus der Menge verpassen und mich besiegen, aber glaube bloß nicht, daß die Sache damit beendet ist. Ich komme wie ein falscher Taler immer wieder zurück. Ich erscheine in deinem Stammlokal oder im Laden an der Ecke. Ich spaziere in deiner Gegend herum oder klingele an deiner Tür, wenn du gerade mit deiner Mutter Kaffee trinkst. Wenn du mich wirklich verärgert hast, erscheine ich vielleicht sogar an deinem Arbeitsplatz.

Solche Leute teilen nur zu gerne aus der Sicherheit einer Übermacht aus, aber sie hassen es, wenn man auf sie zurückkommt.

Neun Uhr näherte sich mit der Geschwindigkeit einer dreibeinigen Schildkröte, aber ich kam mit dem Problem der Zeitempfindung gut klar, wir waren Waffenbrüder. Die Enge in meinem goldfarbenen Ford Cortina schien die Dunkelheit zu intensivieren, und der innere Streß wollte die Seile meiner Willenskraft durchnagen, aber um mit Stahldraht ver-

flochtene und mit Rechtfertigung armierte Seile durchzukau-
en, bedurfte es starker Zähne. Ich konnte zwar verlieren und
meinem Bezwinger die Hand schütteln, aber aufgeben konnte ich nie.

Abgesehen von gelegentlichen Autos lag Red Lane so leer
wie die Hosentasche eines Landstreichers vor mir. Die Rei-
henhäuser zu meiner Linken sahen gemütlich und einladend
aus. In einiger Entfernung bemerkte ich die hochgewachse-
ne Silhouette eines jungen Mannes, eines besorgten jungen
Mannes. Mein Herz schlug schneller. *War er es? Er kam näher. Ich war mir noch nicht sicher. Noch näher. Jawohl, er war
es. Fang' an zu beten, Mr. S, morgen stehst du in der Zeitung.*

Ich beobachtete ihn, als er immer näher kam. Alle paar
Meter schaute er sich nervös um, als ahne er etwas. Ich setzte meine schwarze Mütze auf und schlug den Mantelkragen
wie ein Leinwandspion hoch, stieg aus dem Wagen und schloß
die Fahrertür ab. Zunächst bemerkte er mich nicht, als ich
mich vor der Fabrik gegen einen Laternenpfahl lehnte und
wartete. Alle seine Alpträume müssen wahr geworden sein,
als ich plötzlich vor ihm im Lichtkegel der Laterne erschien.
Sein Mund schnappte auf und seine Augen quollen so stark
hervor, daß sie mir fast ins Gesicht schlugen.

„Hallo, kennst du mich noch?"
fragte ich und nahm die Hände gelassen aus den Manteltaschen. Ich ging einen Schritt vor, verlor aber meine Distanz,
als er zurückwich. Er zögerte und begann zu stottern:

*„Geoff .. Mann .. wegen Samstag, es tut mir wirklich leid.
Ich wußte nicht mehr, was ich tat. Ich war total ausgeflippt.
Guck' dir mein Auge an, Mann, das hast du mir gegeben."*

Ein Auge war schwarz und angeschwollen.

„Macht aber nichts", fuhr er fort, *„ich hab's wahrscheinlich verdient. Hey, es tut mir wirklich leid."*

Es war erbärmlich. Sein Gewinsel nahm mir langsam
die Kampflust, aber ich mußte ein Exempel an ihm statuieren, sonst würde jeder kleine Wichser in der ganzen Stadt
sein Glück mit mir versuchen. Ich ging auf ihn los, er lief
aber über den Grasstreifen und auf den Fabrikparkplatz. Ich
lief ihm nach, holte ihn ein und stellte ihn.

*„Du hast mir am Samstagabend eine aus dem Hinterhalt
verpaßt!"* fauchte ich mit zusammengebissenen Zähnen.

BUMM! – ein tiefer Rundtritt mit links zum Unterleib. Er taumelte nach hinten und warf mir eine Tragetasche mit seinem Pausenbrot und Kaffeebecher an den Kopf. Als der Becher an meinem Kopf zerbrach, lief er wieder davon. Wieder rannte ich ihm nach. Er wollte den Werkseingang erreichen, ich schnitt ihm aber den Weg ab und verfolgte ihn um die geparkten Autos. Schließlich stand er keuchend auf der einen Seite eines Autos, ich auf der anderen.

„*Hör' zu, Geoff*", flehte er, „*es tut mir leid. Ich will mich nicht mit dir hauen. Jeder sagt, daß du gefährlich bist. Du würdest mich umbringen! Bitte!*"

Er muß seinen Mumm zusammen mit dem Bier vom letzten Abend in die Toilette gepißt haben.

„*Wo ist dein Mut geblieben? Ich hatte gehört, du bist ein harter Brocken!*" sagte ich.

„*Ich hab' Mut*", behauptete er; sein Ego war verletzt.

„*Dann kämpf jetzt mit mir*", forderte ich. „*Wenn du nicht jetzt mit mir kämpfst, verfolge ich dich, bis du es endlich tust.*"

„*Hör zu*", sagte er mit der Stimme eines verängstigten Kindes, „*wenn ich mit dir kämpfe, darfst du aber nicht zu stark zuschlagen. Und diese Kung Fu-Scheiße mußt du auch sein lassen.*"

Ich ignorierte diesen Quatsch einfach und ging in Kampfstellung. Wir gingen ins Freie. Er hob seine Deckung und atmete schwer, unfähig, sein Adrenalin unter Kontrolle zu halten. Ich selbst atmete ganz ruhig.

Er kam mit zwei Faustschlägen, verschätzte sich aber in der Distanz. Ich gab ihm einen tiefen Tritt gefolgt von einem Faustschlag zum Gesicht, war aber zu langsam und siegessicher. Er griff nach meinem Mantel, also machte ich einen Doppelschritt nach hinten und fegte ihm beide Beine weg. Im Fallen schrie er kurz auf, hielt sich aber aus Panik an mir fest und zog mich mit nach unten. Dort versuchte er es mit einem Schwitzkasten, aber ich befreite mich und schlug ihm ins Gesicht. Sein Griff an meinem Mantel löste sich sofort, ich sprang auf und trat ihm zum Kopf. Er schrie auf und rollte sich zum Schutz am Boden zusammen. Jetzt war er gar nicht mehr so gut drauf. Einige Male versuchte ich, ihm ins Gesicht zu treten, er deckte sich aber ziemlich gut und ließ dabei den Oberkörper ungedeckt, also verpaßte ich ihm einen schweren Stampftritt in die Rippen, der ihn noch einmal aufschreien ließ.

Ich trat ihn überall, wo ich konnte und suchte gerade nach einer weiteren ungedeckten Stelle, als zwei Frauen und ein Mann aus dem Nichts erschienen. Der Mann war mit einem Schraubenzieher bewaffnet. Die erste Frau war voll Abscheu: *„Du bist nichts als ein Tier! Ein Tier!"*
Sei doch mal ehrlich, du magst mich nicht sonderlich, dachte ich im Stillen.

Ich schaute auf Mr. S herab und haßte ihn, wollte ihm noch mehr wehtun.

„Ruf' die Polizei und einen Krankenwagen!"
wies die Frau eine Nachbarin gegenüber an.

Wie ich später erfuhr, hatte auch der Fabrikpförtner bereits die Polizei angerufen:

„Kommt schnell, irgendeiner schlachtet hier ein Schwein auf dem Parkplatz!"

Ich mußte Mr. S Respekt zollen, als er mir sagte:

„Geoff, verpiß dich schnell, ehe die Bullen kommen. Ich sag' ihnen nichts."

Ich rannte also zum Auto und brauste zurück ins Lokal, wo mehrere eingeweihte Zeugen notfalls vor Gericht bestätigen würden, daß ich den ganzen Abend dort verbracht hatte. Mr. S hatte derart schwere Rippenverletzungen, daß er nicht aufstehen konnte. Er übergab sich dreimal, verbrachte zwei Tage im Krankenhaus und war drei Wochen lang arbeitsunfähig. Eine Woche nach seiner Rückkehr kündigte er seinen Arbeitsplatz. *Einer von den Jungs zu sein* hatte ihn einiges gekostet, oder?

Mr. C hielt sich auch für recht *böse*, aber das einzig böse an ihm war sein Körpergeruch; das sah er wohl auch ein, als ich mich einmal veranlaßt sah, auf ihn zurückzukommen. Als wir uns zum ersten Mal an einem Samstagabend im *Diplomat* begegneten, wo ich damals an der Tür arbeitete, war er mir völlig fremd. Er begleitete ein junges, schüchternes Mädchen namens Linda, die ich über einen Freund flüchtig kannte und wegen ihrer Schüchternheit immer begrüßte, wenn sie im Klub auftauchte, damit sie sich willkommen fühlte. An diesem Abend hing sie am fetten Arm von Mr. C, dessen aggressive, abweisende Blicke ihn auf alle wie einen eifersüchtigen, argwöhnischen und leicht verrückten Bodyguard wirken ließen.

„Hallo Linda", begrüßte ich sie wie immer. Damit auch er sich angesprochen fühlte, begrüßte ich ihn auf ähnliche Weise:

„Hallo Kumpel, wie geht's?"

Er schaute mich daraufhin von oben bis unten an, als ob er sagen wollte: *„Wer zum Teufel bist du denn überhaupt?"*

Da er viel zu cool war, um eine Antwort von sich zu geben, nickte er dann statt dessen ein oder zweimal. Ich haßte ihn sofort wegen seiner dummen, überheblichen Art.

Er war kräftig gebaut und hatte ein fleischiges Gesicht mit einem rötlichen Teint. Ein Bodybuilder, und wie die meisten Bodybuilder war er total von sich überzeugt. Schon wieder ein Zuckersockel, der nur auf den nächsten Regen wartete. Meine dunkle Seite wollte ihn an Ort und Stelle vernichten, aber die gute Seite siegte und ich beschloß, über seine Manieren hinwegzusehen. Ich schüttelte also den Kopf und ging weiter.

Im Klub setzte ich eine Unterhaltung mit einem Freund fort und brachte meinen Ärger zum Ausdruck:

„Langsam habe ich von der Menschheit die Nase voll", sagte ich traurig.

„Ich gebe mir Mühe, zu jemandem nett zu sein, und er behandelt mich dafür wie Scheiße."

Allmählich erkannte ich diese Gedanken als zu negativ und wies sie von mir. *„Nur ein Zwischenfall unter zehntausenden"*, dachte ich, *„es bedeutet nichts, also vergiß es."* Zwei Tage später hatte ich die ganze Sache vergessen, doch dann erhielt ich einen Anruf von Mick.

„Du hast mir doch neulich von Mr. C erzählt", meinte er aufgeregt.

„Nun, um seine Freundin davon abzubringen, weiterhin zum Diplomat zu gehen, hat er ihr erzählt, du wärst wegen sexueller Nötigung vorbestraft."

Schweigen. Mir kamen einfach keine Worte. Mick bemerkte meine Wut und Verwirrung und meinte,

„Er ist einfach ein Wichser, Geoff; es lohnt sich nicht, dich seinetwegen aufzuregen."

„Das war's, jetzt muß er was kriegen. Der ist erledigt! Wieso hat er denn so einen Scheiß erfunden? Ich kenne ihn doch überhaupt nicht."

„Wie ich hörte", sagte Mick, „ist er total eifersüchtig, und es hat ihm nicht gepaßt, daß du sie angesprochen hast. Außerdem ist sie vor ein paar Jahren von irgendeinem Kerl angegriffen und begrabscht worden. Sie hat seitdem eine Scheißangst und er hat ihr das gesagt, damit sie nie wieder in den Klub geht."

Ich schüttelte den Kopf und traute meinen Ohren nicht. Mir war schon mancher Abschaum über den Weg gelaufen, aber er war der Weltmeister. Schlimmer ging's nicht mehr.

Mick und ich verbrachten die nächsten zwei Tage damit, Informationen über Mr. C zu sammeln. Wo er wohnte, arbeitete, trainierte und regelmäßig anzutreffen war usw. Bis Dienstag hatten wir alles zusammen.

Als guter Freund war Mick wegen der Beleidigung genauso betroffen wie ich und wollte die Sache für mich erledigen.

„Jeder kennt dich", meinte er, „und wenn du ihn verhaust, wirst du garantiert eingebuchtet. Mich kennt aber keiner."

Obwohl ich das Angebot zu schätzen wußte, entschied ich mich nach langer Überlegung, die Sache selbst in die Hand zu nehmen. Ich würde ihn zur Rede stellen und zum Kampf auffordern, wie es sich für einen Mann gehört. Sollte die Polizei dazukommen, dann Pech. Ich fühlte mich im Recht und mehr zählte nicht.

Am Mittwochmorgen stahlen Mick und ich uns in der Frühstückspause davon und gingen die halbe Meile bis zur Arbeitsstätte von Mr. C zu Fuß. Das dauerte einige Zeit und der Adrenalinaufbau war dementsprechend stark. Wieder einmal hörte ich das negative kleine Männlein im Ohr, das mir das Risiko klarmachen wollte, das ich einging, aber ich unterdrückte seine Stimme ziemlich mühelos. Ich hatte ein Flattern im Bauch und wollte eine Toilette aufsuchen. Meine Beine zitterten leicht.

Was ist, wenn er mich besiegt? dachte ich.

Würde jeder seinen Anschuldigungen glauben, wenn ich verlieren sollte? Er war kräftig und viel schwerer als ich. Was ist, wenn es zum Bodenkampf kommt? Komme ich dann *klar? Im Beisein von Mick zu verlieren, wäre mir verdammt peinlich gewesen.*

Das positive Männlein, das in mehr als zweihundert gewonnenen Auseinandersetzungen gestärkt war und weitere zweihundert Zwischenfälle erlebt hatte, bei denen ich ohne große Probleme Boxer, Karateka, Bodybuilder und Straßenkämpfer unter Kontrolle gebracht hatte, trat das negative Männlein in den Hintern und übernahm die Führung:

Gegen dieses Nichts werde ich nicht verlieren. Begraben werde ich ihn. Wenn er ringen will, dann erlebt er sein blaues Wunder. Seine Kraft wird ihm kaum helfen, wenn ich ihm das Ohr abkaue. Der wird den Tag bereuen, an dem er sich entschied, mich zu verärgern. Treten, Schlagen, Ringen – hab' ich alles schon gemacht. Was hat er jemals gemacht, außer Gewichte zu schwingen und häßlich auszusehen, das zweite mit mehr Erfolg?

Wir begaben uns also zur Fabrik, in der arbeitete. Unterwegs wechselten wir kaum Worte, respektierten die gegenseitige Ruhe vor dem Kampf und konzentrierten uns auf den inneren Aufbau. Ich dachte an die Worte, die ein alter, erfahrener Boxtrainer dem jungen, ängstlichen Cassius Clay vor seinem ersten Kampf mit auf den Weg gab:

„Junge, Du mußt immer genau das tun, wovor du Angst hast." Und dann an die Worte des großen Cus Damatio:

„Gerate nicht vor Angst in Panik, gehe mit ihr, beherrsche sie, zügele sie."

Diese Worte waren mir vor jedem Kampf und in jeder stressigen Situation eine Inspiration.

Wir erreichten die kleine Fensterfabrik in einem Industriegebiet am Stadtkanal, marschierten einfach an der Dame im Empfang vorbei und gingen direkt in die Werkshalle. Mein Adrenalin lief auf Hochtouren.

„Ist er hier", fragte Mick, indem er sich umsah. Ich schaute mir jeden an.

„Ich hab' ihn nur einmal zu Gesicht bekommen. Ich kann mich nicht hundertprozentig erinnern, wie er aussieht, aber ich glaube, das ist er."

Dabei wies ich auf einen stämmigen, kurzgeschorenen Bodybuildertyp, der hinter einer Fräsmaschine stand. Ich ging bedrohlich auf ihn zu.

„Bist Du Mr. C ?"

Seine Unterlippe berührte fast den Boden und er sah plötzlich nicht mehr so groß aus, sondern nur ängstlich. *Groß*, so habe ich festgestellt, ist ein geistiger und kein körperlicher Zustand, ein Magnumrevolver ist ohne Munition auch ziemlich harmlos.

„N.. n.. nein, der ist nicht hier, der ist heute im Außendienst." stotterte er.

„Wann kommt er wieder?" setzte ich nach. Er sah an mir vorbei und suchte die Unterstützung der drei mit Anzügen gekleideten Chefs, die gerade näherkamen. Ihr Anführer, ein gedrungener, bierbäuchiger Mann mittleren Alters fragte herrisch:

„Kann ich euch beiden Jungs helfen?"

„Ja, ich suche Mr. C." antwortete ich mit einer Straßenautorität, die ihn vollkommen einschüchterte.

„Oh", kam die kleinlaute Antwort, *„der ist gerade nicht hier. Kann ich irgendwie helfen?"*

„Ja, ich heiße Geoff Thompson. Ich arbeite im Diplomat-Klub in der Stadt. Sagen Sie Mr. C, ich habe gehört, was er über mich gesagt hat und daß ich darüber nicht glücklich bin. Sagen Sie ihm, daß ich wiederkomme."

Dann gingen wir. Später am selben Nachmittag erhielt ich über einen Freund eine Nachricht von Mr. C an Mr. Macho *„Wenn er Ärger mit mir will, dann gerne"*, ließ er ausrichten. Sofort rief ich bei seiner Arbeitsstelle an und mußte feststellen, daß er zufällig wieder nicht da war.

„Morgen schnappen wir ihn uns, Geoff", meinte Mick. Ich nickte zustimmend, plante aber bereits einen nochmaligen Besuch nach Feierabend. Es hatte keinen Sinn, diese Angelegenheit in die Länge zu ziehen.

Mick, der in seiner Freizeit als Boxtrainer arbeitete, brachte mir ab und zu während unserer Mittagspause die hohe Kunst des Faustkampfs bei. An jenem Tag kämpfte ich im Gedanken mindestens fünfzig Male mit Mr. C und besiegte ihn ebenso oft, als ich auf die Pratzen einschlug.
Um halb sechs, Feierabend, zog ich mir meinen schwarzen Trainingsanzug an und war bereit für den bevorstehenden Kampf. Ich ging zur Stechuhr, bestieg dann mein Fahrrad und strampelte in Richtung Kanal. Den peitschenden Regen

und den starken Wind, die mir den Weg auf der ganzen Strecke entlang des Kanals erschwerten, spürte ich nicht. *Geh' heim, geh' heim* schien der Wind zu heulen. Eine traurige Einsamkeit kam mir im Herzen auf, eine Einsamkeit, die ich nie vorher oder seitdem erlebt habe. Ich fragte mich wieso, dann kam mir ein immer wiederkehrender Traum in den Kopf, Angstgefühle durchbohrten mein Herz und der Traum war wieder Wirklichkeit. Ich kämpfte mit einem gesichtslosen Gegner. Er war kräftig und ich war in Schwierigkeiten. Wir fielen aufs Gras, ich versetzte ihm einen bärenstarken Schlag zum Kopf und wußte, noch ehe ich von seinem regungslosen Körper stieg, daß er tot war. Ich fühlte es einfach. Als ich von der Leiche wegtrat, erschienen mehrere Menschen wie aus einem Nebel, und ich sah den Tod in ihren Gesichtern. Mein Herz schmerzte, und ich wollte weinen.

„*Er ist tot, er ist tot, er ist tot!*" schrien sie.

Im Traum sah ich mich selbst davongehen, indem ich dachte: *Jetzt bist du im Arsch!*

Das Furchtbare daran war, daß sich mein Traum am Ufer eines Kanals abspielte. Ich tötete jemanden an einem Kanal. Ich radelte also möglicherweise jetzt in mein eigenes Verderben. Ich dachte an meine Familie zu Hause und hörte, wie mein kleines Töchterchen nach mir rief, als man mich ins Gefängnis abführte. Sind die Träume von heute tatsächlich die Realitäten von morgen? Alles, auch meine eigenen Gedanken, schien mich zurückhalten zu wollen. Als ich endlich das Fabrikgebäude erreichte, kam eine fast unwiderstehliche Versuchung in mir auf, einfach weiterzuradeln. Ich brauchte meine ganze Willenskraft, um ihr zu trotzen und in die Fabrik zu gehen.

Die hübsche junge Frau im Empfang war überrascht, als ich hereinkam. Schließlich war ich heute schon einmal dagewesen. „*Mr. C da?*" fragte ich. Sie sah sich um, als suche sie ein Versteck, dann sah sie mich an.

„*Der ist leider nicht da.*" Ich sah auf die Uhr.

„*Wann wird er zurückerwartet?*"

„*Oh*", sagte sie bedeckt, „*heute abend kommt er nicht mehr zurück.*"

Ich wußte, daß sie log, aber an ihrer Stelle hätte ich wohl auch gelogen.

„Kann ich eine Nachricht für ihn hinterlassen?" fragte ich. Sie nickte und freute sich sicher, daß sie mich jetzt loswerden würde.

„Mr. C soll mich morgen früh um 8.30 Uhr auf dem Weg am Ende des Kanals treffen. Ich werde allein sein, er soll es auch." Sie schrieb die Nachricht auf und schaute hoch.

„Und Sie sind Geoff Thompson?" Ich fühlte mich geschmeichelt, daß sie meinen Namen wußte.

„Ja", sagte ich und unterdrückte ein Lächeln.

Wenn ich ehrlich bin, muß ich zugeben, daß mir der Gedanke an den morgigen Kampf eine unruhige Nacht bereitete und beim Frühstück wenig Appetit aufkommen ließ.

Als ich um 7.30 Uhr zur Arbeit erschien, wartete Mick bereits auf mich und hielt mir ein Stück Papier entgegen. Er lachte.

„Mr. C hat vor 15 Minuten hier angerufen und will, daß du ihn sofort zurückrufst." Ich lächelte und freute mich innerlich, denn ich hatte gewonnen.

Am Telefon gab er sich sofort versöhnlich.

„Können wir die Sache nicht ohne Kampf beilegen, Geoff?"

Von seinem Rückzieher ermuntert, sagte ich,

„Ich gebe dir die Wahl. Entweder du triffst dich jetzt mit mir und wir kämpfen wie geplant, oder du kommst am Freitagabend zusammen mit deiner Freundin in den Diplomat und entschuldigst dich in ihrem Beisein bei mir."

„Kann ich nicht schon heute abend kommen?" winselte er. Er brauchte nicht lange zu überlegen, er wollte die Sache so schnell wie möglich zu Ende bringen. Aus Mitleid ließ ich ihn nicht länger zappeln und sagte ihm, daß wir uns noch heute, Mittwoch, treffen könnten.

Verschämt und ängstlich erschien er pünktlich mit seiner Freundin und entschuldigte sich vorbehaltlos. Ich nahm seine Entschuldigung an, drohte ihm aber an mit ihm den Boden zu wischen, falls er mir je wieder in die Quere kam. Daß er es nie wieder tat, versteht sich von selbst.

Tony, der aufgrund seiner unglaublichen Kopfnußfähigkeiten den Spitznamen *der Kopf* hatte, soll einem Gerücht zufolge als Fötus seiner Mutter die Fruchtwasserblase mit einer Kopfnuß zerplatzt haben, als er zur Welt kam.

Er kämpfte einmal mit einem Kerl und gewann mühelos mit einer einzigen Kopfnuß.

Damit war die Sache für ihn erledigt, doch am nächsten Abend erschien das Opfer wieder und wollte es noch einmal versuchen. Tony war leicht erstaunt, tat ihm aber den Gefallen und verpaßte ihm wieder eine kampfbeendende Kopfnuß.

Am nächsten Abend erschien Tony zur Arbeit und der Kerl wollte es zum dritten Mal versuchen. Wieder mit dem gleichen Ergebnis. Am folgenden Abend erschien der Masochist mit total verbeultem Gesicht aus den ersten drei Begegnungen tatsächlich noch einmal und wollte mit Tony kämpfen. Diesmal war Tony sauer.

„Hör' mal zu, ich hab' dir schon dreimal eine verpaßt. Warum willst du schon wieder mit mir kämpfen?"

Der Masochist musterte Tony mit Zeigefinger und Daumen am Kinn, dann sagte er durch geschwollene, dicke Lippen,

„Ich glaube, ich kann dich diesmal besiegen. Jetzt kenne ich nämlich deine Schwächen."

Dieses Mal nahm Tony keine Gefangenen und ließ ihn K.o. in einem Blumenbeet liegen.

Für jeden Racheakt, der tatsächlich stattfindet, gibt es tausend Rachedrohungen. Mir ist schon mit jedem und allem gedroht worden. Manchmal geht es einem nah, aber man muß einfach darüber hinweggehen. Eines Abends nahm ich einem Fallschirmjäger ein Messer ab. Er flüsterte mir zu, *„Morgen abend bekommst du von fünf meiner Kollegen Besuch."*

Ich flüsterte zurück, *„Vergiß' mal die fünf Fallschirmjäger, wie wär's, wenn du und ich jetzt zusammen auf den Parkplatz gehen?"*

Plötzlich verlor er die Lust.

Einmal hatte ich einen der *Bell Green*-Jungs ins Krankenhaus verfrachtet und wurde auf der Arbeit von einem jungen Kollegen angesprochen. Er sah sich geheimnisvoll nach allen Seiten um und sagte dann,

„Schon mal was von den Marching-Boys gehört?"

Ich dachte einen Moment nach und sagte dann spöttisch,

„Das ist doch der Name einer Popgruppe, oder?"
Er ignorierte meine Bemerkung und fuhr fort,

„Die Bell Green-Boys haben die Marching Boys auf dich angesetzt. Es passiert am kommenden Samstag."

Zunächst war ich ziemlich besorgt, dann dachte ich aber, *wenn sie kommen wollen, dann kommen sie, und ich werde sowieso da sein müssen.*

„Sollen sie nur kommen", sagte ich, *„aber sag' ihnen, daß ich drei Adressen in meiner Tasche habe. Sobald sie wieder weg sind, hol' ich mir die drei. Ich kann damit leben, wenn sie es können."*
Der Samstagabend kam und ging ohne besondere Zwischen-fälle, aber ich muß zugeben, daß es ein langer Abend war.

Einem meiner Freunde, Brian Watts, wurde einmal so-gar mit sich selbst gedroht. Er hatte ein junges Großmaul aus einem Klub geworfen, der sich daneben benommen hat-te. Der Rausgeschmissene drohte Brian,

„Ich komm' mit Brian Watts wieder, der haut dir auf's Maul!"
Brian versuchte, nicht zu lachen und meinte,

„Bring' ihn nur. Wenn du ihn siehst, sag' ihm, er ist ein Wichser."

Wie gesagt, bei den meisten Drohungen handelt es sich bloß um heiße Luft, aber es ist nicht immer so. Nach einem kleinen Zwischenfall im Klub setzten wir eines Abends zwei junge Kerle an die Luft, von denen einer drohte, John zu erschießen.

PENG – John gab ihm eine Ohrfeige und sagte ihm, er solle doch seine Knarre holen. Damit war der Zwischenfall für uns erledigt, aber zehn Minuten später meldete Winston, daß die beiden Rausgeschmissenen auf dem Parkplatz di-rekt gegenüber herumfuhren. Wir gingen alle nach draußen und schauten es uns an. Das Auto, ein weißer Ford Sierra, hielt in etwa zwanzig Meter Entfernung an. Ich ergriff die Initiative und schlug vor, daß wir das Auto gemeinsam stür-men und mitsamt seiner Insassen kurz und klein hauen (oder sie zumindest in die Flucht jagen) sollten.

Wir beredeten gerade meinen Vorschlag, als das Beifahrerfenster des Sierras heruntergekurbelt wurde und ein Gewehrlauf erschien, der direkt auf uns gerichtet war.

Wir legten uns alle flach – ich hätte einer Schlange unter den Bauch kriechen können, und wenn wir uns nicht auf einem Bürgersteig befunden hätten, hätte ich ein Loch gegraben und wäre in den Winterschlaf gefallen. Da sie kein richtiges Ziel mehr hatten, fuhren sie mit quietschenden Reifen davon und wir atmeten wieder auf.

Trotzdem macht einen so etwas nachdenklich. Es hat schließlich schon Fälle gegeben, in denen Türsteher bei der Arbeit oder auf dem Heimweg erschossen wurden.

Und manche Leute glauben doch wirklich, Türsteher hätten einen guten Job.

Geoff und Wicked Winston

8. Kapitel

Straßenkämpfer und Kampfsportler

Wer würde in einem Kampf Straßenkämpfer gegen Kampfsportler gewinnen? Man könnte genauso gut fragen: Wie lang ist dieses Stück Band in meiner Tasche? Die Frage ist rein theoretisch und wird in der Kampfkunstwelt wahrscheinlich nie beantwortet werden können. Man könnte höchstens alle Stilrichtungen zusammenrufen und alle um die Ehre kämpfen lassen, doch das wird ehrlich gesagt nie passieren, und so ein Blödsinn sollte meiner Meinung nach auch nie passieren. Es handelt sich nämlich letztendlich nur um ein Egoproblem: *Mein Stil ist besser als dein Stil, mein Lehrer ist besser als dein Lehrer* usw.

Die meisten Kampfsportarten und besonders die Kampfkünste, sollen in erster Linie Körper und Geist in Einklang bringen, Bescheidenheit und Respekt lehren und dabei helfen, das eigene Ego zu unterdrücken. Gewalt wird unterrichtet, damit man sich letztendlich vor *eigener* Gewaltanwendung scheut, es sei denn im Extremfall, wenn es gilt, sich selbst oder andere zu verteidigen.

Vor dem Hintergrund meiner langjährigen Kampferfahrung werde ich euch erklären, wie ich die Sache sehe – und hoffentlich ohne jemanden dabei zu beleidigen. Falls ich es dennoch tue, bitte ich schon jetzt um Verzeihung.

In seinem ausgezeichneten Buch „*World Wrestling and Western Boxing*" behauptet John F. Gilbey, daß ein Ringer einen Boxer immer besiegen wird und daß ein Boxer immer einem Trittspezialisten überlegen sein wird – das bestätigt auch die Erfahrung. Außerdem sagt er, daß man bei einem Kampf zwischen einem 70 kg japanischen Karateka und einem 90 kg irischen Schweißer sein Geld immer auf den Schweißer setzen sollte. Eine ähnliche Ansicht vertrat auch mein Freund Keith R. Kernspecht schon 1986 in seinem Bestseller und Standardwerk „*Vom Zweikampf*".

Meiner Erfahrung und meiner bescheidenen Meinung nach ist der Straßenkämpfer mit einigen wenigen Ausnahmen in jeder Straßenkampfsituation König. Wenn man ihn im Boxring gegen einen Boxer oder im Dojo gegen einen Karateka stellen und mit tausend Regeln lähmen würde, käme er sicherlich nicht gut zurecht. Ein von Regeln eingeschränkter Straßenkämpfer ist schwach, aber nicht so schwach wie ein Kampfsportler auf der Straße, wo alles erlaubt ist. Dort, wo es wirklich um die Wurst geht, auf der Straße, gibt es kein Regelwerk. Ehe ich zuviele Kampfsportler verärgere, muß ich an dieser Stelle allerdings hinzufügen, daß ein ausgebildeter Kämpfer *mit* Straßenerfahrung einem Straßenkämpfer Paroli bieten und wahrscheinlich besiegen wird.

Schauen wir uns einmal die Stärken und Schwächen einiger Kampfkünste an:

Karate

Wenn man von den Besonderheiten verschiedener Stile absieht, ist Karate in der Trittdistanz am besten, in der Faustdistanz ausreichend aber unvariiert, in der Ringerdistanz aber völlig hoffnungslos. Viele der grundlegenden Blocks und Stände sind sehr gut geeignet, einen starken Körper und Geist aufzubauen, sind aber in einem richtigen Kampf wenig tauglich. Je nach Lehrer ist ein Großteil des Trainings unrealistisch und kaum anwendbar. Die größte Schwäche des traditionellen Trainings, und das bezieht sich auch auf andere Kampfkünste, ist mangelnde Kommunikation zwischen Lehrer und Schüler. Dem Schüler muß gesagt werden, wie es tatsächlich auf der Straße abgeht, wie und warum er in einer reellen Kampfsituation eine Scheißangst bekommen wird und daß einige der langsamen, weitausholenden Bewegungen, die er trainiert, nicht für die Selbstverteidigung gedacht sind. Die meisten Lehrer können oder wollen dem Schüler nicht das nötige Bewußtsein vermitteln, das er zum Überleben in einer brutalen Welt benötigt.

Einige der höchstgraduierten Kampfkunstlehrer der Welt haben keine oder nur sehr wenige echte Kampferfahrung. Wie können sie aber etwas unterrichten, von dem sie nichts wissen? Sie können anderen nur vermitteln, wie es ihrer Meinung nach sein wird. Ich behaupte damit nicht, daß sie schlechte Lehrer sind, im Gegenteil, sie mögen großartige Lehrer sein, aber in Sachen Selbstverteidigung glaube ich: Wenn du es nicht selbst gemacht hast, kannst du es auch nicht unterrichten.

Kung-Fu

Ähnelt stark dem Karate, da Tritte mehr als Faustschläge trainiert werden. Das traditionelle Wing Chun und einige Stile konzentrieren sich auf Handtechniken, aber gerungen wird wenig. Das Leung Ting WingTsun (WT) nimmt eine Sonderrolle ein. Die Betonung liegt auf realistischer Selbstverteidigung, und auf den Ernstfall wird in jeder Distanz vorbereitet. Treten, Fauststöße, Ellenbogen, Knie, Ringen, Hebeln, Würgen, Werfen, Gegenwerfen, Bodenkampf, einer gegen mehrere und gegen bewaffnete Angreifer. Für sehr Fortgeschrittene außerdem auch Sparring mit Waffen: Messer und Stock.

Judo und Ringen

Beide sind jetzt weitgehend zu Sportarten geworden und sind in der Nahdistanz immer noch souverän und unanfechtbar. In jeder anderen Distanz sind sie wie Fische, die man aus dem Wasser geholt hat.

Aikido

Als fast völlig defensive Kampfkunst ist Aikido für den durchschnittlichen Anwender schon sehr limitiert. Bei einem Meister könnte diese Kunst im realen Kampf funktionieren, aber für den normalen Anwender ist sie m.E. wenig effektiv. Denn die wirkungsvollste Verteidigung bleibt ohne Zweifel der Angriff. Alle aufwendigen und komplexen Techniken taugen nur wenig, da ein Straßenkampf meist in fünf bis zehn Sekunden vorbei ist. Einmal besiegte ich zwei Gegner in nur drei Sekunden mit drei Techniken, woraus die Wichtigkeit von kurzen, effektiven Angriffen ersichtlich ist. Sollte jemand die drei Sekunden bezweifeln, kann er gerne ein Video dieses Kampfes bei mir einsehen (aus G's Nachtklub beschlagnahmt).

Westliches Boxen

In der Faustdistanz sicherlich der effektivste Stil überhaupt, aber in den Tritt- und Ringerdistanzen kläglich unzureichend. Boxer können jedoch so gut mit ihren Fäusten umgehen, daß es selten zu den anderen Distanzen kommt.

Der Straßenkämpfer

Was den Straßenkämpfer aus der Masse der Kampfsportler hervorhebt, ist die Tatsache, daß ihm nur sehr wenig fehlt. Jede Technik, die er benutzt, ist in reellen Kampfsituationen erprobt und geprüft worden. Theorien interessieren ihn nicht. Er kann treten, schlagen und ringen, als wäre er dazu geboren. Die meisten Kampfsportler sind kampfmäßig gesehen noch Embryos, während der erfahrene Straßenkämpfer voll ausgereift ist. Er beherrscht das Entensyndrom absolut perfekt und kann einen Kampf beenden, ehe die meisten Leute überhaupt wissen, *daß* sie sich im Kampf befinden. Er ist ein Kampfchamäleon; er kann sich jeder Situation anpassen und seine Strategie auf den jeweiligen Gegner abstimmen. Sollte er einem Gegner gegenüberstehen, der einen fähigen Eindruck macht, wird er sich vielleicht schwach oder ängstlich geben, um den anderen geistig zu entwaffnen und dann blitzschnell und völlig unerwartet zuzuschlagen. Vermutet er beim Gegner irgendeine Blöße oder Schwäche im geistigen Rüstzeug, wird der Straßenkämpfer vielleicht versuchen, den anderen durch seine Aggressivität und Körpersprache psychologisch an die Wand zu stellen, ihn einzuschüchtern und den Kampf kampflos zu gewinnen, notfalls kombiniert er auch beide Strategien.

Hat der Kampf einmal begonnen, wird der Straßenkämpfer, falls er noch keine schnelle Entscheidung herbeiführen konnte, automatisch die Artillerie seines Gegners abchecken und diesen in dessen schwächster Distanz bekämpfen. Er wird einen Trittspezialisten zwingen, in der Faustdistanz zu kämpfen, einen Treterich oder Faustkämpfer in der Ringerdistanz usw. Also an alle stark Spezialisierten da draußen: diversifiziert euch oder sterbt! J.F. Gilbeys Theorie von der Überlegenheit der Ringer kann ich insofern gut verstehen, da Kämpfe, die nicht mit *Ippon* gewonnen werden, meist in der Ringerdistanz enden.

In meinem eigenen Karateverein wird geboxt, getreten und gerungen, wodurch wir eine gute Chance gegen die meisten Gegner haben. Mit Ausnahme des Kampfsportlers mit Straßenkampferfahrung ist der erfahrene Straßenkämpfer, wie ich schon sagte, für meine Begriffe König, aber noch unbeantwortet bleibt die Frage, wie gut Kampfsportler gegen Kampfsportler anderer Stile zurechtkommen. Fallstudien und meine eigenen Erfahrungen und Nachforschungen haben ergeben, daß der westliche Boxer meist überlegen ist. Dieses Eingeständnis fällt mir nicht leicht, da ich selbst in erster Linie und mit Stolz Karateka bin, obwohl ich mir ab und zu auch die Boxhandschuhe des westlichen Boxers anziehe.

Der Erfolg der Boxer liegt wahrscheinlich darin begründet, daß die Trittdistanz bei den meisten gewalttätigen Auseinandersetzungen nur selten vorkommt! Normalerweise spielt sich alles in Faustdistanz oder noch weniger ab. Auch wenn Platz zum Treten vorhanden ist, geht diese Distanz schnell verloren, wenn Ippon nicht praktisch sofort erzielt wird. Die Stärke des Boxers ist seine volle Konzentration auf das K.o.; Zielgenauigkeit ist sein ein und alles. Er braucht nur einen guten Schlag zu landen und es ist vorbei. Und glaubt mir, es ist hundertmal einfacher, jemanden mit einem Faustschlag als mit einem Tritt auszuknocken, es sei denn, man heißt zufällig Terry O'Neill. Wer mit den Füßen angreift, büßt zwangsläufig Mobilität ein; außerdem wird beim Treten doppelt soviel Energie verbraucht wie beim Schlagen. Da die Hände sich näher am Kopf des Gegners befinden als die Füße, ist es logischerweise schneller, das Ziel mit Faustschlägen anzugreifen.

Jeder, ob Mann oder Frau, hat bei entsprechender Lernwilligkeit das Potential, ein brauchbarer Kämpfer zu sein. Wer aber gute Rundumfähigkeiten entwickeln will, sollte unbedingt seine Scheuklappen entfernen. Da ich in der Vergangenheit recht viel Judo gemacht habe, würde ich Judo als sehr gefährlich einstufen, aber wie bereits gesagt, nur in der Ringer- bzw. *Körper an Körper*-Distanz. Wir hatten einmal draußen vor *G's* eine Massenschlägerei und ein befreundeter Judoka kam uns zur Hilfe. Jeden, der ihn packen wollte, setzte er schnell außer Gefecht, aber inzwischen wurde er von etlichen Tritten und Schlägen erwischt, gegen die er sich nicht verteidigen konnte.

Der Boxer

Ich habe schon mit einigen gekämpft, auch mit Titelhaltern, aber ich ließ mich nie auf ihre Spielchen ein. Versucht nie mit einem Boxer zu boxen, sonst verliert ihr womöglich! Ich habe alle meine Kämpfe mit Boxern dadurch gewonnen, daß ich sie mit schweren Tritten zerfetzte, bewußtlos würgte oder mit Tritten ablenkte, bis ich einen unerwarteten Faustschlag ins Ziel mogeln konnte.

Ich bin in Karate, Judo und Boxen leider nur durchschnittlich, aber zusammengenommen funktionieren diese Techniken zumindest für mich in Verbindung mit einer starken Psyche ganz gut.

Ich erinnere mich noch gut an einen bestimmten Kampf mit einem Boxer, der an einem Mittwochabend ausgerechnet in meiner eigenen Karateschule stattfand. Schon seit zwanzig Jahren hatte Shotokan Karate sein Zuhause in einem großen Saal in dieser Billardhalle, die außerdem noch aus einer kleinen Bar und einem Raum mit sechs Billardtischen bestand.

Dieser Saal, der unter der Woche auch als Rollschuhbahn diente, hatte schon mehr Blut und Rotz gesehen als eine Boxbude auf dem Jahrmarkt. Im Sommer war er unerträglich heiß, und im Winter fror man hier mehr als draußen.

Die Schüler übten paarweise ihre Grundtechniken, während ich prüfend und korrigierend umherging. Im Augenwinkel sah ich wie zwei junge Männer den Saal betraten und ein paar Worte mit den Schülern am anderen Ende des Saals wechselten. Es roch nach Ärger, und mein Adrenalin ging auf Bereitschaftsstufe.

Der Nachteil dieses Dojos war die besagte kleine Bar im Nebenraum, die immer voll von Betrunkenen war. Ich wußte sehr wohl, daß es nur eine Frage der Zeit war, bis einer von ihnen hereinwanderte und sein Glück versuchte. Ich ging zu den beiden hin. „*Alles klar, Jungs?*" fragte ich freundlich. Sie musterten mich von oben bis unten und antworteten in gleicher Weise. Einer war etwa 1,72 m groß mit schulterlangen Haaren und einem schmierigen, frechen, selbstbewußten Blick, der mir überhaupt nicht gefiel. Sein Kumpel war etwa gleich groß, hatte schwarze Haare und ein nettes, lächelndes Gesicht. Irgendwie paßte er überhaupt nicht zu seinem Freund, dem *Arschloch*. Keiner von beiden schien von meinem schwarzen Gurt beeindruckt zu sein. *Arschloch* kam direkt auf den Punkt.

„*Was hältst du von Boxern?*" fragte er überheblich.

„*Meistens sind sie recht gut. Ich halte viel vom Boxen*", antwortete ich ehrlich.

„*Und im Vergleich zu Karate?*" meinte er herausfordernd.

Mir war in dem Moment gar nicht bewußt, daß seine Fragen daraufhinzielten, mich erst einmal abzuschätzen und einzustufen, ehe er mit seiner Herausforderung herauskam. Offensichtlich verwechselte er meine Offenheit mit Schwäche. Eigentlich hätte ich gar nicht mit den beiden sprechen sollen, aber ich bin ein netter Kerl und behandele Besucher in meinem Dojo immer freundlich.

„*Auf hohem Niveau halte ich sie für gleich gut*", erwiderte ich.

Dann kam die Bombe. Er schätzte mich offensichtlich nicht sehr hoch ein:

„*Wie wär's, wenn wir beide Mann zu Mann vor der Klasse kämpfen und mal sehen, was besser ist, Boxen oder Karate?*"

Ich war total verdutzt, mein Adrenalin ging ab wie eine Rakete. Ich fühlte Panik und Angst und war völlig überrumpelt und unvorbereitet. Vor mir stand ein junges Großmaul von Boxer auf seinem Alkoholpodest und versuchte, mir meinen Lebensunterhalt zu nehmen!

Ich unterrichtete damals hauptberuflich. Sollte er mich hier besiegen, vor meinen eigenen Schülern, würde ich nicht mehr mit mir selbst leben können. Ich wäre erledigt. Wie könnten sie mir denn beim Kampfunterricht jemals wieder glauben, wenn ich es selbst nicht konnte? Viele, viele negative Gedanken rasten in meinem Kopf herum und versuchten, mich in ihre Kontrolle zu bringen und zu schwächen. Ich kämpfte um Selbstbeherrschung und suchte nach der passenden Antwort. Die kam wie von selbst, da ich über die respektlose Art des *Arschlochs* verärgert war.

„*Das hört sich aber nicht so gut an.*"

„*Warum?*" grinste er. Ich sah seine Erleichterung.

„*Du kommst hier rein und forderst mich vor all meinen Schülern heraus, sogar vor den Kindern. Du bist ein Oberarschloch!*" sagte ich wütend.

Er bot mir triumphierend die Hand, wobei ihm sein vermeintlicher Sieg im Gesicht geschrieben stand.

„*Verpiß' dich!*" sagte ich noch wütender und ignorierte die Geste.

Dann drehte ich mich um und ging wieder zu meinen Schülern, von denen die meisten den Vorfall gar nicht mitbekommen hatten. Einmal blickte ich kurz zurück und sah gerade noch, wie die beiden den Raum in Richtung Bar verließen, wo sie zweifellos damit prahlen würden, den Karatelehrer gerade kleingekriegt und die Überlegenheit des Boxens bewiesen zu haben. *Arschlochs* Kumpel klopfte ihm gerade auf dem Rücken, als sich die Tür hinter ihnen schloß. Offensichtlich war er von dessen Mut beeindruckt und ahnte noch nicht, daß die Sache keineswegs ausgestanden war, bei weitem nicht.

Ich bin wie ein Feuerwerkskörper. Es knallt erst, wenn mich jemand anzündet. Jetzt brannte meine Zündschnur, die Funken sprühten und die Explosion stand bevor. Ich stand alleine da mit meinen Gedanken, suchte einen Ausweg und wußte, daß es keinen gab. Ich atmete tief ein. Ich konnte mit dieser Beleidigung nicht leben. Ich wußte, was ich zu tun hatte.

Arschloch erzählte allen in der Bar von seiner Heldentat. Tina, eine Freundin von mir, die dort gerade als Bardame arbeitete, gab ihm zu verstehen, daß er ein Blödmann sei. Seine Kumpel fanden ihn aber toll.

„*Yamae*", rief ich und hielt den Unterricht an. Die Klasse stellte sich mit militärischer Präzision auf. Ich bat Mark, einen besuchsweise anwesenden Schwarzgurtträger, zu mir und beauftragte ihn, den Unterricht zu übernehmen, während ich mich um ein „kleines Problem" kümmerte. Ich überließ ihm die Klasse, verneigte mich kurz beim Hinausgehen und ging in den kleinen Umkleideraum nebenan, wo ich meinen *Gi* ablegte und mir Zivilkleidung anzog.

Da *Arschloch* nicht alleine war (sieben von ihnen befanden sich in der Bar), hielt ich es für ratsam, einen Sekundanten mitzunehmen, der mir – falls nötig – den Rücken freihalten würde. Also bat ich den 1,90 m großen und 100 kg schweren *Big Joe* zu mir, der Hände wie Bananenstauden und einen fürchterlichen linken Haken besaß, der garantiert jeden umhauen würde. Er war ein guter Freund und fragte nicht einmal, um wieviele Gegner es sich handelte. Meine Bitte um Rückendeckung reichte ihm einfach. Meine Hände zitterten, als ich meine Schnürsenkel band. Joe zog sich noch die Hose an. Wir gingen vom Dojo in den L-förmigen Barraum, wo uns alle Augen verfolgten.

„*Beeil' dich, Joe*", sagte ich irritiert.

Ich wollte die Sache jetzt unbedingt hinter mich bringen.

Wir gingen vom Dojo in den L-förmigen Barraum, wo uns alle Augen verfolgten. Das *Arschloch* saß an der Theke und unterhielt sich mit Les Allen, dem Wirt, der in jungen Jahren ein großer Boxmeister gewesen war und seine Bar im Alter von 62 Jahren immer noch mit eiserner Faust regierte. Ein halbes Dutzend Kumpel standen um das *Arschloch*, und der ganze Raum beobachtete mich, als ich näherkam. Er selbst war wohl der einzige, der mich nicht bemerkte.

BUMM! Meine rechte Faust fand seinen rechten Backenknochen.

„*Hast du ein verdammtes Problem mit mir?*" schrie ich ihn an.

Seine vorübergehende Euphorie flog aus dem Fenster, als der Schock zur Tür hereinkam. Seine Kumpel verließen die Theke und kamen auf mich zu. Big Joe stellte sich ihnen in den Weg.

„*Einer gegen einen*", sagte er nur in seiner tiefen Baßstimme. Sie wichen zurück. *Arschloch* kam auf mich zu, sein Mund weit offen; jetzt war er an der Reihe.

Der alte Les rief: „*Einer gegen einen, laßt sie machen.*"

Sofort bildete sich ein Kreis um uns, wie im Charles Bronson-Film *Der Straßenkämpfer*. Er hob seine Deckung, ich meine. Mein Mund war trocken, der Aufbau war jetzt vorbei und die

Angst verflogen, so ist es immer, wenn der erste Schlag gelandet ist. Wir tauschten einige prüfende Finten aus. Ich fühlte mich ruhig und kontrolliert. Er sah ängstlich aus und war es wohl auch, er schien die „Macht" unter Kontrolle bringen zu wollen, die Achillesferse so vieler Möchtegern-Kämpfer.

Nach den paar prüfenden Finten zu urteilen, die ich in seine Richtung geschickt hatte, hielt er keine schwere Artillerie verborgen, also ging ich mit einem Fußfeger vor. Er ging sofort zu Boden, faßte mich aber auf dem Weg dorthin um die Hüften und befand sich nun halbkniend direkt vor mir. Meine erste Reaktion war, ihm einen Faustschlag in den Rücken zu geben, damit er mich losließ, aber statt dessen entschied ich mich für den kräftigeren *Empi-Uchi*, den Ellbogenschlag. Dieser grub sich schmerzhaft in die Lendengegend und er ließ sofort los, taumelte zurück und hob wieder seine Deckung. Jetzt atmete er schwer und konnte seine Angst schlecht verbergen. Er war nun gar nicht mehr so frech und selbstsicher. Eine vorgetäuschte linke Gerade gefolgt von einem tiefen Rundtritt ließ ihn nach hinten gegen ein Holzregal taumeln. Sein Kampfgeist verließ ihn, dicht gefolgt von seinem Stolz.

„Ich hab's doch gar nicht so gemeint, Kumpel", stotterte er und versuchte, mein Mitleid zu erwecken. Ich ignorierte ihn, hielt meine Deckung hoch, faßte ihn fest ins Auge und behielt meine Konzentration. Da ihm klar war, daß es keinen Ausweg für ihn gab, grummelte er etwas und kam mit einer Reihe von steifen Geraden, die ich problemlos parierte. Dann wechselte ich schnell von der Linksausleger- in die Rechtsauslegerposition, was ihn sofort zu verwirren schien. Ich täuschte einen tiefen linken Cross vor, der seine Deckung nach unten bringen sollte. Das tat er auch, sein Kinn war ungedeckt, und ich kam oben drüber mit einem rechten Haken. Sein Kiefer schnappte auf, die Augen schlossen sich und er fiel K.o. zu Boden. Ich schaffte noch vier Tritte zum Kopf, ehe sie mich von ihm wegzogen. Dem schlafenden Stück Scheiße rief ich noch zu, daß ich ihn umbringen würde, wenn er mir jemals wieder in die Quere kommen sollte, dann ging ich zurück zu meiner Klasse.

Mir war nach einem Freudentanz zumute, aber ich unterdrückte den Impuls und widmete mich statt dessen dem

116

Unterricht. Danach kam das gefallene Idol zu mir, reichte mir die Hand und meinte, der bessere Mann habe gewonnen und ob er vielleicht in meine Karateschule eintreten dürfe.

Verpiß dich, dachte ich.

„*OK*", sagte ich.

Abschließend möchte ich dazu sagen, daß dieser Kerl wahrscheinlich nur einen mittelmäßigen Boxer und einen unterdurchschnittlichen Straßenkämpfer abgab. Außerdem war er ein vollkommenes Arschloch, sonst, na, wer weiß schon?

Eine weitere Boxerbegegnung hatte ich mit einem 120 kg schweren Fettsack, der an meinem ersten Arbeitsabend im *Wyken Pippin* herumpöbelte. An diesem Abend arbeitete ich auch zum allerersten Mal mit *Tony die Kopfnuß* zusammen. *Fettsack* kam mit einem ebenso fetten Kumpel ins Lokal, ging, man glaubt es nicht, ohne jeglichen Grund stracks auf Tony zu und forderte ihn zum Kampf auf. Noch heute weiß ich nicht, was diese beiden dazu bewegte. Vielleicht waren Tony und ich für sie einfach zu gutaussehend, vielleicht auch nicht. Tony ging auf ihr nettes Angebot nicht ein; er kannte mich schließlich an meinem ersten Abend noch nicht und war nicht sicher, ob ich den Mumm hatte, ihn zu unterstützen. Später sagte er mir, wie sein erster Eindruck gewesen war:

„*Für mich sahst du aus, als wenn du nicht mal gegen den Schlaf kämpfen könntest, Geoff.*"

Ich selbst wollte mich nicht direkt einmischen und Tony bevormunden, denn türsteherisch gesehen war er mein *Sempai.* Also richtete ich mich nach ihm. Nachdem sie Tony ergebnislos herausgefordert hatten, wandten sich die beiden betrunkenen, aggressiven Dickschweine zu mir und forderten mich gleichermaßen zum Kampf heraus. Ich antwortete nicht, sondern starrte sie nur an.

Fettsack Nr. 1 kam damit nicht so recht klar und fragte,

„*Du kannst mich wohl nicht leiden, oder?*"

Weil du das Gehirn einer Trockenerbse hast und stinkst wie ein Pavianarsch, wollte ich erst sagen, unterließ es aber.

"*Du kommst hierher, forderst Tony und mich zum Kampf heraus und fragst dann, warum ich dich nicht mag?*"

Er zuckte mit den breiten, schwabbeligen Achsen und bot mir die Hand. Ich hatte bereits zwei eigene und nahm sie nicht an.

„Ich habe keine Lust, deine Hand zu schütteln."

Ich ärgerte mich über mich selbst, weil ich schon soviel von diesen beiden Dicken hingenommen hatte. Ich hätte gleich auf sie losgehen sollen. Er drehte sich zu Tony und bot ihm die Hand. Der schüttelte sie widerwillig. Dann wandte sich *Fettsack* wieder zu mir und bot mir die Hand, die ich unwillkürlich schüttelte. Danach hätte ich sie mir am liebsten abgehackt.

Dann schlenderten sie seelenruhig und souverän in den Barraum, wo sie sich durch Schubsen und Drängeln den Weg bahnten. Ein junger Mann und seine Freundin saßen an einem Tisch und verbrachten einen ruhigen Abend unter sich, als die beiden an ihnen vorbeizogen. *Fettsack Nr. 2* hielt kurz an und starrte einschüchternd auf sie herab. Dann lächelte er den Jungen an, nahm dessen Glas Bier vom Tisch und trank es in einem einzigen Zug aus. Der Junge schaute hilflos auf den Hünen, der vor ihm stand. Er wußte, daß er etwas dagegen unternehmen müßte, aber er traute sich nicht. Er suchte bei seiner Freundin Unterstützung, sie zuckte jedoch nur mit den Achseln. Der Dicke grinste wieder und ging weiter. Wir schauten ihnen nach, als sie zur Tanzfläche gingen. Tony drehte sich zu mir. Er war sich immer noch nicht sicher, ob ich das Zeug zum Kämpfen hatte.

„Wenn sie nachher gehen, verpassen wir denen ein paar, OK?" fragte er.

„So lange werden wir wohl nicht warten müssen, Tony", sagte ich, *„das kann jeden Moment losgehen."*

Kaum hatte ich diese Worte gesprochen, als *Fettsack Nr. 1* einem Kerl auf der Tanzfläche eine Kopfnuß verpaßte.

Das war unsere Gelegenheit, die Rechtfertigung, die wir brauchten. Wir liefen hin und nahmen die drei Teppichstufen, die zur kleinen Tanzfläche führten, im Laufschritt. Ich nahm mir denjenigen vor, der Tony zuerst herausgefordert hatte, Tony den anderen. Als wir ankamen, schauten sie gerade in die andere Richtung. Ich hätte meinen Gegner ohne weiteres von hinten angreifen können, wollte aber fair bleiben und gab ihm eine Chance, indem ich ihn konfrontierte. Aufgrund seiner Beleidigungen an der Tür sah ich keinen Grund, mit ihm zu reden. Kämpfen war angesagt.

BUMM!

Mein rechter Cross fand seine Kinnspitze, auch wenn ich es selbst behaupte, ein perfekter Schlag, als wenn man in ein Faß Butter schlägt und die Faust kaum durchzieht. Seine Augen schlossen sich, und er fiel langsam rückwärts zu Boden wie ein Brett. Goliath hatte David kennengelernt. Ich drehte mich um, um Tony zu unterstützen, aber der brauchte keine Hilfe. Sein Opfer kauerte am Boden und zitterte wie ein Wackelpudding. Da Tony die Situation im Griff hatte, beschloß ich also, meinen schlafenden Freund nach draußen zu befördern und packte ihn unter den Achseln, um ihn wegzuschleppen. Die Leute auf der Tanzfläche, die Zeugen dieses Zwischenfalls geworden waren, amüsierten sich nicht schlecht über meine vergeblichen Versuche, diesen riesigen Fleischklops von der Stelle zu bekommen. Bewußtlose Menschen sind verflucht schwer, selbst wenn sie nicht dick sind. Ich wandte mich also an Tony, um Hilfe zu bekommen und stellte fest, daß sich sein Sparringpartner wieder aufgerappelt hatte und in die zweite Runde gehen wollte. Ich stieg mit dem linken Bein über den Schlafenden, dafür war ein ziemlich großer Schritt notwendig, und knallte seinem bald ebenso bewußtlosen Kumpel einen rechten Rundtritt in die Rippen. Als er den Kopf zu mir hindrehte, bekam er einen Faustschlag seitlich zum Kiefer und klappte zusammen wie ein Kartenhaus. Wieder mal einer, der es wissen wollte.

Das Geflecht alter Kampfnarben auf Tonys Wangen zog sich zusammen, als sich ein breites Grinsen über sein Gesicht verbreitete. Zur großen Genugtuung aller Anwesenden zogen wir die beiden Fettsäcke ins Freie. Als sie endlich wieder zu sich kamen, wanderten sie ab in die Ferne. Von diesem Abend an waren Tony und ich Brüder.

Der Kung-Fu-Mann, mit dem Danny einmal vor *G's* kämpfte, hieß, glaube ich, *Wi Me.* Danny war ein kräftiger Kerl, mit dem Körperbau eines Gewichthebers und der Schlagkraft eines Boxers. Er trug sein Haar kurz, im Afro-Stil; sein ebenholzfarbenes Gesicht war mit kleinen, pfeilförmigen Einstichen verziert, seine Augen waren ausdrucksvoll und dunkel, und ein großer goldener Ohrring hing lässig vom linken Ohr. Danny hatte den Kung-Fu-Mann wegen einer Rauferei vor die Tür gesetzt, was diesem gar nicht gefiel. Draußen baute er sich mit einem tiefen filmreifen Stand vor Danny auf und gab einen lauten Kampfschrei von sich. Danny blieb ganz cool und war unbeeindruckt. Er wandte sich zu John, der zu seiner Linken stand, und sagte aus dem Mundwinkel,

„Ich glaube, wir haben es hier mit einem Karate-Mann zu tun, John."

Danny stellte sich vor *Wi Me*, leckte seinen linken Daumen wie ein Preiskämpfer und hob seine Deckung. Wi Me war völlig von sich selbst überzeugt und wollte Danny mit einem schnellen Rundtritt zum Gesicht überraschen. Als der Tritt links auf seine Deckung prallte, kam Danny mit einem kurzen aber schweren rechten Haken zum Kinn vor und Wi Me war K.o.. Danny rieb sich die Hände und ging, kam aber dann zu John zurück und meinte,

„Mein Irrtum, John, er war kein Karate-Mann, sondern ein Kung-Fu-Mann."

Andererseits gibt es aber auch den Karateka, der fünf Kripobeamte vermöbelte, die ihn eines Abends vor einem Restaurant verhaften wollten. Oder Sensei Terry O'Neil, der während seiner 17-jährigen Tätigkeit als Türsteher in den berüchtigten Nachtklubs von Liverpool mehr als fünfzig K.o.-Siege mit Tritten verbuchen konnte. Obwohl ich selbst nur ein durchschnittlicher Karateka bin, habe ich in reellen Auseinandersetzungen so manchen Erfolg mit Karatetechniken erzielt.

Einer davon ereignete sich um 2 Uhr morgens vor *G's*.

Jeder Gast, der bei *G's* einen Mantel in der Garderobe abgab, erhielt als Nachweis ein numeriertes Ticket; wenn er heimgehen wollte, gab er das Ticket wieder ab und erhielt seinen Mantel zurück. Hatte jemand sein Ticket verloren, mußte er bis Feierabend warten und konnte dann seinen Mantel ohne Ticket wiederbekommen, wenn alle anderen Gäste ihre abgeholt hatten.

Colin sprach mich an und erzählte, daß sich einige junge Kerle im Empfang aufhielten und sich weigerten, den Klub zu verlassen. Einer von ihnen hatte sein Garderobeticket verloren und war nicht bereit, bis Feierabend auf seinen Mantel zu warten. Er geriet in einen Wortwechsel mit Colin, der ihn aufforderte, den Klub zu verlassen. Das wollte er aber auch nicht.

Nachdem Colin mich informiert hatte, gingen wir beide direkt auf die vier jungen Leute zu, die an der Garderobentür herumhingen. Alle waren Anfang 20 und einigermaßen gut gekleidet, eigentlich ganz normale, durchschnittliche Jungs. Als ich sie bat, den Klub zu verlassen, machten sie keine Probleme und gingen. Ich hatte zumindest ein Wortgefecht erwartet und war ziemlich überrascht, als nichts kam. Vorsichtshalber blieben Colin und ich aber an der Tür. Ich muß eine Weile vor mich hin geträumt haben, denn ich bemerkte nicht, daß sie sich wieder hereingeschlichen hatten, plötzlich standen sie vor mir. Der eine, der sein Ticket verloren hatte, war wieder in Besitz seines Mantels gekommen und schwenkte ihn nun vor meinem Gesicht, eine Zigarette lose im Mundwinkel und die Augen halb zugekniffen. Meine erste Reaktion war, ihm für diese Frechheit eine zu knallen, aber ich unterdrückte den Impuls, schob ihn zur Tür und beförderte ihn nach draußen. Er schubste zurück. Das reichte mir. Ich verpaßte ihm einen tiefen Vorwärtstritt, der ihn direkt durch die offene Tür ins Freie beförderte. Colin und ich folgten ihnen nach draußen.

Alle vier umzingelten mich, und ich ging auf sie los. Der erste erhielt einen Faustschlag ins Gesicht, dicht gefolgt von einem tiefen Beinfeger hinter beide Fersen. Als er zu Boden krachte, gab ich ihm einen Stampftritt ins Gesicht und er schlief. Der zweite lief voll in einen vernichtenden rechten Haken, der seinen bewußtlosen Körper in der Luft drehte und kopfüber landen ließ. Sein Kopf traf dort am Boden auf, wo seine Füße gerade gestanden hatten, der dumpfe Schädelaufprall und die platzende Backe waren klar zu hören. Inzwischen überlegten sich die anderen beiden schon, ob sie mit mir kämpfen wollten. Jetzt war die Überzahl stark gesunken, und diese Beinfeger-Stampftritt-Scheiße gefiel ihnen gar nicht. Es war aber zu spät. Sie hatten ihr Bett gemacht und mußten sich jetzt da auch hineinlegen. Dummerweise handelte es sich hier aber nicht um ein Bett, sondern um einen harten Betonbürgersteig. Beinfeger-Stampftritt. Der dritte war erledigt, jetzt blieb nur noch einer. Ich schaute in seine Augen und sah nur Angst. Ich gab ihm die Gelegenheit, sich zurückzuziehen und abzuhauen, aber er wollte und tat es nicht. An den ungewollten Vor- und Zurückbewegungen seines Körpers sah ich, daß er eigentlich weglaufen wollte und sich zwingen mußte, dazubleiben und mich anzugreifen. Er kam ein Stück nach vorn, und ich war gezwungen, ihm den Gnadenschuß zu geben. Ein Beinfeger und er purzelte zu Boden. Ein Stampftritt war nicht mehr nötig, er schlief schon.

Alle vier lagen bewußtlos um mich herum. John kam aus dem Klub, schaute auf das blutsickernde Ergebnis, schüttelte mißbilligend den Kopf und meinte,

„Du bist ein ganz Böser, Geoff."

Colin kam dazu und erklärte ihm, wie es zu diesem Zwischenfall gekommen war. Er schüttelte noch einmal den Kopf, verstand aber jetzt. Später erfuhr ich, daß die vier Jungs bekannte Schläger waren und in ihrer eigenen Gegend das Sagen hatten. Irgendwann trifft jeder Grobian auf seinen Meister.

Von allen Künsten, die ich kenne, ist der Straßenkampf die ausgeklügeltste. Die meisten Stile befassen sich mit zwei, in seltenen Fällen mit drei Kampfdistanzen. Der Straßenkämpfer lernt und beherrscht vier perfekt, Trittdistanz, Faustdistanz, Ringerdistanz und Rededistanz. Wir alle kennen die ersten drei, aber nur wenige können sich etwas unter der Rededistanz vorstellen. Sie ist die Lieblingsdistanz des Türstehers. Gute Türsteher und Straßenkämpfer haben daraus eine Kunstform gemacht. Es handelt sich um die Kunst, sich beim Reden in eine vorteilhafte Abwehr- oder Angriffsposition zu bringen, ohne daß der Angreifer/Gegner es merkt. Wie kann man zum Beispiel einen wirkungsvollen Faustschlag abgeben, wenn man frontal zum Gegner steht, und wie soll man sich aus solch einer ungünstigen Position verteidigen? Nehmen wir den Kampf mit Mr. *T* als Beispiel. Während ich mit ihm sprach, versetzte ich mein linkes Bein etwas nach links, nahm dadurch einen kompakten, stabilen, um 45° Stand ein und konnte so mit optimalem Einsatz meines Körpergewichts einen rechten Cross ins Ziel bringen. Sollten die

Verhandlungen tatsächlich scheitern und einen Kampf unvermeidlich machen, bin ich so in einer idealen Angriffsposition, ohne weitere Vorbereitungen oder Körperbewegungen.

Wenn man das Gefühl hat, daß Verhandlungen ohnehin sinnlos sind, kann man die Rededistanz zur Vorbereitung eines Angriffs verwenden, indem man dem Kontrahenten vielleicht eine x-beliebige Frage stellt und sein Gehirn lange genug beschäftigt, um den Angriff zu starten. Man sollte nicht auf die Antwort warten, sondern gleich loslegen. Ganz Böswillige schlagen absichtlich erst zu, wenn der Gegner gerade antworten will, denn ein etwas geöffneter Unterkiefer ist leichter zu brechen. Wenn der Gegner hingegen etwas sagt oder fragt, kann man auf taub schalten und sich etwas nach vorne lehnen, als ob man besser hören wolle,

„Entschuldigung Kumpel, was hast du gesagt?"

Aus der Vorwärtsneigung wird dann ganz plötzlich ein voller Angriff. Oder man kann Feigheit vortäuschen: *„Ich will keinen Ärger mit dir, Kumpel."* Und dann – BUMM – nach dieser geistigen Entwaffnung zuschlagen.

Ein ehemaliger Türsteherkollege von mir benutzte diese Masche unzählige Male mit Erfolg. Wann immer eine Auseinandersetzung offensichtlich nicht mehr verbal, sondern nur durch Kampf beendet werden konnte, pflegte er sich wegzudrehen, als ob er gehen wolle, woraufhin er sich blitzschnell umdrehte und zuschlug, durch den Überraschungseffekt meistens mit Ippon.

Kev, der die beste rechte Faust auf Gottes Erde besaß, war ein Meister der Rededistanz. Obwohl nur unscheinbare 1,67 m groß und mit leicht schütterem Haar, hatte er die Schultern einer Bulldogge. Sein Gesicht war etwas grimmig aber gutaussehend, die Stimme sehr weich und seine Art immer respektvoll. Wir ähnelten uns darin, daß auch er nicht die Art eines typischen Türstehers hatte. Er war eher ein Gentleman, aber mein Gott, konnte der kämpfen! Ein klassisches Beispiel der Rededistanz ereignete sich einmal, als Kev im berüchtigten Nachtklub *Reflections* an der Tür arbeitete.

Zwei als Schläger bekannte Brüder hatten eine Rauferei mit zwei anderen auf der Tanzfläche angezettelt. Als Kev dazukam, machten die beiden Brüder ihre Opfer gerade fertig. Kev und zwei andere Türsteher setzten die beiden arg lädierten jungen Männer an die Luft, dann sagte Kev den Brüdern, daß auch sie gehen müßten. Sie weigerten sich glatt, und da Kev ihren Ruf für Gewaltbereitschaft kannte, begann er seine altbewährte und zur Perfektion geübte Routine.

„Hey Jungs, nun seid mal nicht so. Ich mach' ja nur meinen Job. Hört mal zu, ich bin hier als Cheftürsteher eingestellt. Wenn der Chef sieht, daß ich vor euch einen Rückzieher mach', dann stehe ich als Volltrottel da. Kommt einfach mit zur Bar, und wir reden drüber. Ihr braucht nicht zu gehen, der Chef soll nur sehen, daß ich alles im Griff hab."

Die Brüder kauften ihm diese Masche voll ab und dachten sich wahrscheinlich, daß sie es hier mit einem totalen Weichei zu tun hatten. An der Bar angekommen, kam Kev zur Sache und richtete sich für eine Rechte aus:

„OK, Jungs, wir haben die anderen beiden rausgeschmissen, jetzt müßt ihr auch gehen", sagte er streng.

Plötzlich stand den beiden die Wut im Gesicht. Der eine reagierte sofort und wollte einen Angriff starten, aber Kev war schon durchgeladen und brauchte nur abzudrücken.

BUMM! BUMM!

Und beide schliefen.

Tony *die Kopfnuß* benutzte eine ähnliche Taktik bei Ray, einem 100 kg schweren Wüterich, der es ab und zu lustig fand, eine große Runde zu bestellen, die er dann nicht bezahlte, und unter Drohungen zu verlangen, daß er nach der Polizeistunde weitertrinken durfte. Er war ein Tyrann und wurde in der ganzen Gegend von jung und alt gefürchtet und gehaßt. Wer den Mut hatte, ihm die Stirn zu bieten, bekam eine gehörige Tracht Prügel, jedenfalls bis sich sein Weg mit Tonys kreuzte. Ray war Stammkunde im *Pippin* und hatte schon mehrere Male Hausverbot bekommen, schien sich aber immer wieder einschleichen zu können, indem er den Wirt nüchtern und mit Engelszungen überredete, ihm noch eine Chance zu geben. Jeder hatte Angst vor ihm. Wenn man ihm das Weitertrinken nach der Polizeistunde verweigerte, machte er so lange Ärger, bis der eingeschüchterte Wirt nachgab und ihn nach Schluß dableiben ließ.

Er war der Alptraum eines jeden Wirts, und wegen Leuten wie Ray fühlten sich dieses und viele andere Lokale gezwungen, Türsteher einzustellen.

Tony fuhr zusammen, als mehrere Flaschen auf dem Regal hinter der Theke plötzlich zerscheppert wurden. Er befand sich gerade bei den Pooltischen, wo er die letzten Nachzügler dazu bewegte, das Lokal zu verlassen. Es war 23.25 Uhr, und alle hätten schon längst draußen sein müssen. Tony lief hin und suchte den Grund für dieses Krachen. Ray stand wie ein riesiger, grimmiger Bär an der Theke und brüllte Paul, den Wirt, mit erhobenem Zeigefinger an. Paul war ein guter und fairer Wirt, aber kein Kämpfer, und in dieser Branche, in dieser Stadt mußte man ein Kämpfer sein, wenn man überleben wollte.

Paul hatte schon viele, viele schlaflose Nächte in Sorge über diesen Wüterich namens Ray verbracht. Er hatte sogar schon in Erwägung gezogen, einen bezahlten Profi auf Ray anzusetzen, aber sein Gewissen ließ es nicht zu. Dem letzten Wirt, der Ray Widerstand geleistet hatte, flog eines abends ein Molotowcocktail durch's Wohnzimmerfenster und dessen Frau landete im Krankenhaus. Als Ray im vorigen Jahr eine Gefängnisstrafe wegen schwerer Körperverletzung absitzen mußte, fühlte sich Paul befreit, schlief wieder gut und hatte sogar kaum noch Probleme mit seinen Magengeschwüren. Als Ray wieder entlassen wurde, war es mit der Ruhe vorbei.

Paul hatte Ray zu verstehen gegeben, daß er heute abend müde sei und das Lokal schließen wolle, woraufhin Ray eine Pilsflasche nach ihm warf, die ihn knapp verfehlte und die Flaschen hinter der Theke zerschlug. Tony stellte sich Ray in den Weg, um den sichtlich verängstigten Paul zu schützen, und legte die Hände sanft auf Rays Schultern.

„Komm Ray, du mußt jetzt gehen. Heute abend hat Paul keine Lust." Ray ignorierte diesen höflichen Versuch und merkte auch nicht, daß Tony sich perfekt für seine Spezialität in Position gebracht hatte.

„Ich will verdammt nochmal hierbleiben!" brüllte er Paul an, wobei er an Tony vorbeisah. Tony hielt seine Schultern fester und sagte immer noch freundlich,

„Komm schon, Ray. Du hast genug getrunken. Laß' es jetzt."

Ray meinte offensichtlich, Tony sei eingeschüchtert und wollte ihn zur Seite stoßen, um zu Paul zu gelangen. Tony ließ Rays Schultern los und ließ sein Gewicht rasch nach vorne fallen. Aus dieser aufgespannten Position ließ er *BUMM!* eine Kopfnuß vom Stapel, die er sicherlich einem Rhinozeros abgeguckt hatte. Rays Nase sagte seinem Gesicht adieu, und seine Beine gaben sich der Schwerkraft hin.

Kurz danach verließ Paul das *Pippin* und übernahm ein ruhigeres Lokal mit netterer Kundschaft. Ray meinte daraufhin, sein Lokalverbot gelte nur während der Amtszeit von Paul und stattete uns einen neuen Besuch ab. An jenem Abend hatte ich alleine Dienst.

Um Ray geistig zu entwaffnen, hatte Tony das *Weichei* gespielt, aber ich beschloß, genau die gegenteilige Strategie zu verfolgen und den *Unbesiegbaren* zu spielen, damit er gar nicht erst mit mir kämpfen wollte. Die Stimmung sank sofort auf Null, als Ray den Barraum betrat. Das Personal an der Theke kannte ihn natürlich noch von damals und wußte, daß er Lokalverbot hatte und hätte ihm nichts einschenken dürfen, aber sie alle hatten eine Mordsangst vor ihm. Als er hereinspazierte, war ich gerade auf der Toilette, sonst hätte er es gar nicht durch die Tür geschafft. Ich machte gerade meine Hose zu, als der Geschäftsführer mich informierte, daß Ray sich in der Bar ein Bier gönnte und nicht erwünscht war. Sobald er seinen Namen erwähnte, schoß mir das Adrenalin in sämtliche Adern. Ich ging zu Ray hin. Mit seinen finsteren sizilianischen Gesichtszügen sah er aus wie ein Gangster, als er langsam aus der Flasche Pils in seiner linken Hand trank. Flaschen waren Rays Lieblingswaffen, also behielt ich diese im Auge und legte mit meiner *Furchtlos-Taktik* los.

„Ray, du hast Lokalverbot. Du mußt jetzt gehen."
Er sah mich an, trank einen Zug aus seiner Flasche und sah wieder weg, ohne zu antworten oder seinen Gesichtsausdruck im geringsten zu ändern. Ich versuchte es also noch einmal.

„Hast du mich gehört, Ray", fragte ich. Er drehte den Kopf zu mir und starrte mich an.

„Hier ist jetzt ein neuer Chef, also ist mein Lokalverbot aufgehoben", meinte er nur. Jetzt begann ein Nervenkrieg, den ich schon des öfteren mit besseren Gegnern als ihn ge-

führt und gewonnen hatte, also wollte ich auch hier nicht verlieren.

„Dein Lokalverbot wurde von den Türstehern verhängt und gilt lebenslang", sagte ich mit emotionsloser Stimme. Wieder nahm er einen Zug aus seiner Flasche und gab keine Antwort. Ich wußte genau, daß er mich mit dieser Taktik einschüchtern wollte; er tat so, als wäre ich keine Bedrohung für ihn und einer Antwort nicht würdig. Viele Kämpfer probieren es mit dieser Masche, aber ich war davon völlig unbeeindruckt. Erstens, weil sie mir schon etliche Male begegnet war und zweitens, weil ich schon vorher festentschlossen war, mit Ray zu kämpfen, falls er nicht gehen wollte.

„Was ist, gehst du jetzt?" fragte ich ihn zum letzten Mal, indem ich mich vorsichtshalber für eine Rechte ausrichtete.

Er versuchte, mich mit den Augen anzugreifen und kleinzukriegen, aber auch das führte zu nichts.

„Nein", knirschte er arrogant und brachte damit den Redeteil des Kampfes zu seinem Ende.

„Dann gibt's jetzt einen Kampf", sagte ich und erwiderte seinen visuellen Angriff mit einem starren, durchdringenden Blick, der ihn wohl überzeugt hat, daß ich es ernst meinte.

Ich nahm mir vor, die nächsten aggressiven Worte, die seine Lippen verließen, mit den ersten beiden Knöcheln meiner rechten Hand zu beantworten, aber es war nicht nötig. Sein Mut verließ ihn, und er nahm die Herausforderung nicht an.

„Laß' mich noch austrinken, dann gehe ich wieder", sagte er nur.

Wieder so eine Masche. Wenn ich ihn für einige Minuten dableiben ließ, um sein Bier auszutrinken, würde es für alle Anwesenden so aussehen, als wenn er freiwillig ging und nicht hinausgeschmissen wurde. Das nützte mir gar nichts. Jeder mußte sehen, daß ich ihn herauswarf und daß seine Herrschaft im Pippin vorbei war.

„Nein", sagte ich entschlossen, *„Du gehst jetzt und sofort."*

Eine Sekunde lang starrte er mich haßerfüllt an. Ich hatte kurz den Eindruck, daß er irgendwo nach Mut suchte und es darauf ankommen lassen würde, aber nein, er drehte sich um und ging. An der Tür drehte er sich um und stieß eine Drohung als letzten Versuch aus, sein Gesicht zu wahren.

„Dich schnapp' ich mir noch!"

„Das können wir gleich erledigen. Komm' mit auf den Parkplatz, und wir hauen uns jetzt sofort."

Ich durfte ihm keinen Millimeter geben. Ich mußte ihn vollkommen demütigen, kein Erbarmen zeigen. Ich hatte ihn schon kämpfen sehen, er war verdammt gut, und ich konnte mir nicht leisten, ihm die geringste Schwäche zu zeigen. Er schüttelte niedergeschlagen mit dem Kopf und ging.

Mit etwas Schauspielerei hatte ich ihn klein mit Hut gekriegt. Diese Taktik habe ich schon etliche Male erfolgreich angewendet, aber Vorsicht: man sollte sie nur benutzen, wenn man auch notfalls bereit ist, auf einen Kampf einzugehen. Denn es gibt immer mal einen, der die Herausforderung annimmt...

Geoff, Jabber James Ricky, Rob

9. Kapitel

Hausgemachte Mißverständnisse

Man ist so, wie man aussieht. Das ist eines der größten Fehlurteile im Leben. Wenn man groß und muskelbepackt ist und ein Gesicht wie zehn Boxer hat, ist man kämpferisch gut drauf. Wenn man schlank und höflich ist, nicht. Das ist natürlich der größte Unsinn, aber so sieht es die Mehrzahl der Menschen. Aus dieser Fehleinschätzung haben sich die meisten meiner Kämpfe ergeben, wie ich schon erwähnte, aber es ist auch gleichzeitig meine größte Stärke, daß ich andere durch meine natürliche Art von vornherein geistig entwaffne. Ein bißchen Schauspielerei, entweder Schwäche oder Stärke vortäuschen, und das Mißverständnis erhöht sich um das Zehnfache. Wenn man sich ein wenig wie ein Weichei gibt und entsprechend handelt, glaubt der Gegner nur zu gern daran, unterschätzt die Gefahr, ist geistig unvorbereitet und wird normalerweise verlieren.

Das gleiche gilt, wenn man hart aussieht und sich hart gibt. Die meisten Leute kaufen einem diese Strategie ab und wollen lieber nicht kämpfen, da sie das Risiko einer Niederlage zu hoch einschätzen. Meine eigenen Erfahrungen haben gezeigt, daß die besseren Kämpfer auch die bescheideneren Menschen sind, denn mit dem Können steigt auch die Bescheidenheit. Aggressive, draufgängerische Typen sind normalerweise nicht so fähig, wie sie scheinen, sie schüren ihre negative Einstellung oft mit einem Minderwertigkeitskomplex. Dieses Image wird von vielen Türstehern offen zur Schau getragen. Ich selbst spiele die Rolle lieber herunter und gebe mich wie ich bin.

„Warum bist du denn Türsteher geworden?" fragte mich einmal ein Mädchen in *G's, „Du bist eigentlich zu nett, um an der Tür zu arbeiten."*

„Wir können ja nicht alle harte Kerle sein. Ein paar Weicheier müssen auch dabei sein", gab ich ihr zur Antwort.

„Kann schon sein", meinte sie nur und fühlte sich sicher in ihren Gedanken bestätigt.

Zehn Minuten später gab es eine lautstarke Auseinandersetzung zwischen einem jungen Pärchen. Der junge Mann beschimpfte und schubste das Mädchen. Später erfuhr ich, daß er soeben jemanden K.o. geschlagen hatte, der es gewagt hatte, mit ihr zu tanzen, und jetzt seine Eifersucht an ihr ausließ. Er war vielleicht 18 Jahre alt, hatte sauber frisiertes Haar mit einem Seitenscheitel und war gepflegt gekleidet. Wie sich herausstellte, war er außerdem der englische Amateurmeister im Boxen seiner Gewichtsklasse. Ich ging auf den Jungen zu und versuchte, ihn zu beruhigen, aber er wurde nur noch schlimmer. Der Klub war wie üblich knallevoll.

„Hey, jetzt beruhige dich mal", sagte ich zu ihm, indem ich seinen Arm freundlich berührte, *„was ist denn überhaupt mit dir los?"*

„Nimm' deine verdammten Hände von mir!" schrie er mich an und schob meine Hand energisch weg.

Automatisch nahm ich ihn von hinten in einen Nackenhebel, um ihn zur Tür zu befördern. Er drehte durch, so daß ich Mühe hatte, ihn unter Kontrolle zu halten. Also warf ich ihn nach hinten gegen eine Spiegelwand. Als er abprallte, versetzte ich ihm einen Uppercut zum Kinn. Seine Beine sagten daraufhin zu seinem Körper, *Wir wissen nicht, wie es dir geht, aber wir tauchen jetzt ab,* und dann ging es abwärts. Auf dem Weg nach unten bekam er einen Tritt ins Gesicht, sein Kopf prallte gegen die Wand, und ein zweiter Tritt beendete das Spiel. John kam dazwischen und schleppte den Jungen nach draußen. Ich sah mich um und bemerkte, daß das junge Mädchen, mit dem ich gerade das Gespräch geführt hatte, mich völlig erstaunt ansah.

„Tut mir wirklich leid", bot ich an.

„Du bist ein Tier."

Ach komm', das sagst du nur so, dachte ich.

„Du hast doch gesehen, daß er auf mich losgehen wollte. Er hat es verdient", sagte ich zur Rechtfertigung.

„Du bist ein Tier!" meinte sie wieder und schüttelte ihren hübschen Kopf fassungslos.

Ricky James sah aus wie ein Türsteher. Er war 1,90 m groß, wog ca. 110 kg und war der Hauptanwärter für den britischen Schwergewichtstitel im Profiboxen. Er war aber auch so charmant und zuvorkommend, daß manche ihn total unterschätzten. Ricky und ich arbeiteten mehrere Jahre lang zusammen; aufgrund unserer eher höflichen Art mußten wir mehr als nur einmal die eiserne Hand zeigen.

Das Telefon klingelte im Empfang; ich war sofort hellhörig und witterte Ärger, wie ein Wachhund. Der Disk Jockey meldete, daß eine Gruppe junger Kerle am Ausgang ihre Biergläser in diesem dunklen, abgeschiedenen Teil des Klubs zerschmetterten und natürlich von nichts wußten, als man sie zur Rede stellen wollte. Sie waren arrogant und trugen ihre Verachtung für uns offen zur Schau. Ich war so etwas schon lange gewohnt und wußte, daß diese Einstellung nur vorteilhaft für mich sein konnte. Um sicher zu gehen, checkte ich die Situation noch einmal mit dem DJ ab.

„Ja," sagte er, die waren es auf jeden Fall. Ich hab' sie dabei beobachtet."

Ich ging zu den etwa ein Dutzend sitzenden Bierglasschmeißern zurück, langsam und regelmäßig atmend, um den Fluß zu kontrollieren.

„Ihr müßt jetzt gehen, Jungs. Ich hab' mit dem DJ gesprochen, und er hat mir bestätigt, daß ihr mit den Biergläsern geworfen habt."

Nicht einer der arroganten Kerle schaute hoch. Dann sagte Nr. 1 zu mir,

„Wir gehen nicht. Wir haben nichts getan."

„Man hat euch dabei geschen", sagte ich und gab ihnen damit eine weitere Chance.

Er schaute mich immer noch nicht an und meinte,

„Wir bleiben." Arroganter Bastard.

Sie waren alle Endzwanziger, keine Kids, und typische Grobiane. Sie hatten nicht die geringste Angst vor uns. Die Tatsache, daß sie mich kaum beachteten und sich ihr Anführer so selbstbewußt gab, sagte mir, daß sie sich maßlos überschätzten. Ich flüsterte Ricky zu, daß er die Ausgangstür öffnen sollte. Dann ging ich langsam hinter Nr. 1, nahm ihn in einen Nackenhebel, schleppte ihn rückwärts durch das zerbrochene Glas von seinem Stuhl und warf ihn mit Schwung gegen die Metallbrüstung vor der Tür. Als er voller Wut aufstehen wollte, versetzte ich ihm einen Schwinger zum

Kiefer, so daß er einschlief. Sechs seiner Kumpel umzingelten uns sofort wie Geier einen Kadaver. Nr. 2 kam auf mich zu, und ich gab ihm einen harten Tritt in den Unterleib. Statt aber sofort mit einem Faustschlag nachzusetzen, machte ich einen Schritt zurück und winkte ihn heran.

BUMM! Er hatte Ricky zu seiner Linken vergessen; dafür zahlte er schwer, mit einem linken Haken, der ihn wie ein Kanonenschuß zu Boden streckte. Als die anderen das sahen und hörten, waren sie plötzlich nicht mehr so kampfwillig, also nahmen wir uns einen nach dem anderen ohne große Mühe vor. Einer unserer ersten Opfer rappelte sich wieder auf und ging auf Munitionssuche. Er kam mit einer 3m langen Holzstange wieder, rannte damit auf uns zu und warf sie wie eine Lanze. Sie verfehlte mich nur um Zentimeter. Wir rannten ihm nach, aber er war weg, wobei er Beleidigungen wie *Scheißnigger* in Richtung Ricky brüllte.

Als wir von dieser Jagd zurückkamen, war Nr. 1 immer noch K.o. – Nr. 2 und Nr. 3 versuchten ihn gemeinsam aufzuheben und wegzuschleppen. Ich glaube nicht, daß diese Jungs ihre Gegner jemals wieder nur nach Äußerlichkeiten einschätzen werden.

Obwohl sie selten sind, gibt es auch Menschen, die analysieren, ehe sie zu einem Urteil kommen. Eines Abends kam ein mir völlig Unbekannter bei der Arbeit im Lokal auf mich zu.

„*Entschuldigung*", fragte er interessiert, „*was machen Sie eigentlich beruflich?*"

Er bemerkte meine Verwunderung und fügte hinzu,

„*Ich habe Sie von der Theke aus beobachtet und mir gedacht, Sie sehen nicht aus wie ein Türsteher, vielleicht machen Sie so etwas wie Boxen oder Karate?*"

Ich fühlte mich geschmeichelt und lächelte. Er war der erste mit diesem Durchblick, der mir jemals begegnet war. Er freute sich über meine Reaktion und fuhr fort,

„*Ist doch logisch. Keiner bezahlt Ihnen gutes Geld, wenn Sie nichts draufhaben.*"

„*Ich sag' Ihnen was Kumpel*", lachte ich, „*wenn das jeder so sehen würde, wäre mein Job sehr viel einfacher.*"

Wir lachten beide. Einer der besseren Sorte.

„*Weißt du was, Geoff?*" sagte ein Freund einmal zu mir, „*von dem kleinen Rausschmeißer an der Tür vom Tally Ho halte ich nicht viel. Den würde ich bestimmt schaffen, der sieht nach nichts aus.*"

Ich kannte den Türsteher, von dem er sprach. Er sah tatsächlich nach nichts aus, war aber ein furchteinflößender, psychopathischer Kämpfer. Mein Freund wollte mit Anlauf über eine 1 m hohe Mauer springen, hinter der sich ein 5 m tiefer Abgrund befand.

„*Jetzt sieh die Sache mal logisch, Paul*", sagte ich ihm, „*der arbeitet meines Wissens schon zwei Jahre an dieser Tür und verdient dabei einhundert Eier pro Woche. Glaubst du im Ernst, jemand bezahlt ihm soviel Geld für einen Job, wenn er ihm nicht gewachsen ist?*"

Er dachte einen Moment nach.

„*So habe ich die Sache nicht gesehen*", meinte er.

„*Nächstes Mal tust du es besser*", dachte ich.

Mir selbst ist diese Einstellung natürlich nicht fremd. Eines Tages begegnete ich zufällig einem Freund in der Innenstadt. Wir begrüßten uns gegenseitig, dann fragte er,

„*Bist du immer noch bei G's an der Tür?*"

Sein muskelbepackter Begleiter musterte mich völlig erstaunt von oben bis unten.

„*Bist du Türsteher?*" fragte er mich völlig baff. Offensichtlich meinte er, ich wäre ein bißchen schwach auf der Brust.

„*Nu ja, du weißt ja wie es ist*", erwiderte ich leutselig, „*heutzutage nehmen sie jeden.*"

Ich mußte innerlich lachen, als er völlig ohne Boshaftigkeit meinte,

„*Das hab' ich mir auch gerade gedacht.*"

Denkste.

Von netteren Mitmenschen werde ich aufgrund meiner Einstellung zur Türarbeit respektiert und anerkannt. Ich würde meine Vorgehensweise auch nie ändern; warum auch? Es hat keinen Wert, etwas sein zu wollen, was man nicht ist. Wenn der liebe Gott gewollt hätte, daß ich cool und entspannt wie Clint Eastwood auftrete, wäre ich mit einer Zigarre im Mund und einem Colt an der Hüfte geboren worden und hätte zur Hebamme gesagt, „*schneidest du jetzt meine Nabelschnur durch oder willst du erst Dixie pfeifen?*"

Außerdem arbeite ich niemals unter dem Einfluß von Alkohol, obwohl das im allgemeinen und irrtümlicherweise allen Türstehern nachgesagt wird. Ich genehmige mir pro Abend höchstens zwei Bier und eine Tüte Kartoffelchips, danke schön, und weiter nichts. Aus verständlichen Gründen sollte man in diesem Job jede Tat und jede Entscheidung bei völliger Nüchternheit angehen. Die meisten guten Kämpfer verlieren nur, wenn sie betrunken sind, was in meinen Augen keine Ausrede ist. Es gibt einen Sieger und einen Verlierer, und mehr steht danach nicht auf dem Protokoll. Die Leute sagen immer, er hat mich nur besiegt, weil ich besoffen war. Wenn das der Fall ist, warum suchen sie nie Revanche, wenn sie wieder nüchtern sind?

Es ärgert mich auch immer wieder, wenn Leute behaupten, die Arbeit an der Tür sei einfach, da man es nur mit Jugendlichen und Betrunkenen zu tun hat und diese eine leichte Beute sind. Gut, man hat es schon öfters mit Kids und Besoffenen zu tun, aber das mit der leichten Beute ist ein ganz großer Irrtum. Die meisten jungen Kerle, die mit einem kämpfen wollen, hungern danach, sich einen Ruf aufzubauen. Einen stadtbekannten Türsteher umzuhauen, bedeutet für sie, über Nacht zum Star zu werden. Zum Siegen gibt es keine stärkere Motivation als diese. Sie haben Fitneß und Jugend auf ihrer Seite; außerdem trainieren heutzutage so viele irgendeine Kampfsportart, daß junge Männer durchaus sehr gefährlich sein können. Und der Betrunkene? Einer der gefährlichsten und unterschätzten Kämpfer, die es auf Gottes Erde gibt. Warum? Weil der Alkohol ihn völlig unzurechnungsfähig macht und jede Moral, die er im nüchternen Zustand besaß, vom Bier verwässert oder weggeschwemmt wird. Er macht Dinge, z.B. mit einem zerbrochenen Glas oder Messer zustechen, von denen er sonst nie träumen würde. Aufgrund der schmerzbetäubenden Wirkung des Gerstensafts kann er auch oft eine ganze Menge einstecken, bis man ihn geschafft hat. Entgegen der landläufigen Meinung sind diese Leute also keine leichte Beute. Ich jedenfalls unterschätze keinen. Wenn nötig, bekämpfe ich sie alle gleich, ob betrunken, nüchtern, jung oder alt.

Granitschnauze war das glänzende Beispiel eines betrunkenen Gegners. Es gibt solche, die man durch vorgetäuschte Angst besiegen kann und solche, die man psychologisch kleinkriegt, indem man eine Show von absoluter Aggression und Selbstsicherheit abzieht. Und dann gibt es solche, mit denen man ganz einfach kämpfen muß. *Granitschnauze*, mein allerhärtester Kampf, war einer von diesen. Er war einer der *Holbrooks-Boys*, die einen mächtigen Ruf als harte Kämpfer hatten, aber eigentlich ganz nette Kerle waren. Sie trafen sich jeden Freitagabend im *Diplomat* zum Bier und machten uns nie Ärger, obwohl ich bei dem einen oder anderen immer das Gefühl hatte, daß sie weder mir noch *Kenny dem Bodybuilder* viel zutrauten. Früher oder später würden wir ihren Respekt gewinnen müssen, das wußte ich.

Der Kampf mit *Granitschnauze* ergab sich mehr aus diesem Gefühl heraus, als aus seinen Worten an jenem Abend. Eigentlich gaben seine Bemerkungen keinen Anlaß für einen Kampf, aber ich wollte es jetzt wissen. Mit ca. 90 kg war *Granitschnauze* sicher kein Hüne, aber er hatte eine innere Kraft, die mir nie vorher oder seitdem in einem Kämpfer begegnet ist. Sein Schädel war ungefähr viereckig, wie ein Betonkasten, und seine Gesichtshaut erinnerte an Schmirgelpapier. Er sprach langsam und eintönig; sein weites, beiges Baumwollhemd verbarg den stählernen Oberkörper eines Mannes, der sein Brot mit harter körperlicher Arbeit verdiente. Zwei seiner Freunde hatten eine Rauferei begonnen; Kenny und ich trennten die beiden, und ich wollte den einen gerade zur Tür begleiten, als die halbbetrunkene *Granitschnauze* von der Warte seines Barhockers aus anfing zu brüllen, ich solle seinen Kumpel zufrieden lassen. Ich sagte ihm in unmißverständlicher Weise, daß er sich um seinen eigenen Kram kümmern sollte. Nachdem ich seinen Kumpel hinausbefördert hatte, ärgerte ich mich immer noch über seine Einmischung und ging nach der Furchtlos-Nummer mit warnendem Finger auf ihn zu.

„Sag' mir nie wieder, wie ich meinen Job zu machen habe!"
Er war völlig unbeeindruckt und antwortete aggressiv,
„Ich hab' dir ja gar nicht gesagt, wie du deinen Job machen sollst!"
Ich kam näher.

„Hast du wohl, verdammt. Wenn ich jemanden aus der Knei-
pe werfen will, dann mach' ich das und du mischt dich gefäl-
ligst nicht ein."

Er gab nicht nach,

„Das war nicht in Ordnung. Mein Kumpel ist OK."

Diese Debatte war nicht zu gewinnen; außerdem drohte ich
durch seine argumentationswillige Arroganz mein Gesicht zu
verlieren. Ich richtete mich für eine Rechte aus und wartete,
bis er den Mund zum Weitersprechen aufmachte.

BUMM!

Genau ins Ziel. Er taumelte von seinem Barhocker, blieb
aber zu meinem völligen Erstaunen aufrecht und mehr oder
weniger ungerührt. Der Schock ließ mich eine Sekunde lang
innehalten, dann setzte ich mit zwei weiteren Faustschlägen
nach, bis man mich von ihm wegzog.

„Wofür war denn das?" fragte er, als wenn ich ihn nur
geohrfeigt hätte.

Ich versuchte, mein Erstaunen zu verbergen, und sagte, *„Sag' mir nie wieder, wie ich meinen Job machen muß."*

Daraufhin zogen seine Freunde ihn nach draußen; ich
stand da und wunderte mich, warum ich ihn nicht da und
dann fertiggemacht hatte. Einige Minuten später schaute ich
nach draußen. Er stand da mit seinen Freunden und wartete auf mich. Mit der linken Hand winkte er mich nach draußen. Da es keinen Sinn hatte, das Unabwendbare hinauszu-
zögern, ging ich zu ihm hin.

„Warum hast du mir welche gehauen?" fragte er.

„Du weißt schon warum", erwiderte ich.

„Ich hab' dir überhaupt nichts getan", fuhr er fort.

Ich spürte, daß er gleich losschlagen wollte und richtete
mich aus, wobei ich meine Vorbereitung mit den Worten *„Was
willst Du damit sagen?"* überdeckte, falls er tatsächlich nur
reden wollte. Dann machte ich den Fehler, meinen vorberei-
teten Faustschlag nicht sofort vom Stapel zu lassen. Seine
Rechte kam hoch, um mich für diese Unterlassung zu be-
strafen, aber ich war bereits ausgerichtet und kam ihm zuvor.

BUMM! Wieder genau ins Ziel.

Diesmal geht er zu Boden. Er taumelte auch tatsächlich
zur Seite, als wenn er gleich fallen würde, doch dann fing er

sich zu meinem nochmaligen Erstaunen wieder und kam auf mich zu. Mann, hat der Junge einen kräftigen Kiefer! Ich bearbeitete ihn mit mehreren Faustschlägen, die wie Fliegen von einer Windschutzscheibe abprallten. Dann wechselte ich das Ziel und gab ihm einen tiefen Schwinger in die Magengrube. Als ich die Faust, leider viel zu langsam, wieder zurückzog, kam er in die Nahdistanz, und ich fühlte, wie meine Beine hinten gegen den Betonrand eines runden Abfallbehälters von ca. 1 m Durchmesser gedrückt wurden. Oh, wie beschämend! Ich plumpste rückwärts hinein und machte Bekanntschaft mit den Nachrichten von gestern und unzähligen Pommestüten vom Vorabend.

Auch *Granitschnauze* konnte sich nicht halten und fiel auf mich. Wir tauschten Schläge aus, während jeder verzweifelt versuchte, sich aus dem Behälter zu befreien. Ich wollte unter einer leeren Chipstüte in Deckung gehen, aber eine schlafende Wespe war mir zuvorgekommen. Da *Granitschnauze* zwangsläufig oben war, konnte er sich zuerst befreien, während ich noch festsaß. Es hagelte Schläge und Flüche, während seine Freunde ihn anfeuerten. Obwohl ich jetzt den Kampf zu verlieren drohte, verspürte ich seltsamerweise überhaupt keine Panik. Ich brauchte nur etwas zum Festhalten, und das kam plötzlich in Form seines rechten Zeigefingers. Er ließ ihn eine Millisekunde zu lang in meiner Mundnähe, und ich schnappte ihn mir. Als er ihn wegziehen wollte, biß ich noch stärker zu. Ich fühlte, wie meine Zähne die Haut durchdrangen und mir Blut in den Mund lief.

„*Scheiße*", dachte ich, „*und ich trage kein Kondom!*"

Mit dem blutenden Finger im Mund streckte ich die rechte Hand vor und griff ihm voll in die Hoden, mit deren Hilfe ich mich endlich aus dem Behälter ziehen konnte. In der Hoffnung, ihn zu schwächen und zum Aufgeben zu bewegen, biß ich immer fester zu, aber der Alkohol und seine Dickköpfigkeit ließen es nicht zu.

Mit der linken Hand ergriff ich sein Baumwollhemd, um mir etwas Hebel- und Zugkraft zu geben. Dann machte ich einen raschen Schritt zurück und trat ihm mit rechts voll zwischen die Beine. Selbst dann wollte er nicht aufgeben. Allmählich begann ich, den Mut zu verlieren. Egal was ich machte, ich schien ihm nichts anhaben zu können!

Mit seinem mittlerweile fast durchtrennten Finger zwischen den Zähnen und seinem angerissenen Hemd fest in der linken Hand, verbreiterte ich meinen Stand etwas und biß härter zu, um ihn von meinem Vorhaben abzulenken. Als er vor Schmerz aufschrie, ließ ich seinen Finger los und zog ihn plötzlich mit beiden Händen auf mich zu, wobei ich gleichzeitig den Kopf nach vorne stieß und ihm mit aller mir noch verbleibenden Kraft eine, dann zwei Kopfnüsse verpaßte. Er fiel wie ein Betonpfeiler zu Boden, und ich dachte schon, die Lichter wären ausgegangen, aber nein, der kräftige Bastard war immer noch bei Sinnen und hielt das zerfetzte Hemd, das er mir im Fallen vom Leib gerissen hatte.

„*OK, OK*", schrie er, „*ich hab' genug.*"

Als die Worte seine Lippen verließen, hob ich den rechten Fuß und gab ihm einen Stampftritt ins Gesicht. Ich durfte diesen Mann auf gar keinen Fall wieder hochkommen lassen. Seine Freunde sahen, daß er den Kampf verlor und stürmten auf mich zu. Weit kamen sie nicht, denn mein Freund *Kenny der Bodybuilder* schnappte sie sich und riß ihnen dabei die Ärmel von ihren Lederjacken. Mein zweiter Stampftritt wurde jäh von der Ankunft der Ordnungshüter unterbrochen; ich verschwand unter den Zuschauern, die sich inzwischen versammelt hatten, und versteckte mich anschließend in den Toiletten. Kenny hielt draußen die Stange.

Etwa zwei Wochen später kam *Granitschnauze* ins Lokal, um sich bei mir zu entschuldigen. Ich gab ihm die Hand, und wir wurden später gute Freunde. Ich werde ihn immer dafür respektieren, daß er so ein harter Gegner war, aber noch mehr, weil er Mann genug war, mir danach die Hand zu schütteln.

Die *Canly-Boys* waren auch harte Brocken, aber mehr Lob bekommen sie nicht von mir. Sie hatten sich alle *der dunklen Seite* verschrieben und bevorzugten Bierflaschen als Waffen.

Montagabend um halb elf im *Wyken Pippin*. Montags war es immer ruhig, und heute war noch weniger los. Meine Augen waren halb geschlossen, der Schlaf rief.

RUMMS! Ich riß die Augen auf, und die Hölle war plötzlich los. Fünf oder sechs halbbetrunkene Jugendliche hatten eine Schlägerei angefangen. Tony die *Kopfnuß* und ich liefen hin. Ein junger Kerl lag bewußtlos vor der Theke; irgendeiner hatte ihm die Kopfhaut wie eine Melone mit einer Bierflasche gespalten. Kopf und Gesicht waren blutüberströmt, während zwei weitere am Boden kämpften. Der eine saß auf dem anderen und trommelte mit zwei Bierflaschen auf seinem Gesicht herum, ein wahrlich netter Junge. Ich nahm ihn mit links in einen Würgegriff und zog ihn von seinem Opfer, wobei ich ihn mit dem rechten Arm umschlungen hielt, um Schläge mit den Bierflaschen zu verhindern. Der Undankbare am Boden, dem ich gerade das Leben gerettet hatte, fing an, mir für meine Mühe in die Beine zu treten, also zeigte ich seinem Kinn einen kurzen Schwinger, und schon schlief er. Während ich den Würgegriff beim Bierflaschenschwinger fester zog, schleppte Tony zwei weitere Krachmacher nach draußen. Daß mein Gegner seine Bierflaschen einfach nicht loslassen wollte, war nicht weiter schlimm, aber die Tatsache, daß er mir sie andauernd ins Gesicht schlagen wollte, machte mich allmählich ziemlich sauer.

„Laß' die Flaschen fallen!" fauchte ich wütend.

„Wenn ich wieder freikomm', bring' ich dich um", erwiderte er in einem ebenso wütenden, nach Luft ringendem Kreischton.

Der Würgegriff machte dem armen Kerl offensichtlich zu schaffen. Mir war klar, daß er mich nicht mochte und es mit seiner Drohung durchaus ernst meinte, aber andererseits war er nicht unbedingt in der besten Lage, um den weiteren Verlauf der Auseinandersetzung zu bestimmen. Ich zog den Würgegriff soweit zu, daß er gerade noch bei Bewußtsein blieb. Er atmete kaum noch.

„Laß' die Flaschen fallen!" befahl ich wieder.

Diesmal ließ er sie wie heiße Kohlen fallen, und ich ließ ihn los. Als er sich zu mir drehte, feuerte ich ihm einen kurzen rechten Haken aufs Kinn, und er ging abwärts, genau wie seine Bierflaschen. Als er am Boden ankam, gab ich ihm noch einen kräftigen Hakentritt in die Rippen und ließ ihn regungslos liegen. Der Undankbare, sein vorheriger Gegner, kam gerade wieder von seinem kurzen Abstecher in die Bewußtlosigkeit zu sich, also beschloß ich, ihn hinauszubefördern. Als ich mich über ihn beugte und ihn packen wollte, fühlte ich den Wind eines knapp an meinem Hinterkopf vorbeizischenden Faustschlags. Wieso der mich verfehlt hat, werde ich nie wissen. Instinktiv drehte ich mich blitzschnell um, schlug mit den Fäusten um mich und rannte auf den mutmaßlichen Angreifer zu. Ich packte ihn an den Schultern und rammte sein Gesicht gegen den Betonpfeiler am Rande der Tanzfläche. Seine Nase war futsch. Als er sich zu mir drehte, setzte ich mein volles Körpergewicht hinter einen rechten Cross, der ihn auf den Teppich taumeln ließ. Ich war über seinen hinterlistigen Angriff so empört, daß ich ihm noch einen Hakentritt in die Rippen verpaßte. Er gab ein erbärmliches, leises Stöhnen von sich, als wenn die gesamte Luft aus seinem Körper entwichen war. Als ich mich aufrichtete, sah ich gerade noch wie Tony einen weiteren Bösewicht mit einer Kopfnuß abservierte.

Gemeinsam trugen Tony und ich die Überbleibsel der Bierflaschenbrigade auf den Parkplatz. Wie die Opfer eines Bombenangriffs lagen sie überall herum. Dann kehrten wir ins Lokal zurück und dachten, die Sache wäre damit beendet. Wir freuten uns im stillen über gut gemachte Arbeit, natürlich war es brutal, aber Feuer kann man eben nur mit Feuer bekämpfen.

Wir wollten uns gerade einen wohlverdienten Drink genehmigen, als zwei Fensterscheiben mit lautem Klirren zerbarsten und die zweite Runde ankündigten. Die Übeltäter waren wieder auf die Beine gekommen, warfen Scheiben kaputt und riefen uns nach draußen. Wir gingen sofort raus. Jetzt waren es nur noch drei, aber mein Gott, was waren sie sauer und auch ziemlich mitgenommen. Ich ging auf den ersten zu, Tony auf den zweiten. Meiner fluchte in einer Tour und spuckte mich an. Ich schritt langsam aber schnurstracks auf ihn zu und ignorierte dabei die fliegende Spucke. Ich sah nur auf seine Füße, bereitete einen Beinfeger vor. Er war viel zu wütend, um meine Absicht zu bemerken. Als die Spucke zum dritten Mal seinen Mund verließ und durch die Luft flog, ging ich rasch vor und führte meine damalige Spezialität, einen knochenharten Hinterbeinfeger aus , der einen Grizzly gefällt hätte. Sein Ellbogen knackte laut, als er auf ihm landete, während sein Kopf hart auf dem Kies aufschlug und sich kleine Steinchen in seine Kopfhaut gruben. Er schlief. Tonys Gegner zog ein Messer, aber etwas zu langsam, also streckte Tony ihn mit einem Stuhlbein nieder.

Jetzt ging es nur darum, wer den dritten zuerst erwischen würde, der uns immer noch wie wild anfluchte. Eigentlich ein bißchen dumm, denn jetzt stand er ganz alleine da. Ich war etwas schneller als Tony, erreichte ihn zuerst und legte ihn ohne große Mühe schlafen. Als wir uns wieder ins Lokal begaben, kamen sie wieder zu sich und begannen von neuem mit ihren Drohungen. Ich unterdrückte ein Gähnen, denn ich hatte es alles schon hundertmal gehört und auch diesmal kam nichts mehr hinterher.

Mr. *C* war/ist ein in ganz Coventry bekannter Schläger und Verbrecher. Er war damals etwa vierzig Jahre alt, bärtig, und hatte ein hartes, abweisendes Gesicht mit zahlreichen alten Gefechtsnarben. Die Augen waren gehässig, die Nase zwergenhaft nach oben gebogen. Sein ständig mißmütiges Gesicht zeigte nie ein Lächeln. Er hatte schon mehrmals wegen seiner Fertigkeit mit einer Ahle im Kittchen gesessen. Mehr als einmal war er auch schon mit einer abgesägten Schrotflinte Amok gelaufen. Er war ein Psychopath und auf jeden Fall brandgefährlich.

Die *Navigation*-Kneipe war einen Messerwurf von Bell Green, dem Revier der berüchtigten gleichnamigen Bande, entfernt und saß am Ende einer kleinen Brücke am Stadtkanal. In diesem Lokal war es schon immer hart zugegangen, besonders am Wochenende. Jetzt hatte man aber gründlich renoviert und wollte der Gewalt ein Ende machen, also wurden Türsteher gesucht. Mein Name wurde erwähnt, gutes Geld wurde angeboten und hier war ich nun.

Die neue Gangart, die Renovierung und die Türsteher führten bald dazu, daß sich nette Leute im Lokal einfanden, die einen angenehmen Abend ohne Ärger verbringen wollten. Wir hatten zwar Besuch von der Bande erwartet, es ging das Gerücht um, daß ich in ihrem Revier nicht willkommen sei und man mir einen gebührenden Empfang bereiten wollte, aber dieser Besuch blieb aus, an der Front war alles ruhig. Jedenfalls bis Mr. *C* uns mit seiner Anwesenheit ehrte.

Er kam mit etwa sechs seiner Saufkumpanen ins *Navvy*. Als er hereinkam, verstummte bis auf die Musik alles, oder so schien es jedenfalls. Jeder Anwesende wußte, wer und was er war. Mr. *C* stellte sich mit dem Rücken zur Theke und überschaute den gesamten Raum, sein Reich. Keiner erwiderte seinen Blick, alle drehten sich einfach weg. Augenkontakt mit diesem Mann hatte so manchem in der Vergangenheit einen Messerstich eingebracht, also ließ man es besser sein. Innerhalb von zehn Minuten kamen mehrere Leute einzeln zu mir:

„Geoff, weißt du, wer gerade reingekommen ist?" oder *„Geoff, Mr. C ist hier."*

Mr. *B*, sein untersetzter, kurzhaariger Kumpel mit dem dummen Gesicht, stand neben Mr. *C*. Er war Geldverleiher und hatte die Angewohnheit, Leuten die Beine zu brechen. Zusammen versetzten sie die ganze Gegend in Schrecken, kaum einer wagte es, ihnen die Stirn zu bieten. An diesem Abend war die getrennt lebende Frau von Mr. *C* auch im *Navvy*, was ihm gar nicht gefiel. Schon als sie hereinkamen, wußte ich, daß es Ärger geben würde. Ich hatte aus jahrelanger Erfahrung einen sechsten Sinn für Gewalt und Gewalttäter. Ich hatte gelernt, Gewalt in der Luft zu riechen, und heute abend stank es förmlich nach Zoff. Als erstes ging ich in die Toilette und leerte meine Blase, eine Gewohnheit, die sich viele Kämpfer aneignen. Dann band ich mir die Schnürsenkel fester und war bereit.

Ich setzte mich neben Gill, eine unserer Bardamen, die heute frei hatte, und unterhielt mich mit ihr. Damals wußte ich es nicht, aber sie saß mit der recht hübschen, blonden Ex-Frau von Mr. *C*. Ich kannte sie überhaupt nicht, aber ihrem eifersüchtigem Ex-Mann gefiel es nicht; oder aber er wollte nur sicherstellen, daß ich wußte, wer er war. Jedenfalls kam er auf mich zu.

„Alles klar, Paul?" sagte ich freundlich.

Er hatte mit Höflichkeiten nichts am Hut,

„Kann ich mal draußen mit dir reden?"

Adrenalin schoß mir wie flüssiges Dynamit durch die Adern. *„Jetzt geht's los"*, dachte ich. Draußen standen wir uns dann gegenüber. Mr. *B*, sein Kumpel, stand etwas abseits hinter ihm und ich beobachtete mit Mißtrauen das Bierglas in der rechten Hand von Mr. *C.* Ich wollte es nicht unbedingt als Kopfschmuck tragen, denn die Farbe stand mir nicht.

„Ich will mich nicht mit dir hauen", sagte er, *„mir gefällt einfach nicht, was da drinnen abgeht, und ich will dir nur sagen, daß du dich raushalten sollst."*

Verwundert? Ich war total baff. Ich hatte nicht die geringste Ahnung, wovon der Blödmann redete.

„Nimm' es bitte nicht krumm, Kumpel, aber ich hab' keine Ahnung, wovon du redest", war meine ehrliche Antwort.

Mr. *C* suchte Rat bei Mr. *B*, doch bei dem ging der Fahrstuhl nicht ganz bis zur obersten Etage und er zuckte nur mit den Achseln. Mr. *C* drehte sich wieder zu mir und zeigte mit dem Finger,

„Ich will dir bloß sagen, daß du dich raushalten sollst."

Ich sah sie beide an und versuchte, keine Nervosität zu zeigen.

„Im Ernst, ich weiß überhaupt nicht, was du meinst. Ich tappe im Dunkeln. Du mußt mir das alles erklären."

Er gab nach.

„Meine Frau sitzt da drinnen und es gefällt mir nicht, also will ich dir sagen, wo's langgeht."

„Ist deine Frau die Blonde?" fragte ich.

„So ist es", erwiderte er.

„Alles klar", sagte ich, wohlwissend, daß er den Bogen überspannt hatte.

Als wir zurückgingen, verfolgten uns sämtliche Augen. Jeder wußte, was los war. Ich ließ mir die Situation durch den Kopf gehen und analysierte das Gespräch. Als ich nachdachte, sah ich wie Mr. *C* drohend auf den Wirt zuschritt.

„Schick' die Leute alle nach Hause", grummelte er, indem sein Gesicht fast das Gesicht des Wirts berührte, *„oder ich schlag' dir die ganze Bude kurz und klein."*

Er meinte offensichtlich, daß er mich draußen kleingekriegt hätte und nicht mehr mit mir zu rechnen brauchte, sonst wäre er nicht so mit dem Wirt umgegangen. Da hatte er sich getäuscht.

Nach einer kurzen Analyse kam ich zum Schluß, daß Mr. *C* mich in meinem eigenen Revier abgemahnt hatte. Damit konnte ich nicht leben. Ich würde lieber zu Brei geschlagen werden, als klein beizugeben. Der Tag, an dem ich mich jemals wieder von jemandem einschüchtern lasse, ist der Tag, an dem ich zu leben aufhöre. Ich ging zu Tony und erzählte ihm, was gesagt worden war.

„Ich kann damit nicht leben, Tony. Ich werde mich mit ihm hauen müssen. Gibst du mir Rückendeckung?"

Tonys Augen waren ängstlich, und seine Hand zitterte leicht, als er seine Zigarette zum Mund führte. Er nickte nur. Ich wußte, daß er keine Angst hatte; das verfluchte Adrenalin trieb seine Spielchen in seinen Adern. Ich nahm meine Fliege ab, dann gingen Tony und ich zu Mr. C. und seinen Leuten.

„Kann ich draußen mit dir reden?" fragte ich ihn.

Jetzt war ich an der Reihe. Alles drehte sich um und schaute uns an. Mr. C. antwortete schroff und selbstsicher,

„Wenn du reden willst, kannst du's gleich hier tun."

„In Ordnung. Ich kenne dich nicht und ich kenne deine Frau nicht. Du kommst hierher, wo ich der Cheftürsteher bin, und beleidigst mich. Damit kann ich nicht leben", sagte ich. Ich sah seine Freunde an, dann wieder ihn.

„Ich habe keine Probleme mit deinen Kumpeln, aber du und ich werden jetzt kämpfen müssen. Einer gegen einen. Auf dem Parkplatz. Keine Sekundanten, nur du und ich."

Ich sah völlig erstaunt zu, wie sein Mumm ihn verließ. Das hatte er überhaupt nicht erwartet, und seine Antwort kam leicht stotternd.

„Halt' mal an. Du hast mich mißverstanden. Ich wollte dich nicht beleidigen."

Ich traute meinen Ohren kaum.

Die Festung, die vor mir stand, war offensichtlich auf einem sehr bröckeligen Fundament gebaut worden. Ich hätte nie geglaubt, daß ein Mann auf so einem hohen Roß so leicht runterzuholen wäre. Ich sah dem geschenkten Gaul aber nicht ins Maul:

„Ich hab's aber als Beleidigung aufgefaßt, also werden wir uns hauen müssen."

Wieder gab er nach.

„Ich hab' es nicht als Beleidigung gemeint. Du mißverstehst mich."

„In Ordnung, dann lassen wir's jetzt dabei."

Ende der Unterredung.

Ich ging auf Wolken zu Tony zurück. Der packte mein Gesicht und pflanzte mir einen Kuß auf die Stirn.

„Das war brilliant, Geoff. Ich bin stolz auf dich", sagte er.

Ich lächelte über dieses Kompliment. Wenn ich aber dachte, daß die Sache damit ausgestanden war, hatte ich mich schwer getäuscht. Der Abend war bald zu Ende, und die meisten Leute, die noch nicht gegangen waren, machten sich allmählich auf den Heimweg.

Bald waren nur noch das Personal, ein paar Freunde und die Feinde im Lokal. Mr. C hatte sein Gesicht total verloren, also mußte noch etwas passieren.

Das tat es auch. Mr. B, *der Hirngeschädigte*, verließ das Lokal und kam Sekunden später mit einem Baseballschläger zurück, der einem Laternenpfahl in nichts nachstand. Mein Adrenalinspiegel ging auf Alarmstufe rot, aber es gelang mir, die Reaktion zu kontrollieren. Mr. C verließ die Theke und schaute zu mir herüber.

„Du, komm mit mir vor die Tür", brüllte er fingerzeigend.

„OK", erwiderte ich, froh, daß die Sache nun endgültig beendet werden würde. Ich krempelte meine Ärmel hoch und folgte ihm. Tony stand von seinem Barhocker auf. Mr. B, Baseballschläger in der Hand, schüttelte den Kopf.

„Einer gegen einen", meinte er.

Tony nickte und setzte sich wieder. Draußen stellte ich mich Mr. C gegenüber. Als ihm bewußt wurde, daß es jetzt tatsächlich zu einem Kampf kommen würde, machte er wieder einen Rückzieher.

„Ich will nicht mit dir kämpfen, Mann."

Er kam auf mich zu und streckte seine rechte Hand als versöhnliche Geste vor. Hatte er Angst oder tat er nur so, um mir bei Gelegenheit eine zu verpassen? Ich ging auf Nummer sicher und schob ihn zurück.

„Bleib' wo du bist", warnte ich ihn. Er lächelte.

„Ich kann ja verstehen, daß du vorsichtig bist, aber ich will keinen Kampf. Es ist ein Mißverständnis, du hast mich falsch verstanden."

Wieder bot er mir die Hand an. Ich schüttelte sie argwöhnisch. Mr. B kam aus dem Lokal, den Baseballschläger im Anschlag. Er war nervös und verbarg seine Aufregung nur mit Mühe.

Diese Blöße merke ich mir für das nächste Mal, dachte ich im Stillen.

„Alles klar?"

fragte er Mr. C.

„Ja, alles ist jetzt in Ordnung", erwiderte der.

Weil er einen Rückzieher gemacht hat, darum, doch das würde er seinen Freunden bestimmt nicht erzählen. Aber ich wußte es, und er wußte es, und das reichte mir.

Winston, Ricky, Geoff

10. Kapitel

David und Goliath

Der fünfzehnjährige Kleinkriminelle Mike Tyson, der schon mit seinen jungen Jahren die Ansätze eines Körperbaus zeigte, der ihn später zum Idol von Millionen machen würde, bestaunte mit unverhohlener Bewunderung die prallen, sehnigen Bizepse eines Cus Damatio-Kämpfers. Der kleine alte Cus, Boxtrainer zahlreicher Champions, bemerkte Tysons bewundernden Blicke und schüttelte weise den Kopf.

„Nein, Mike", sagte er, wobei er mit dem Zeigefinger gegen seine Schläfe klopfte. *„Groß ist hier oben!"*

B war das Größte, das sich je durch die Doppeltüren des *Walsgrave*-Klubs gezwängt hatte. Sein 1,90 m großes Knochengerüst hatte alle Mühe, die 140 kg Fett herumzuschleppen, die von ihm herabhingen. *B* war in diesen neuen Klubräumlichkeiten, wo sich die arbeitende Bevölkerung gerne zum Bier und Festefeiern traf, äußerst unbeliebt. Er wurde aber auch derart gefürchtet, daß es ihm nur wenige zu sagen wagten. Ich hatte mehrmals persönlich erlebt, wie er Kämpfer von Rang und Namen zerstört hatte. Seine Spezialität war, alles abzubeißen, was am Körper seines Gegners herausragte, hervorschaute oder herabhing, besonders Nasen. Nasen mochte er ganz besonders.

Er war ein Grobian, die dunkle Seite sein Rammbock. Außerdem war er verdammt groß; egal wo man im Raum saß, *B* saß neben einem.

An einem hellen Samstagabend im Juli betrat ich den Klub, der zwischen zwei modernen Wohngegenden im Stadtteil Walsgrave lag. Eine nette Umgebung, die noch nicht völlig vom dunklen Schatten der Gewalt eingenommen worden war. Meine vier Wochenendkinder und ich überquerten den tiefen, weichen Teppich im Eingangsbereich, gingen am Konzertraum vorbei und gelangten schließlich durch den großen, noch leeren Barraum in das kleine Spielzimmer. Meine Frau und ich waren inzwischen geschieden, und ich hatte nur am Wochenende die Möglichkeit, die Liebe meiner

Kinder zu genießen, die mir so fehlte. Sollte euch jemand sagen, daß ein Tritt zwischen die Beine von einem wilden Pferd das Schmerzhafteste auf der Welt ist, könnt ihr ihn ruhig auslachen. Eine Scheidung tut viel mehr weh.

Meine drei Töchter waren zwischen sieben und zwölf Jahre alt und hatten mein verflucht gutes Aussehen geerbt; mein Kleiner war erst eineinhalb, ein richtiges Kerlchen, das mir überall hin folgte. Der Samstagabend im Club war immer der Höhepunkt ihrer Woche.

Zwischen dem Barraum und dem Spielzimmer mit seinen zwei Snookertischen verlief eine Glastrennwand, unter der eine Reihe von Kunstledersitzen die Bar auf der einen Seite und die Snookertische auf der anderen überblickten. Wir saßen in einer Nische rechts von den Snookertischen. Die Kinder warfen plastikgefiederte Darts ins Brett an der Wand und malten lustige Kreidefiguren auf die danebenhängende Tafel. Ich selbst genoß die Ruhe eines fast leeren Raums.

Meine Gedankengänge über die Vergangenheit, Gegenwart und Zukunft wurden plötzlich von einem ohrenbetäubenden Krachen unterbrochen, als ein schwerer Glasaschenbecher durch den Barraum geflogen kam und am Boden zerbarst. Ich drehte mich um und sah gerade noch die sich zurückziehende Wurfhand von *B*, der mit dem Rücken zu mir am Ende der Sitzreihe im Barraum saß. Ich sah angewidert zu, wie er einen weiteren Aschenbecher wie ein Frisbee durch den Barraum seilte. Die Augen der wenigen Anwesenden waren alle auf ihn gerichtet, aber alle blieben auf Distanz und ließen ihn möglichst nicht merken, daß sie ihn anschauten. Er war gefürchtet, und er wußte es. Einerseits wollte ich hingehen und ihm eine Lektion erteilen, aber eine Stimme im Ohr sagte mir *Nein, das geht dich nichts an.* Wer sollte ihn aber aufhalten? Die meisten Mitglieder des Klubvorstands waren alt und diejenigen, die nicht alt waren, hatten berechtigterweise Angst. Dieser Mann war ein Tier, sowas wie ein Fuchs im Hühnerstall.

Ich hatte schon genug Probleme im Leben, ohne mir noch 140 zusätzliche Kilos aufbürden zu müssen, also beschloß ich, ihn sich selbst zu überlassen. Vielleicht würden wir Glück haben und Walgraves allererster Fall von Selbstentzündung erleben. Genug Fett hatte der ja wirklich, um dem Feuer Brennstoff zu geben. Ich blieb also moralisch überlegen sitzen und schaute wie jeder andere zu, wie er den Klub demolierte. Dann machte er einen Fehler, einen großen Fehler. Er warf einen Blechaschenbecher bedenkenlos nach hinten, der mit großer Geschwindigkeit an mir vorbeiflog. Meine Augen folgten seinem Flug mit hilfloser Panik, als er wie eine fliegende Untertasse auf den Kopf meines Kleinen zuschwirrte. In meiner Erleichterung schloß ich beide Augen, als der Aschenbecher ihn knapp verfehlte und zu Boden schepperte. Noch ehe er zum Stillstand gekommen war, sprang ich aus meinem Sessel und stürmte auf *B* zu.

„Jemand hat den wohl abbekommen, oder?" spottete der, ohne auch nur zu mir hochzuschauen. Sein Gesicht, das breiter zu sein schien, als sein Schädel, glotzte nach vorne und erwies mir nicht einmal die Höflichkeit eines Blicks. Meine Selbstkontrolle verschwand schlagartig, meine kurze Zündschnur brannte ab, und ich explodierte.

„Du fetter Bastard! Wenn du so was noch einmal machst, bring' ich dich um." Ich war schon immer sehr wortgewandt. Er drehte sich völlig unbeeindruckt zu mir, begann aufzustehen, und ich stand in seinem riesigen Schatten. Mir kam es vor, als wenn wir eine totale Sonnenfinsternis hatten.

„Tatsächlich?" erwiderte er kühl. In meiner blinden Wut hatte ich vergessen, mich auszurichten. Ich stand ihm frontal gegenüber und hatte keine Zeit mehr, mich richtig zu ihm zu positionieren. Also legte ich mit einem nicht ganz sauberen linken Haken los, meine Rechte war durch einen Handgelenkbruch zur Zeit unbrauchbar. Es war nicht mein bester Schuß, aber gut genug. Sein Vierfachkinn schwappte und wabbelte nach dem Kontakt, und er fiel wie ein gestrandeter Wal in seinen Sessel. Sofort deckte ich ihn mit einer Serie linker Faustschläge zum Gesicht ein, da mir der vor ihm stehende Tisch jeden Versuch unmöglich machte, Tritte ins Ziel zu bringen. Als drei Einheimische mich von ihm wegzogen, brüllte und fluchte ich immer noch wütend, obwohl ich mich jetzt unter Kontrolle hatte. Er stand auf, rieb sein Kinn und sah recht mitgenommen aus.

„Das war nicht in Ordnung von mir, ich entschuldige mich", meinte er und bot mir die linke Hand zum Schütteln. Ich war

mißtrauisch und ahnte, was er im Sinn hatte. Seine übliche Masche war, jemandem die Hand zu bieten und sein Opfer dann in eine 140 kg schwere Kopfnuß zu ziehen. Widerwillig nahm ich das Risiko auf mich und gab ihm die Hand.

Sobald er sie anfaßte, fühlte ich einen leichten Zug.

„Laß' deine verdammten Flossen von mir", sagte ich.

„Wann immer du mit mir vor die Tür gehen willst, brauchst du nur Bescheid zu sagen", erwiderte er. *„Jederzeit!"* fauchte ich. Gerade dann flüsterte einer seiner Anhänger ihm ins Ohr, *„B, das ist Geoff Thompson, der ist Türsteher."*

B setzte sich sofort hin, als er das hörte. Als ich meine Kinder zusammenholte, um den Club zu verlassen, zitterte Kerry, meine Älteste, am ganzen Leib.

„Bist du OK?" fragte ich.

„Ja", sagte sie, und dann, *„Papa, als er aufstand, sah er aus wie ein Riese und du winzig klein."* Ich lachte.

„Er hat aber nicht lange gestanden, oder?"

Wie ich später hörte, hat *B* den Klub kurz nach uns verlassen. Als ich schon zu Hause war und mir eine schöne, heiße Tasse Tee genehmigte, hielt er sich in irgendeiner anderen Kneipe auf und biß irgendeinem harmlosen Jugendlichen in die Nase, um sich nach seiner Niederlage besserzufühlen.

Zwei Wochen später kam ich zusammen mit Sharon im *Devon* zur Arbeit. B wartete dort auf mich.

„Ist das Geoff Thompson?" fragte er meinen Freund *Kenny den Bodybuilder.*

„Ja, das ist er", kam die Antwort. Er kam auf mich zu und ich richtete mich automatisch auf ihn aus, aber dazu war kein Anlaß. Er gab sich bescheiden.

„Ich glaube, ich muß mich bei dir entschuldigen."

Ich blieb kühl. *„Ja, das kann man wohl sagen."*

„Hab' ich mich danebenbenommen?"

„Allerdings", sagte ich. Er reichte mir zaghaft die Hand und deutete an, daß ich sie schütteln sollte.

„Es tut mir wirklich leid; ich war besoffen, die Jungs haben mir was ins Bier gemogelt. Nichts für ungut." Ich nahm seine Hand und achtete ihn dafür, daß er sich entschuldigte. Dazu gehört eine gewisse Größe, und die hatte er schließlich allemal.

Owen war 1,67 m groß, wog höchstens 60 kg und war 20 Jahre alt, obwohl er fünf Jahre jünger aussah. Mit seinem schmächtigen Körperbau und frechen Grinsen war er wie die Memme in der Muskelwerbung, dem man am Strand gerne Sand ins Gesicht trat; er sah aus wie der Inbegriff eines Klassenstrebers. Seine Hände waren jedoch perfekt geformte Werkzeuge der Boxkunst und prasselten auf den Sandsack wie Kugeln aus einer Uzi. Seine Beinarbeit war geschmeidig und präzise und verriet den Profi. Aber er war nicht nur ein Techniker im Ring, sondern auch im Ernstfall. Sehr viele Kämpfer lassen ihre Fähigkeiten im Trainingsraum, aber nicht Owen. Er hatte in seinem jungen Leben schon mehr Gegner in realen Situationen besiegt, als ich Lust und Zeit zu erzählen habe, und wir waren eng befreundet. Er besaß mehr Kampfgeist als ein Rottweiler und ging selten abends aus, ohne in irgendeinen Zwischenfall verwickelt zu werden. Wahrscheinlich, weil er total harmlos aussah und zudem ein freches Mundwerk hatte. Er ließ sich von keinem kleinkriegen. Wenn Leute ihn anmachten, wehrte er sich und sie glaubten, sie hätten frühzeitig Geburtstag.

„Drück' mich, Kleines", sagten sie ihren Begleiterinnen, „ich bring' diesem Jüngling mal kurz ein paar Manieren bei." Dann wurden ihnen aber ihre Selbstsicherheit und ihr Stolz brutal geraubt, als Owen mit einer Flut von knallharten Techniken explodierte. Glaubt mir, wenn jemand euch mit 60 kg schlägt, dann fühlt es sich an wie ein Hammer. Owen war wie ein Frettchen auf einer Todesmission.

Der Kampf mit Goliath fand im Dip statt, einer kleinen Kneipe am Rande des Stadtzentrums, die jahrelang aufgrund der Gewalt, die sich am Wochenende – aber auch an jedem Wochenende – aus ihren Türen ergoß, einen miesen Ruf hatte. Neuerdings hatte der neue Wirt Cash, der seine eigenen Standards mit eiserner Hand und guten Türstehern durchsetzte, aus dieser berüchtigten Kneipe einen warmen, freundlichen und gut besuchten Pub gemacht. Der kleine Barraum mit seinen Polstersitzen und einer winzigen Tanzfläche wurde in der Mitte durch einen alten Backsteinkamin geteilt. Einige meinten, der Kamin nehme zuviel Platz weg, aber mir gefiel er, weil er dem Raum eine gewisse Atmosphäre gab. Fotos von der örtlichen Fußballmannschaft und diversen Karateka schmückten die Wand hinter der Theke, die in einer Kurve zur Cocktailbar führte. Die Cocktailmode hielt jedoch nur etwas länger an, als die Erfolgsserie von Coventry im Fußball.

Owen haßte Joe, der Türsteher in der Gaststätte *The Lane* war. Als Türsteher war sein Name ebenso schlecht wie sein Atem: wieder mal ein Halbstarker, der vor niemandem und nichts Respekt hatte. Er war mindestens 1,93 m groß und wog etwa 115 kg; seine Hemdknöpfe leisteten mannhaft unter dem Druck seines prallen Bierbauchs ihren Dienst und seine glänzende Hose war offensichtlich schon zigtausend Male gebügelt worden. Dazu kamen abgeschürfte, abgelaufene und nur dürftig polierte Schuhe, die zwar auf einem Bauplatz gut aussehen würden, aber nicht hier. Sein schmieriges Haar hatte einen Seitenscheitel, und er pflegte mit einem Tagesbart herumzulaufen. Er war noch jung, aber Bier, Zigaretten und lange Nächte hatten ihn schon gezeichnet. Seine Begleiterin sah so sanft wie Schmirgelpapier aus, aber im Vergleich zu ihm war sie noch Gold. Er wollte auf jeden Fall Eindruck machen.

Die Augen von Owen und Joe trafen sich, obwohl der Raum gerammelt voll war. Gewalt war angesagt. Joes Begleiterin bemerkte es sofort, als Joe sich von ihr wegdrehte und weder sie noch andere mehr wahrnahm. Die Glut der Angst entfachte sich in Owens Magen, als Joe auf ihn zukam. Die Türsteher, die einen sechsten Sinn für derartige Situationen entwickelt hatten, fanden sich ein. Als sich die beiden begegneten, bildete sich ein Kreis um sie, der nur von den Türstehern durchbrochen wurde. Joe stieß Owen aggressiv mit dem Zeigefinger gegen die Brust.

„Du, dich mach' ich jederzeit fertig!" Die Wut verzerrte sein Gesicht. Owen war zu klein und schien zu wissen, daß Joe ihn schaffen konnte. Sein Gesicht verzog sich zu einem nervösen Lächeln.

„Na gut, wir gehen jetzt vor die Tür", schoß er zurück. Joe drehte sich zu seiner Freundin und gab ihr seine billige Armbanduhr, um die es nicht schade gewesen wäre. Aber deswegen nahm er sie auch nicht ab. Es war ein Ritual, wie wenn man vor einem Kampf das Jackett auszieht oder die Ärmel hochkrempelt; der letzte Versuch des Kämpfers, den

Gegner doch noch einzuschüchtern und zum Rückzug zu bewegen. Diesmal funktionierte es aber nicht. Die Türsteher mischten sich nicht ein und sagten auch kein Wort, das war die Höflichkeit, die sie Kämpfern erwiesen, die den Anstand hatten, ihre Auseinandersetzungen draußen vor der Tür auszutragen. Owen ging nach draußen. Joe flüsterte seiner Freundin zu „*Das wird nicht lange dauern.*" Damit hatte er recht. Ihm stand eine viel schnellere Niederlage bevor, als er je geglaubt hätte.

Wie bei jeder Schlägerei vor dem Lokal leerte sich das *Fish & Chips*-Restaurant auf der gegenüberliegenden Straßenseite schlagartig. Hier traf man sich zum späten Abendessen, nachdem die Lokale und Clubs ihre Türen geschlossen hatten. Man konnte dort gut essen, aber die Unterhaltung war noch besser. Die beiden Streithähne standen sich gegenüber. Owen nahm den traditionellen Stand des Boxers ein, während Joe sich für den *Ich hab nicht die geringste Ahnung, was ich tue, ich verlaß mich auf meine Körpergröße*-Stand entschied, wobei er die Fäuste in Hüfthöhe ballte. Joe überragte den kleinen Owen völlig; für Uneingeweihte bestand kein Zweifel über den Ausgang dieses Kampfs. Owen tänzelte ein wenig herum, um seinen Gegner einzuschätzen, während Joe mit der Eleganz eines Ochsen nach vorne preschte. Owen wich etwas zurück, stieß dabei mit der Hacke gegen die hervorstehende Kante eines Pflastersteins (Scheiß-Stadtverwaltung!) und fiel rückwärts hin. Joes Augen leuchteten vor Freude auf, während Owen das Gesicht verzog und *Scheiße* zu sagen schien. Ehe Joe aber davon profitieren konnte, sprang der wieselflinke Owen wieder auf, hob seine Deckung und tänzelte wieder um die Eiche herum, die eine Eichel zum Gehirn hatte. Joes Gesicht verzerrte sich wütend, er hatte jetzt genug und wollte diese lästige Fliege klatschen. Er stürmte vorwärts. *BUMM! – Wo ist das denn hergekommen?* schien sein Gesichtsausdruck zu fragen, als er in Owens Reichweite kam und die Knöchel eines linken Hakens ihr Ziel an seinem Kinn fanden. *Wissen wir auch nicht,* sagten seine Beine, *aber wir gehen jetzt abwärts.* Die Eiche war gefällt. Owen stürzte vor und schoß noch ein paar Elfmeter mit Joes Kopf. Joe war fertig. Die Türsteher zogen Owen weg, als die Polizei erschien, und er machte sich unerkannt aus dem Staub.

Meine Tochter Kerry war noch ein sehr schmächtiges kleines Mädchen mit langen, dunklen Haaren und einer reizenden Stupsnase. Sehr hübsch, aber unheimlich bescheiden, mit der Statur einer Elfjährigen, aber der Reife einer Fünfzehnjährigen. Dreizehn Jahre alt und schon eine kleine Dame. Sie hatte die üblichen Gemütsschwankungen ihres Alters, aber ein gutes Herz und eine sanfte Art. Ich habe im Leben schon einige starke Menschen kennengelernt, manche stärker als ihr Können, aber in Sachen Mut bewundere ich keinen so wie sie. Sie war damals nur ein Baby und hatte noch sehr viel zu lernen; ich wollte einem so jungen Menschen nicht allzuviel vom Kämpfen aufzwingen.

Sollte ich ihr Würgetechniken, Angriffe, Beißen beibringen? Sollte ich meinem Baby richtig schmutzige Kampftechniken zeigen? Manche würden mich aus moralischen Gründen dafür verurteilen, aber hätten sie recht? Ich hatte von weit jüngeren Mädchen gehört, die zusammengeschlagen oder vergewaltigt worden waren. Die Jungs in ihrer Schule scheuten sich keineswegs, ein Mädchen zu schlagen, im Gegenteil. Im Alter von drei Jahren nahm ich sie in meiner eigenen Karateklasse auf, um sie damit aufwachsen und daran teilhaben zu lassen. Mit elf Jahren erreichte sie den ersten Dan und trug den schwarzen Gurt. Im selben Alter kam sie auch zur *Cardinal-Wiseman*-Schule und ging durch dieselben Korridore, in denen ich als Knabe bittere Tränen geweint hatte, spielte im gleichen Schulhof, wo ich tagtäglich meinen Peinigern zu entkommen versuchte, und besuchte die gleiche Kapelle, wo ich mich damals auf einer Holzbank niederkniete und mir vorkam, als wäre ich von kalten, steinernen Gefängnismauern umgeben.

In dieser Schulkapelle hatte ich des öfteren die Hände zum Gebet und in der Hoffnung zusammengepreßt, daß meine Angst von mir gehen würde, daß ich wie ein Neugeborener aus dieser heiligen Stätte hervorgehen und in einen tapferen kleinen Jungen verwandelt werden würde, den man nicht mehr traktierte und der abends nach Hause gehen und sein Abendessen endlich einem Magen zuführen konnte, der nicht vor Angst und Elend bebte und zitterte. Damals wünschte ich mir, daß ich einmal ruhig schlafen und morgens mit Sonnenschein und Vogelgesang aufwachen könnte, statt mit Kälte

154

und Nieselregen, die mich herausforderten, den Tag, ja das Leben überhaupt, anzugehen.

Würde ich jemals wieder die warmen Lippen von Kim Clancy küssen und ihre weiche Hand halten können, ohne mir darüber Sorgen zu machen, ob *Robert der-fette-Bastard Best* es am nächsten Tag wieder auf mich abgesehen haben würde? Ich war besorgt, daß Kerry vielleicht die gleichen Qualen durchmachen müßte, wie ich selbst.

Meine Gedanken gingen fünf Jahre zurück zum Karate-Unterricht in der eiskalten Rollschuhbahn mit dem Holzfußboden. Dort war es so kalt, daß Kerrys sechs Jahre alte Stupsnase blau anlief und eine Träne an ihrer Wange herunterkullerte. Sie zitterte am ganzen Körper. Ich sah sie an, und mir kamen beinahe selbst die Tränen. Ich drückte sie und sagte ihr, sie solle sich jetzt umziehen, aber sie schüttelte den Kopf und sagte, sie wolle weitermachen.

Mary war zwei Jahre älter als Kerry und doppelt so groß. Einfach zu groß für Kerry. Eigentlich war sie ein nettes Mädchen, aber sie hatte es irgendwie auf Kerry abgesehen und knüpfte sie sich beim Karateunterricht immer vor. Ich selbst bemerkte es eigentlich nie, da Mary sich immer zurückhielt, wenn ich in der Nähe war und Kerry zu stolz war, um mir etwas zu sagen. Einmal hörte ich den dumpfen Aufprall eines Faustschlags zur Brust, gefolgt von einem leisen, unterdrückten Winseln. Ich drehte mich hin und sah Mary und Kerry beim Sparring. Beide waren jetzt Braungurte, aber Kerry war immer noch viel zu klein für Mary.

BUMMS machte es wieder. Alle anderen waren auch beim Sparring, und außer mir bemerkte keiner etwas. Kerry versuchte sich zu wehren, aber Mary schien sie vollständig einzuwickeln. Tränen quollen aus Kerrys Augen und liefen über ihre Wangen, als sie kämpften. Ich wollte sie wegziehen und befreien, den Schmerz von ihr wegnehmen, aber ich wußte, daß das nicht ging. Sie mußte ihn selbst bekämpfen und kontrollieren. Als sie weiterkämpften, versuchte ich es mit ein paar ermunternden Worten, aber es nützte nichts. Es tat mir weh, zuzuschauen.

„*Halt!*" befahl ich schließlich. Ich konnte es nicht mehr aushalten. „*Kerry, willst du eine Pause machen und dich etwas ausruhen?*"

Damit gab ich ihr eine Hintertür, einen Ausweg, und ich sah, daß sie ihn nehmen wollte. Unbedingt in ihrer Not nehmen wollte. Aber sie schüttelte den Kopf.

„Bist du sicher?" gab ich ihr noch eine Chance. Sie nickte nur, konnte nicht reden. Ich war so stolz auf sie. Damals war sie noch zu jung zu erkennen, daß solche Siege über sich selbst das absolute Fundament für die Entwicklung eines festen Charakters sind. Zufällig trat kurz nach diesem Zwischenfall ein neues Mädchen in meine Karateklasse ein, die Marys Körpergröße hatte, also wies ich ihr Mary als Partnerin zu. Ohne jegliche Boshaftigkeit gab sie Mary eine ganze Unterrichtsstunde lang die gleichen Qualen, die Kerry bereits seit zwei Jahren durchstand. Ich sah in Marys Gesicht dieselbe Verzweiflung, die ich vorher bei Kerry gesehen hatte. Nach dieser Stunde verließ Mary meine Schule und trainierte nie wieder bei mir. Manche Leute mögen eben ihre eigene Medizin nicht.

Der Türrahmen von Kerrys Mathezimmer war abgenutzt und brauchte einen neuen Farbanstrich; die Steinfliesen, auf denen sie stand, spendeten keine Wärme. Noch weniger erfreulich war eine doppelte Mathestunde, aber im Alter von dreizehn Jahren hat man noch viel Lernerei vor sich und muß das Beste daraus machen. Das war eigentlich auszuhalten. Was sie aber unerträglich fand war der rotznasige kleine Ignorant von Klassenkollege, der vor ihr stand und sie ständig stupste und anrempelte. Wahrscheinlich wollte er damit nur in seiner einfachen Weise zum Ausdruck bringen, daß er sie attraktiv fand. Eine Weile ließ sie es über sich ergehen, um einen Konflikt zu vermeiden, aber schließlich platzte ihr der Kragen.

„Hörst du jetzt endlich auf, mich rumzuschubsen?" schrie sie ihn an. Als Antwort packte er sie an den Haaren und beleidigte sie mit einem bösen Schimpfwort. Als er fester zog und Kerry nach links drehte, biß sie die Zähne zusammen, setzte das linke Bein etwas vor und versetzte ihm aus diesem 45° Stand einen wunderschönen rechten Faustschlag zwischen die mit Ei bekleckerten Aufschläge seines schwarzen Uniformblazers, genau auf den Solar Plexus. Er ging zu Boden und schlitterte noch ein Stück auf dem Hosenboden.

Der Schock stand ihm im Gesicht, wobei er versuchte, verzweifelt die Luft zu ersetzen, die Kerry ihm gerade aus dem Brustkasten geschlagen hatte. Alle sahen erstaunt zu, wie er nach Luft schnappte und keiner war so erstaunt wie Kerry selbst, die ihre rechte Hand vorsichtig inspizierte.

Hab' ich das wirklich gemacht? schien sie sich zu fragen. Der Atemlose brauchte aber nicht zu fragen. Er wußte es sehr wohl.

Geoff Thompson in Berufskleidung

11. Kapitel

Nie den Humor verlieren
Eine Bombe im *Pippin*

Ich saß auf dem grünen Samtpolster eines hohen Barstuhls aus dunklem Holz an der Theke, zog ab und zu an einer Flasche Budweiser und genoß eine Tüte Kartoffelchips mit Räucherschinkengeschmack, die noch einladender waren als ein Kohlefeuer an einem Winterabend. Ein ganz normaler, ruhiger Abend mitten in der Woche; nur wenige Stammgäste hatten sich im *Pippin* eingefunden und die meisten hielten sich im Poolraum links um die Ecke auf. Ich fühlte die kalte Herbstluft im Genick, als sich die Eingangstür hinter mir öffnete.

Unwillkürlich drehte ich mich um und schaute, was dieser Windzug mitgebracht hatte. Er war durchschnittlich groß und trug eine ernste, biedere Miene unter langen, dunklen, ungepflegten Haaren, die auf den Kragen eines alten, schmutzigen Detektiv- oder Terroristen-Regenmantels fielen, den selbst Columbo in den Müll verfrachtet hätte.

Ja, dieser beige Mantel hatte wirklich ausgedient. Von seiner linken Schulter hing ein mit Graffiti beschmierter Rucksack aus Segeltuch. Ihr wißt ja, die Art von Rucksack, in der sich eine Bombe gut verstecken läßt. Er blieb bei der Tür stehen und ließ seinen Blick durch den gesamten Barraum schweifen, bekam kurz Augenkontakt mit mir und kam näher.

Dieses Abchecken machte ihn für mich sofort verdächtig. Er lief mit seinen abgelaufenen, beschmutzten Turnschuhen durch den Raum, ging die beiden Stufen herunter und bog um die Ecke zum Poolraum, wo ich ihn nicht mehr sehen konnte. Ich analysierte die Situation und kam zu dem Ergebnis, daß mein Mißtrauen wahrscheinlich völlig übertrieben war. Es hatte in letzter Zeit mehrere Bombenalarme in der Stadt gegeben, und man hörte fast tagtäglich in den Nachrichten von terroristischen Bombenanschlägen. Im Unterbewußtsein war ich wohl derart sensibilisiert, daß ich in jedem finster blickenden Schmutzfink mit einem Columbo-

Regenmantel, der mir begegnete, einen bombentragenden Terroristen sah. *Ich trink' nur meinen Bud aus und gönn' mir noch die letzten dieser leckeren Chips, dann geh' ich mal rüber,* sagte ich mir. Ehe ich jedoch einen einzigen Chip zum Mund führen konnte, erschien mein seltsamer Freund schon wieder und ging zur Tür. Nicht langsam und gemessen wie vorher, sondern etwas besorgt und hastig. Ich war sofort hellhörig wie ein Wachhund. *Na ja, wenigstens haut er wieder ab,* dachte ich mir. Als er herauseilte, war meine Beruhigung aber nur von kurzer Dauer, denn ich bemerkte, daß ihm etwas fehlte, seine Bombe, ich meine sein Rucksack.

Entschuldigung, mein Lieber, wollte ich ihm zurufen, *Sie haben Ihre Bombe vergessen.*

Er war aber schon weg. Ich lief sofort zum Poolraum, wobei ich unterwegs jeden kleinen Winkel mit den Augen absuchte. Und da lag der Rucksack am Boden, rechts von den Western-Schwingtüren am Eingang zum Poolraum.

Ha! schien er mir zu sagen, *und was willst du jetzt machen?* Ich konnte es einfach nicht glauben. Verbarg dieses Stück Segeltuch wirklich eine todbringende Sprengladung? Was sollte ich nur tun? Scheiße, welch ein Problem!

Als ich mich dem Rucksack näherte, fiel mir etwas Schlimmes ein. Wenn es tatsächlich eine Bombe war, könnte sie jeden Augenblick hochgehen und mein wunderschöner Körper würde für einen Tapetenwechsel im Raum sorgen. In gefährlichen Situationen bekämpfte ich normalerweise mein Muffensausen ziemlich erfolgreich, aber diesmal war es mein Schließmuskel, der mir Sorgen machte. Mein Gott, das war die Realität, was war mit meiner Familie? Was war mit meinen Kindern und meinen Freunden? Und mit meinem Leben überhaupt? Dieses Todesurteil aus Segeltuch, das so unerbittlich vor mir lag, könnte mir alles, alles wegnehmen. Ich mußte etwas unternehmen. Es war schließlich mein Job, die Lokalbesucher zu beschützen.

Ja, aber was war, wenn ich das Lokal räumte und der Rucksack sich als harmlos entpuppte? Oh, wie beschämend! Wenn es aber tatsächlich eine Bombe war und ich die Gäste nicht evakuierte, dann würden sie womöglich alle draufgehen. Ich mußte sicher sein, also kniete ich mich vor dem Rucksack nieder und legte mein Ohr ans Segeltuch.

Oh mein Gott, da tickt etwas! Mein Magen überschlug sich. Jetzt hatte ich keine Wahl. Ich mußte alle aus dem Gebäude herausholen oder wenigstens aus dem Poolraum. Ich versuchte ruhig zu bleiben. Wie John Wayne schob ich mich durch die beiden Schwingtüren des Poolraums, wo acht Leute an den vier Tischen spielten, und rief in meinem besten Befehlston,

„Ihr müßt alle sofort das Lokal verlassen."

Alle lachten in der Annahme, ich würde Scherze machen. Ich versuchte es nochmal,

„Ich mein' es ernst. Vor der Tür liegt eine Bombe."

Der Humor verließ ihre Gesichter, aber nicht so schnell wie sie das Lokal räumten. Diesen Dreh mußte ich mir für das nächste Mal merken, wenn sie sich beim Zapfenstreich zuviel Zeit zum Austrinken nahmen. Die Stöcke wurden auf die Tische geworfen und der Raum stand plötzlich leer. Ich ging zu meiner Freundin, der Bombe, zurück.

Wenn ich jetzt darüber nachdenke, verhielt ich mich ziemlich blöd, denn ich kniete mich wieder vor dem Rucksack hin, um sicherzustellen, daß es sich tatsächlich um eine Bombe und nicht um ein Hirngespinst handelte. Ich hatte aber recht, da tickte etwas. Es näherten sich Schritte und ich blickte aus dieser würdelosen Hunde-Position hoch: vor mir stand mein zurückgekehrter Freund, der Terrorist. Mit völlig erstaunter Miene schaute er auf mich herab.

Warum kniet der denn da und hört sich meine Butterbrote an? fragte er sich wohl. Vor meinen Augen verwandelte sich der knallharte Blick eines rücksichtslosen Killers in das Babygesicht eines völlig verwirrten Studenten, der nach einer Vorlesung nur mal eben ins Lokal gekommen war, um einen Freund zu suchen und dann in seiner Eile seinen Rucksack mitsamt Pausenbrot vergessen hatte.

Während ich mich noch auf den Knien befand, kam zu meiner weiteren Beschämung auch noch der Wirt hinzu und wollte wissen, wieso seine ganzen Gäste plötzlich das Lokal verlassen hatten.

Warum kniest du dich denn vor dem Rucksack dieses jungen Kerls hin, du Blödmann? muß er gedacht haben.

„Kann ich jetzt meine Brote wiederhaben?" fragte der Student. *Wenn du dich nicht sofort dünnmachst, schlag' ich*

sie dir um die Ohren, wollte ich ihm sagen, als ich ihm den Rucksack reichte. Ich hätte ihn würgen können. Der Chef konnte sein breites Grinsen nicht verbergen, als ich ihm die Geschichte erzählte, und ich verbrachte den Rest des Abends damit, den Evakuierten aus dem Weg zu gehen.

Wäre es tatsächlich eine Bombe und kein tickendes Butterbrot gewesen, hätte man mich als Held gefeiert; es war aber keine, also war ich auch keiner.

Der Mittelfinger meiner rechten Hand war wie eine fette Bratwurst angeschwollen, und ich konnte ihn kaum noch biegen. Die Schwellung begann sogar, sich auf die Hand auszubreiten. Es muß ziemlich schlimm gewesen sein, denn auch mein maßgefertigter, eiserner Schlagring paßte nicht mehr. Die Woche zuvor hatte ich einem Halbstarken die Vorderzähne entfernen müssen, wobei ich meine Hand verletzte und danach mehrere Zahnfragmente mit einer Pinzette aus der Wunde entfernen mußte.

Krankenhäuser waren, um ehrlich zu sein, nicht ganz mein Fall, ich weiß nicht warum. Doch, eigentlich weiß ich es. Weil man andauernd in der Zeitung von Leuten liest, die wegen irgendeiner Kleinigkeit wie meinen Finger ins Krankenhaus kommen und nachher mit einer unbeschreiblichen, bisher völlig unbekannten Krankheit oder irrtümlich entfernten Gliedmaßen wieder herauskommen, im Grunde genommen hatte ich total Schiß.

Nach einer Woche hätte die Wunde wieder in Ordnung sein müssen, besonders da ich in *Dr. Geoff-Manier* eine halbe Apotheke draufgeschüttet hatte. Ich wollte bestimmt nicht ins Krankenhaus, aber mir blieb nicht anderes übrig. Sicherlich würde ich nur eine Tetanusspritze bekommen und innerhalb einer Stunde wieder zu Hause sein, redete ich mir ein. Also saß ich jetzt in einem Warteraum im *Coventry and Warwickshire*-Krankenhaus, begutachtete die magnolienfarbigen Wände und Linoleumfliesen und wartete, bis ich drankam. Nach einer Stunde begann die harte Holzsitzbank meinen Hintern in Mitleidenschaft zu ziehen.

„Geoffrey Thompson, bitte in Kabine zwei", leierte eine unpersönliche Stimme aus dem Lautsprecher.

Ich begab mich also leicht nervös in die Kabine. Was war, wenn sie ein Krebsgeschwür entdeckten oder der Kerl, den ich geschlagen hatte, an AIDS litt? Als ich ihm eine verpaßte, trug ich kein Kondom. Auch das noch: der Arzt war Ausländer. In den 28 Jahren, die ich in Krankenhäusern ein und aus ging, hatte ich noch nie einen englischen Arzt gesehen. Warum weiß ich nicht, aber jetzt war es auch egal. Er war höflich und aufgeschlossen.

„Es hat sich ein Abzeß gebildet, ich muß Sie leider einweisen." *Scheiße*, meine schlimmsten Befürchtungen waren wahr geworden.

Die *Philip*-Station sah alt und total viktorianisch aus, war aber peinlich sauber und hatte jenen speziellen Geruch, den man nur in einem Krankenhaus findet. Er erinnerte mich immer an den Tod. In jedem Bett, an dem ich vorbeiging, lag entweder ein sehr kranker oder ein sehr alter Mensch. Die Krankenschwestern leisteten hervorragende Arbeit und waren total nett, aber ich mußte daran denken, wie furchtbar es wohl war, seine letzten Tage in diesem traurigen, korridorähnlichen Raum zu verbringen. Mein Bett war ein genaues Duplikat jedes Krankenhausbetts, in dem ich je gelegen hatte. Peinlich genau bezogen und so hart wie eine Betonplatte, mit papierdünnen Bettlaken, die am Fußende festgeklebt zu sein schienen, wenn man sie mitten in einer kalten Nacht höherziehen wollte. Ich fragte die Schwester, ob ich vor dem Ausziehen zur Toilette gehen könnte.

„Natürlich", sagte sie, *„aber nehmen Sie diese Flasche mit. Wir brauchen eine Urinprobe."*

„Warum denn? Was hat Urin mit meinem verdammten Finger zu tun?"

Sie wollten an jenem Tag von allem, was meinen Körper verließ, eine Probe haben. Am Ende hatte ich sogar Angst zu sprechen, falls sie auch noch meine Worte testen wollten.

Sie wollten mich noch am selben Abend operieren und am nächsten Tag entlassen. War ich im Gefängnis? Die Operation, bei der ein Abzeß von meinem Kariesfinger entfernt wurde, lief problemlos, und ich dachte, meine Probleme wären vorbei, endlich wieder nach Hause! Dann sah ich sie, die auszubildenden Krankenschwestern, wie sie dem Stationsarzt von Bett zu Bett folgten.

„Das ist Mr. Smith", hörte ich ihn in der nächsten Bettreihe sagen, *„er ist von einer Leiter gefallen und hat sich die rechte*

Hüfte gebrochen. Wir müssen sie mit einer Kunststoffhüfte er-
setzen", usw. usw.

Oh nein! Das könnte peinlich werden. Ich wollte mich verstecken, irgendwo hinkriechen. Ich zog die Bettdecke höher in der Hoffnung, daß sie mich nicht sehen würden, wie den sprichwörtlichen Strauß. Ich versteckte mich zwar, hörte aber wie sie sich meinem Bett näherten und fühlte ihre amüsierten Blicke.

„Das ist Mr. Thompson", sagte der Arzt.

Ich senkte meine Decke ein wenig und wagte einen Blick. Er hielt einen Moment inne, schaute auf ein Blatt Papier und sah mich wieder an.

„Er hat einen Abzeß am Mittelfinger seiner rechten Hand, weil er jemandem damit die Zähne kaputtgeschlagen hat."

Er durchbohrte mich noch einige Sekunden mit seinem Blick, dann ging er weiter, gefolgt von den kichernden Auszubildenden. Die letzte drehte sich zu mir und flüsterte,

„Haben Sie ihn K.o. geschlagen?"

Ich nickte.

„Gut so", sagte sie.

Der Regen fiel regelmäßig und melodisch auf den Asphaltparkplatz, und ich drohte, einzunicken. Fünf vor elf, fünf Minuten bis Feierabend. Montags war es immer ruhig und dieser Montagabend war keine Ausnahme. Die Pommesbude am Straßenrand beim Parkplatz wartete schon auf mich. Der Duft frischgebackener Pommes schrie *Cholesterin, Cholesterin*, zog ins Lokal und blieb verlockend in der Luft hängen, um die wenigen Gäste wie Ratten hinter dem Rattenfänger nach draußen zu ziehen.

Die ersten, die rausgingen, waren zwei dienstfreie Türsteher aus der Nachbarschaft, die ausgezeichnet zur Kategorie *Ratte* paßten. *T* war 1,85 m groß, hatte eine helle Haarkappe und sah immer aus, als ob er Ärger suchte. *D* war etwas kleiner aber schwerer; seine tief versunkenen, scheinbar pupillenlosen, hellgrauen Augen waren zwischen hohen, prominenten Backenknochen eingebettet. Er hatte ein ständiges James Cagney-Lächeln; von seinen gedrungenen Schultern und pendelnden Arme hingen Hände wie Bananenstauden. Sie lachten und scherzten beim Hinausgehen. Hinter ihnen gingen die beiden Holzpuppenzwillinge zur Ausgangstür, zwei junge Kerle mit rosaroten Wangen und Holzpfropfennasen, die an Pinocchio erinnerten. Beide trugen ein blödes, angetrunkenes Lächeln in ihren jungen Gesichtern, als sie hinauswankten. Wenn sie gemeinsam 70 Kilo mitsamt Kleidung auf die Waage brachten, dann war das schon viel.

T und *D* standen bei der blaugefliesten Treppe am Eingang zum *Pippin* und genossen ihre Pommes mit Currysoße auf Papptellern. Die *Pinocchio-Zwillinge* kamen herübergetorkelt, an den Stufen ließ sich das Gleichgewicht besser halten, bis sie ihre Hotdogs verzehrt hatten. Gleichzeitig zu gehen und zu essen war jedoch in ihrem Zustand eine totale Überforderung für's Gehirn. Die Koordination zwischen Mund und Hotdog machte ihnen große Probleme. *Tony die Kopfnuß* und ich hatten gerade die allerletzten Gäste verabschiedet und wollten uns selbst auf den Heimweg machen. Wir sahen zu und kicherten, als der rechte Ellbogen von *Pinocchio Nr. 1* im Vorbeigehen den halbvollen Curryteller von *T* berührte und auf die Stufen klatschen ließ. Der pommesbeladene Holzspieß von *T* blieb mitten in der Luft vor seinem weitaufgesperrten Mund stehen. Beide starrten auf die currybespritzten Stufen. Pinocchio entschuldigte sich tausendmal und bat den Currylosen um Verzeihung, aber der Hungrige war überhaupt nicht amüsiert.

Wir sahen interessiert zu, als *T* sich *Pinocchios* noch unangebissenen Hotdog schnappte, ihm den Leckerbissen ins Gesicht schob und wie in alten Chaplin-Filmen mit langsamen Links- und Rechtsdrehungen auf der Visage zermalmte. Das Opfer zuckte nur mit den Achseln und ließ die Strafe einsichtig über sich ergehen. *Pinochio Nr. 2* ergriff das Wort und entschuldigte sich im Namen seines Kumpels, worauf er nur einen harten Blick von *T* erntete. Die Zwillinge ahnten wohl langsam, daß hier wenig Verzeihung zu erwarten war und beschlossen, sich so gut es ging, aus dem Staub zu machen, also torkelten sie im Zickzack über den Parkplatz, über die kleine Mauer und auf die andere Straßenseite. Als Tony und ich mein Auto auf der rechten Seite vom Parkplatz erreichten, hatten sie es bis zur kleinen Reihe von Geschäften gegenüber geschafft. Der Schlüssel steckte schon in der

164

Fahrertür, als ich bemerkte, wie *T* und *D* sich fingerzeigend über die Zwillinge beredeten. Ich wußte, was jetzt kommen würde. Diese leichte Beute war viel zu verlockend. Sie rannten über die Straße und stürmten brüllend auf die Zwillinge zu, die sich voll in den Angriff umdrehten und beide K.o. geschlagen wurden, ehe sie sich überhaupt eines Kampfes bewußt waren. Die Wucht des Angriffs und der Mangel an Blut in ihrem Alkohol waren die Faktoren, die zu diesem schnellen K.o. führten.

Ich schüttelte angewidert den Kopf, als *T* und *D* die beiden blutigen Puppen, die vor ihnen lagen, mit den Stiefeln traktierten. Unsere Blicke trafen sich über meinem Autodach.

„Wenn sie morgen abend kommen, kriegen sie Saures", sagte Tony. Ich sah wie die beiden regungslosen Körper immer noch über den Bürgersteig gestiefelt wurden.

„Wir müssen jetzt eingreifen, Tony, die beiden bringen sie sonst um." Die Drescherei hörte auf, als wir näherkamen. Ich positionierte mich vor *T*, Tony vor *D*. Einer der Jungs lag zusammengerollt mit offenem, blutenden Mund auf dem Pflaster. Der andere lag blaß und regungslos wie ein Seestern auf den kalten, nassen Steinen. Beide schliefen fest. Mein Herz weinte. So etwas durfte keiner mit zwei hilflosen, harmlosen Menschen machen; es war nicht in Ordnung. *T* und *D* bemerkten unsere mißbilligenden Blicke und bekamen es mit der Angst.

„Ihr seid aus der Reihe getanzt", sagte Tony den beiden, dann sah er mich an. Nichts wurde gesagt, aber seine Gedanken waren meine und meine seine. Wir wußten, was zu tun war. *BUMM!* Tony feuerte einen rechten Cross ab, der seinen Mann bewußtlos aufs Pflaster knallen ließ. Genau zum selben Zeitpunkt und mit dem gleichen Schlag beförderte ich seinen Kumpel ins Land der Träume. Als er fiel, half ich ihm mit einem kurzen rechten Rundtritt zum Gesicht auf den Weg. Meine Beine zitterten nach dem Adrenalinschub. Ich schaute auf die vier bewußtlosen Körper und die Blutlachen, die im Regen tanzten. Tony sah mich an und lächelte,

„Wenn die Bullen jetzt kommen, mach' ich eine Schwalbe. Dann kannst du dir alle fünf von uns gutschreiben lassen!"

12. Kapitel

Wie man mit Frauen klarkommt

Zwei kämpfende Frauen auseinanderzubringen ist eine undankbare und schwierige Aufgabe. Wie macht man es am besten? Wo soll man anpacken? Bei zwei Männern ist die Sache ganz einfach: man trennt sie mit der nötigen Gewalt und schmeißt sie aus dem Klub bzw. Lokal. Wie kann man aber eine Frau anpacken, ohne ihr wehzutun, etwas zu berühren, was man nicht berühren sollte und etwas zum Vorschein zu bringen, was man nicht sehen sollte?

Die meisten Türsteher, zumindest in Coventry, packen eine Frau genau wie einen Kasten Bier an und befördern sie so energisch wie nötig mitsamt zerrissener Strumpfhose und entblößtem Höschen nach draußen, wobei sie versuchen, so wenig sexistisch wie möglich zu sein. Für mich persönlich sind Frauen, die sich kämpfend auf dem Boden eines Nachtklubs wälzen, ein Problem. Ich zeige ihnen wahrscheinlich zuviel Respekt, und wenn d a s als sexistisch angesehen wird, dann bin ich es eben und stolz darauf.

Tony hatte in dieser Hinsicht gar keine Bedenken. Als einmal eine junge Frau Tony mit rassistischen Bemerkungen beleidigte, wurde sie derart energisch in Richtung Ausgang geschubst, daß ich dachte, sie säße auf einem Skateboard, als sie auf dem Hosenboden an mir vorbeiflog, Eine andere, die die Frechheit besaß, Tony zu ohrfeigen, bekam sofort eine Gegenohrfeige, die sie kopfüber und mit dem Rock um den Hals auf den Teppich purzeln ließ. Eine etwas breitgewachsene Frau gab einmal damit an, daß sie Rottweiler züchtete.

„Naja, die Hüften hast du ja dafür", meinte Tony.

Tony ist ein großer, halbrassiger 130 kg schwerer Bud Spencer-Typ ohne Bart, mit dürren Beinen, einem gewaltigen Oberkörper, einem kurzen Afrohaarstil und der Nase von zehn Boxern. Vor einigen Jahren unterhielt er sich einmal

166

mit einer jungen Frau, die scheinbar die Mieze eines bekannten Schlägers aus der Gegend war.

„Hey, das ist meine Freundin mit, der du da redest",
sagte er zu Tony.

„Kein Problem, komm' doch dazu, dann können wir sie alle zusammen bumsen."

Als er sich über diese Bemerkung aufregte, bekam er von Tony einen derart gewaltigen linken Haken, daß er eine Zeitreise zurück gemacht haben muß. Er war so lange bewußtlos, daß seine Kleidung aus der Mode war, als er wieder zu sich kam.

Vier Stufen führten vom Bürgersteig der Hauptstraße zur verglasten Eingangstür von *Nobbys*. Die Türsteher standen hinter dem Eingang im klebrigen, mit Bier besudelten Teppichflur, der zum Barraum des Lokals führte. Da der Flur drei Meter breit war, hatten wir ausreichend Platz, um die Gäste beim Hereinkommen durchzuchecken. Ich bemerkte Dick, einen ehemaliger Türsteher und seine Kumpel, die uns einen unerwünschten Besuch abstatteten.

Dick war offensichtlich der Anführer, denn die anderen hingen aufmerksam an jedem Wort und fanden ihn wohl ganz toll. Ich war eigentlich immer ziemlich gut mit ihm klargekommen, aber nur, weil ich nie Zeit mit ihm verbracht hatte. Jetzt hörte er sich nur aggressiv und grob an. Außer ihm hatte seiner Meinung nach sowieso keiner was drauf. Er hatte den Haarschnitt und das Gesicht eines Draufgängers, muskelöse Arme und Tätowierungen, die nur hier und da etwas Haut sehen ließen. Sein Jeans-Overall mit weißem Sweatshirt verkündete schon von weitem *gewalttätiger Mensch*. Seine drei Freunde hatten alle mißmutige Gesichter und spendeten niemandem ein Lächeln.

Einer fiel mir besonders auf. Er war ständig in Bewegung, die rechte Seite seiner Oberlippe aggressiv hochgezogen. Er wollte Ärger, das sah man sofort. Man roch es förmlich, er wollte jemandem wehtun. Das aggressive Gerede von Dick hatte seinen Blutdurst erweckt.

Je mehr Dick prahlte, desto weniger hielt ich von ihm. Wenn Scheiße fliegen könnte, wäre dieser Kerl garantiert Staffelführer. Er war ernsthaft in Gefahr, an seine eigene Propaganda zu glauben. Ich bemerkte, daß meine beiden Kollegen,

Rob und *Clive der Gauner*, auch langsam die Schnauze davon voll hatten.

„Draußen prügeln sich zwei Frauen", unterbrach ein Fremder meine Gedanken. Wir schauten aus dem Fenster.

„Soll ich das regeln?" fragte ich Rob. Rob fuhr mit dem Finger über seinen blonden Schnurrbart und überlegte kurz. Sein blondes Haar, jugendliches Aussehen und großer, schlanker Körperbau ließen ihn 10 Jahre jünger aussehen, als seine vierzig Jahre. Er war ein altgedienter Türsteher, den ich sehr respektierte, und war als Diplomat bekannt, aber ebenso für seine schnellen Hände, wenn es mal drauf ankam.

„Geh' mal schauen, Geoff." Die frische Luft würde mir gut tun; hier stank es zu sehr nach Eigenlob.

Die beiden Mädchen hatten sich an Armen und Haaren gepackt und wälzten sich strumpfhosen- und höschenzerreißend am Boden. Bei der einen fehlte wie üblich ein Schuhabsatz. Das Ganze sah total würdelos aus. Ich atmete tief durch; diesen Teil haßte ich. Ich bückte mich und wünschte einen Eimer kaltes Wasser oder Ähnliches herbei. Vor dem Lokal befand sich eine Serie von Bushaltestellen, volle und leere Busse, schlangestehende Leute. Alle schauten zu und wollten sehen, ob ich bei meinem Versuch, die beiden zu trennen, etwas Verbotenes berühren oder sehen würde. Als ich gerade mit meiner delikaten Mission beginnen wollte, machte sich eine rauhe, aggressive und bedrohliche Stimme in meinem linken Ohr bemerkbar.

„Laß' sie zufrieden. Laß' sie weiterkämpfen." Ich sah aus meiner halbgebückten Stellung nach oben. Es war der Typ mit der hochgezogenen Oberlippe.

„Wer zum Scheißdreck bist du?" fragte ich höflich. Er lächelte hämisch, die Lippe immer noch hochgezogen. Vielleicht war sie drauflackiert?

„Laß' sie kämpfen, ich will ein bißchen Mö.. sehen."

Netter Junge. Ich war, um ehrlich zu sein, für einen Moment in Verlegenheit. Ich hätte die beiden Mädchen einfach trennen sollen, aber ich überlegte die Situation erst. *Was geht ihn das überhaupt an?* dachte ich. Dann trennte ich die Streithennen, die sich erst einmal gegenseitig beschimpften, dann gemeinsam auf Absatzsuche gingen und dann fröhlich ihres Weges zogen. Ich ärgerte mich über *Ober-lippe*. Ich trug eine Fliege, er wußte, daß ich im Dienst war und redete trotzdem mit mir, als wäre ich ein Stück Scheiße. Ich sah zu, wie er draußen herumlungerte, Leute aggressiv anstarrte und Ärger suchte. Er war ein großer Kerl, kurzes, blondes Haar, ungepflegte Kleidung und eine böse Einstellung. Mann, was für eine Einstellung. Er hielt die Fäuste geballt und die Ellbogen deutlich vor dem Körper ausgestellt, als wenn er zwei Eimer voll Wasser trug. Owen erschien plötzlich aus dem Nichts, eine junge Begleiterin am Arm.

„*Soll ich mir den mal vorknüpfen, Geoff?*" bot er an, indem er auf den Gipsverband schaute, der mein gebrochenes rechtes Handgelenk schützte.

„*Wen?*" fragte ich, als wenn ich es nicht wußte.

„*Den da*", meinte er, indem er mit dem Kopf in Richtung *Wasserträger* nickte.

„*Danke, nein*", sagte ich. Ich fühlte, wie sich der Kampfmotor in meinem Magen anwarf. Ich mußte die Sache selbst regeln, auch mit einem gebrochenen Arm. Seitdem ich mein Handgelenk brach, hatte ich, so schien es mir, Tausende von Faustschlägen mit der rechten Hand ausgeführt, also würde ich sicher zurechtkommen. Hätte ich meine Linke bevorzugt, wäre es wohl auch so gewesen. Sobald *Hasenscharte* näherkam, richtete ich mich für einen Schlag mit meiner bewährten Rechten aus. Die Linke hätte ich ebenso gut in der Tasche behalten können, da ich sie ohnehin kaum einsetzte. Sein Kopf wackelte wie bei einem dieser Spielzeughunde, die Leute auf der Hutablage ihres Autos spazierenfahren. Und dann dieses Lächeln.

„*Hey, tut mir leid wegen eben, Mann.*"

„*Du brauchst dich nicht bei mir zu entschuldigen*", sagte ich, indem ich ihn mit dem linken Handrücken am Bauch antippte, um meine Schlagdistanz zu überprüfen, „*nur sag' mir niemals wieder, wie ich meinen Job zu machen habe.*"

Wie immer stellte sich der bekannte Tunnelblick ein. Ich hörte nichts anderes, nur noch seine Stimme; der ekelhafte Gestank von Gewalt hing in der Luft wie ein zu lange abgehangener Fasan. Er warf die Arme empört zurück, als wenn er fragen wollte, ob ich denn verdammt nochmal nicht wußte, mit wem ich da redete, ob ich denn nicht sehen konnte, wie hart er war, und ob ich denn keinen Kämpfer erkennen konnte, wenn ich einen sah. Nun, das konnte ich in diesem Fall nicht. An seiner Art zu gehen und zu sprechen, an seinem Gesichtsausdruck und seiner Einstellung, an seinem unvorbereiteten Stand, seiner Selbstüberschätzung und seiner zur Schau getragenen Boshaftigkeit erkannte ich vielmehr einen weiteren verdammten Amateur, der gleich eine Lektion bekommen würde. Sah er denn nicht, daß ich ihn schon im Visier hatte? Sah er denn nicht, daß ich seinen Bauch berührte, um die optimale Schlagdistanz einzustellen? Sah er denn nicht, daß sich unter dem Mantel meiner bescheidenen Art eine Schrotflinte verbarg? Sah er denn gar nichts?

„Hier draußen ist es nicht dein verdammter Job", meinte er fingerzeigend. Ich berührte seinen Bauch noch einmal. Distanz ist sehr wichtig, und ich wollte sie perfekt haben. Dann senkte ich die Stimme etwas, um ihn geistig weiter zu entwaffnen.

„Ich sag' dir nur, daß du dich nicht in meinen Job einmischen sollst, OK?" Diesen Satz mit einer Frage zu beenden, war ein weiterer Trick von mir. Wenn man jemandem eine Frage stellt, und sei sie noch so ernst oder unbedeutend, dann beschäftigt sich das Gehirn des anderen momentan mit der Frage, und ich schlage in diesem Moment zu.

BUMM! Ein Schlag mit meiner verbundenen rechten Hand sauste wie ein Pfeil durch die Luft und ging etwas hoch ins Ziel. Eigentlich wollte ich ihn sofort K.o. schlagen, aber ich war etwas übereifrig, weil ich die Sache schnell beenden wollte.

Um einen Schlag genau ins Ziel zu bringen, muß man den Zielpunkt auch genau anpeilen, man schaut zum Unterkiefer und trifft dann auch den Unterkiefer. Ich traf mein Ziel nicht optimal, aber gut genug. Sein Gehirn meinte plötzlich, es sei ein Kohlkopf und seine Beine kamen sich vor wie ein Wackelpudding. Er flog stracks rückwärts und versuchte verzweifelt, die Fassung zu bewahren. Das überhebliche Grinsen hatte sich in einen besorgten, halbbewußten und mitgenommenen Gesichtsausdruck verwandelt. Ich war keiner, der einem geschenkten Gaul ins Maul schaute und stürzte vor, um ihn fertigzumachen. Ich packte ihn an beiden Schultern und wollte ihn in einen Kniestoß ziehen, überlegte es mir aber im letzten Moment und beförderte ihn statt dessen mit dem Kopf voran gegen die Fensterscheibe des Zeitungsladens neben dem Lokal. Als er zu fallen begann, bekam er einen derartigen Elfmeter ins Gesicht, daß mein Fuß wehtat, und krachte zu Boden. Er war aber kräftig und versuchte immer wieder aufzustehen, also bearbeitete ich ihn mit weiteren Fußtritten. Eine aufgeregte Frauenstimme durchdrang schließlich meine Adrenalin-Taubheit,

„*Tritt ihm nicht ins Gesicht!*" Es muß tatsächlich schlimm ausgesehen haben, aber es hätte schlimmer sein können, nämlich wenn ich derjenige gewesen wäre, der getreten wurde. Ich machte einen Schritt zurück, und er stand auf, wobei er den Kopf zusammengekauert mit den Händen bedeckte. Dann verschwand er in der Abenddämmerung. Eine Freundin sagte einmal zu mir, daß der wirklich Starke doch derjenige sein muß, der eine Beleidigung einstecken und trotzdem weggehen, also die andere Backe hinhalten kann. In einer vollkommenen Welt hätte sie recht, aber an der Tür und auf der dunklen Seite der Gesellschaft funktioniert das nicht. Es gehört nicht zu den Spielregeln. An der Tür und besonders im Stadtzentrum von Coventry, hängt dein Überleben vom Respekt ab, den andere vor dir haben. Die gute Mehrheit respektiert dich, weil du ein Gentleman bist, die böse Minderheit nur, wenn du gut kämpfen kannst.

„*Und ob ich schon wanderte im finsteren Tal, fürchte ich kein Unglück, denn ich bin der schlimmste Bastard im ganzen Tal.*"

Glaubt mir, wenn sie eine kleine Blöße in deinem Panzer entdecken, dann zielen sie mit ihren vergifteten Pfeilen genau dorthin. Wie ich bereits gesagt habe, wird man als Türsteher dafür bezahlt, die gute Mehrheit vor der bösen Minderheit zu beschützen. Wenn man es zuläßt, daß diese Leute einen belächeln oder beleidigen, können die Folgen katastrophal sein. Alle, ob gut oder böse, verlieren bewußt oder unbewußt etwas Respekt vor einem, wenn man die andere Backe hinhält. Je öfter man es macht, desto weniger Respekt empfinden sie, bis man schließlich die Kontrolle vollkommen verloren hat. „*Kümmer' dich nicht um den, das ist ein Wichser. X hat ihn letzte Woche total eingeschüchtert.*" heißt es dann.

Wenn man sich dann das nächste Mal durchsetzen will, erntet man nur freche Widerrede. Das kann soweit gehen, daß man den Job verliert, weil gerade die Leute, die einen ermutigen, die andere Backe hinzuhalten, einen letztendlich nicht genug respektieren. Es hört sich vielleicht schlimm an, aber man muß an diesen Typen ein Exempel statuieren, damit andere sagen: *„Leg' dich nicht mit dem an, der läßt sich nicht verscheißern."*

Um in einer gewalttätigen Umgebung zu überleben, muß man schlimmer sein als die Leute, mit denen man es zu tun hat. Nur dann wird man respektiert. Und die Allgemeinheit sieht es zwar gerne, wenn man die andere Backe hinhält, aber nur damit sie einem auf beiden Seiten eine knallen kann. Es ist zweifellos sehr lobenswert, eine Beleidigung einzustecken, sich umzudrehen und wegzugehen, aber ich glaube nicht, daß die Füße einen sehr weit tragen würden, ehe der Beleidiger/Angreifer hinterherspringt und einen zu Brei schlägt. Wenn die Leute nett genug wären, einem den Rückzug aus einer Auseinandersetzung zu erlauben, dann wäre alles toll, aber die meisten denken nicht dran. Warum? Weil diese Leute es nicht als Stärke, sondern als Schwäche auffassen. Es macht sie richtig geil und dient als Vorspeise für ihr Ego. Das Hauptgericht besteht darin, daß dein Kopf mit dem Bürgersteig Bekanntschaft macht.

Es gibt da draußen immer noch einige Leute, die einen kehrtmachen und weggehen lassen, aber bei den meisten geht das nicht. Es ist eine schwere, ja praktisch unmögliche Aufgabe, vorher festzustellen, wer zu welcher Kategorie gehört. Also muß man zum Überleben leider alle gleich behandeln oder die schweren Konsequenzen tragen. Ehe ihr mich aber steinigt, weil ich lieber zuerst zuschlage und mich strikt weigere, die andere Backe hinzuhalten, bedenkt, daß ich meine Erfahrungen habe, beide Wege versucht habe und zu wissen glaube, was funktioniert und was nicht.

Wer das Risiko auf sich nehmen und weggehen will, hat natürlich das gute Recht dazu, aber wenn das Problem sich um seine Frau, Tochter, Mutter oder Vater usw. handelt, muß er auch an deren Sicherheit denken! Neulich wurde eine junge Frau aus der Gegend von drei Jugendlichen angegriffen und halb bewußtlos geschlagen. Dann zogen sie ihr mit einer

Kneifzange einen goldenen Vorderzahn heraus. Die Leute, von denen hier die Rede ist, haben im allgemeinen überhaupt keine moralischen Bedenken und kein Gewissen. Ob wir es nun wollen oder nicht, wir müssen in der heutigen Gesellschaft mit dieser Schattenseite klarkommen.

Dazu fällt mir ein Pressebericht über einen armen Schlucker ein, der die andere Backe hinhielt. Als Braungurt in Judo bezeichnete die Zeitung ihn als „Experten", aber er wurde von drei Angreifern zu Brei geschlagen. Der Artikel zitierte ihn wie folgt:

„Ich hätte sie mit meinem Judo ernsthaft verletzen können, aber ich habe es anders gelernt." Wäre er ehrlich gewesen, hätte er vielmehr sagen müssen:

Ich wünschte, ich hätte mich mit meinen Grundfähigkeiten in Judo verteidigen können, aber ich hatte ganz einfach eine Scheißangst und bekam Muffensausen.

Vielleicht hatte er auch Schiß, ehrlich zu sein.

Ein gutes Beispiel für Respekt war wahrscheinlich der Zwischenfall, den ich bei einer *Acid Party* mit zwei Polizistinnen hatte. Da ich gerade beim Thema *Acid Party* bin, werde ich auch an dieser Stelle meine persönliche Meinung darüber äußern, da diese Veranstaltungen eine sehr schlechte Presse haben. Bei diesen Discoabenden werden auf jeden Fall Drogen genommen, und zwar LKW-weise. Die Kids, die sie nehmen, sind wahrscheinlich in der Mehrheit, nicht in der Minderheit, und eine Acid-Veranstaltung ohne Drogen wäre wie ein Kindergeburtstag ohne Kuchen und Bonbons.

Man sieht es den meisten gleich an, daß sie „*irgendwo draußen bei Pluto*" sind; die Dealer sind aber sehr diskret und professionell und schwatzen niemandem ihre Ware auf, brauchen sie hier auch nicht, die geht von selbst weg. Ich persönlich bin gegen Drogen und halte Drogendealer für Leute, die mit dem Elend anderer handeln. Aber in einer freien Gesellschaft hat jeder das Recht, zu tun und lassen, was er will, also nützt es nichts, wenn ich gegen den Wind schreie.

Drogen in den Körper zu stecken, ist meiner Meinung nach wie Diesel in einen Benzinmotor zu kippen. Es ist ironisch, daß diese Leute sich am Sonntagnachmittag liebevoll ihren Autos widmen, alles innen und außen putzen und polieren und ihre eigenen Körper wie eine Müllhalde behandeln. Wenn Autoteile verschleißen oder den Geist aufgeben, werden sie ausgewechselt oder ein neueres Modell wird angeschafft. Wenn Körperteile aber anfangen, den Dienst zu versagen, dann war's das. Einen Körper gibt's nur einmal; wenn Leute sich den versauen wollen, warum soll ich ihnen eine Predigt halten? Als Dank würde es nur eins auf die Nase geben.

Nach meiner Erfahrung gibt es bei diesen Partys nur selten Gewalt. Die Drogen dämpfen scheinbar die Aggression, und wenn man zusieht, wie sie alle tanzen, dann ist es kein Wunder, daß keine Energie mehr zum Kämpfen übrigbleibt.

Im *Eclipse*-Nachtklub geht es anders zu. Die Inhaber, persönliche Freunde von mir, haben nichts mit Drogen am Hut und übergeben jeden geschnappten Dealer der Polizei oder verpassen ihm im Hinterzimmer eine Lektion. So geht man am besten vor, die Sache an der Wurzel zu packen. Man muß die Dealer wie ein Krebsgeschwür aus dem Körper der Gesellschaft herausschneiden. Die Statistiken zeigen, daß die meisten gewalttätigen Angriffe, Raubüberfälle, Vergewaltigungen usw. unter dem Einfluß illegaler Substanzen verübt werden.

Es sind auch nicht nur die Gäste. Einige Türsteher, vielleicht sogar die Mehrheit, rauchen Hasch oder nehmen Amphetamine und oft Steroide, um sich eine Portion Mut zu geben, die sie *flottmacht* und die ohne Drogen nicht vorhanden wäre. Im Grunde genommen sind sie Feiglinge, die sich Mut bis zum nächsten Morgen ausleihen und dann ein Tief erleben müssen, das tiefer ist als das tollste Hoch. Bei jedem Zwischenfall, den ich je geregelt habe und jedem Kampf, den ich je ausgefochten habe, war ich nüchtern. Ich habe noch nie Hilfe von irgendeiner Droge gebraucht.

Apropos mit Frauen klarkommen, ich muß euch noch von Rob erzählen, der wie gesagt im Kampf mit den besten mithalten konnte, aber eigentlich mehr Schürzenjäger als Kämpfer war und sehr gerne mit Frauen „klarkam". Rob war mit Abstand der seltsamste und witzigste Mann, den ich je kennengelernt hatte. Er liebte einfach seine Späßchen. Mit

174

40 Jahren war er recht alt für einen Türsteher, sah aber wie bereits erwähnt viel jünger aus. An seiner Kleidung konnte man sein Alter eher erraten. In den ganzen Jahren trug er immer dasselbe und sah immer peinlich geschniegelt, wenngleich leicht altmodisch aus, mit spiegelblanken, schwarzen Schuhen, einer schwarzen Hose im Polizeistil, einem blitzweißen Hemd und einer mit Stolz getragenen schwarzen Fliege.

Ab und zu, wenn ihm die Musik nicht gefiel, die von der Band oder vom DJ gespielt wurde, dachte er sich überhaupt nichts dabei, mit großen Ohrenpfropfen aus Toilettenpapier herumzulaufen, um seine Mißbilligung zu signalisieren. Darüber mußten wir alle lachen, aber dem Chef gefiel es gar nicht, Rob stand öfter auf dem Teppich im Chefbüro als der Staubsauger der Putzfrau. Sein Lieblingstrick war, rohe Bratwürste in die Manteltaschen der Gäste zu stopfen, während die Mäntel in der Garderobe hingen. Dann freute er sich wie ein Schneekönig, wenn irgendeine nichtsahnende Schönheit vor Schreck zusammenfuhr, als sie rohes Fleisch mitsamt Kamm oder Haarspange aus der Tasche holte. Manchmal folgten wir den Gästen auch nach draußen, warteten gespannt, bis sie ihre kalten Hände in warme Manteltaschen steckten und schrien dann vor Lachen, wenn wieder mal ein panischer Aufschrei die Entdeckung des kalten Fleischklumpens begleitete. Es hört sich vielleicht zum Kotzen an, aber Rob hatte überhaupt keine Bedenken, irgendeinem Gast eine halbgegessene Bockwurst oder Pizzascheibe in die Tasche zu stecken und sich den ganzen Abend im voraus über die Reaktion zu freuen, die ihre Entdeckung auslösen würde.

Den Todesstoß versetzte er sich jedoch eines Abends selbst, in der engen, 2 mal 2 Meter kleinen Garderobe bei G's. Seine neueste Eroberung war eine süße Kleine, die sich im 80-er Punkrockerstil ganz in schwarz kleidete. Sie hatte eine tadellose, sehr attraktive Figur, aber ein Mundwerk wie eine Kloake. Sie kam manchmal mit Ausdrücken, die selbst mich schockierten. Sie arbeitete als Garderobenmädchen bei G's. Als sie einmal einem jungen Mann kurz vor Feierabend seinen Mantel aushändigte, fragte der fröhlich,

„Woher kommt denn dieses schöne Lächeln in deinem

Gesicht?" Ihr süßes Gesicht verwandelte sich in ein freches Grinsen.

„Von S...."

Es war 2 Uhr morgens und bald Feierabend. Die kleine Schwarzgekleidete, die Kassiererin und ich machten uns für den üblichen Ansturm auf die Garderobe bereit. Rob befand sich zusammen mit der Kleinen in der Garderobe und schubste sie gutgelaunt ein bißchen herum.

„Wenn du mich weiter so nervst, hol' ich deinen Sch.... raus und b... dir einen, und zwar vor allen Leuten!" sagte sie plötzlich laut. *Nettes Mädchen*, dachte ich.

„Dann mach' doch", forderte Rob sie heraus, stemmte seine Arme in die Seiten und schob seine Hüften vor.

„Ja, mach' doch", gab ich hinzu, wohlwissend, daß sie nicht den Mut haben würde. Aber was wußte ich schon? Ich sah fassungslos zu, als sie sich langsam vor ihm hinkniete und mit einem unglaublich verführerischen Gesichtsausdruck langsam und bedächtig den Reißverschluß öffnete, der sein mittlerweile wachsendes einäugiges Ungetüm verbarg, das bestimmt meinte, daß es Geburtstag hätte. Dann nahm sie seinen Sch.... in den Mund, ließ die gesamte Länge hineingleiten und bewegte ihn wollüstig leckend ein und aus, indem sie Rob mit der linken Hand vor und zurück zog. Schlagartig öffneten sich die geschlossenen Augen der beiden, als Carol, die total schockierte Kassiererin, empört aufschrie und aus dem kleinen Kassenraum gegenüber rannte. Der Chef war natürlich von Robs Aufführung wenig begeistert und entließ ihn fristlos. Wußte er denn nicht, daß Oralsex bei der Arbeit verboten war?

Anmerkung der Übersetzer: Im Originaltext heißt es:
"What put that smile on your face?" – "Spunk."

13. Kapitel

Die Jäger und die Gejagten

Es gibt in Coventry einige gute, erfahrene Türsteher, die als Einzelkämpfer überall in der Stadt verteilt arbeiten. Wenn aber einmal das Telefon klingelt und ein „Team" vonnöten ist, werden sie zu einer Bruderschaft. Dann treten Freundinnen und Ehefrauen in den Hintergrund; alle „Türen" bleiben unbesetzt, bis der Notfall erledigt worden ist. Besonders Ende der 80er Jahre war es durchaus nicht unüblich, daß sich 50 erstklassige Türsteher zusammenrotteten und gemeinsam irgendeine Ungerechtigkeit abstellten. Die Polizei war natürlich bestens unterrichtet und sah es gar nicht gerne, aber dagegen unternehmen konnten sie wenig oder nichts. Wir waren unser eigenes Gesetz. Wenn jemand zurechtgewiesen werden mußte, oder wenn eine Kneipe Schutz vor Drohungen aus der kriminellen Unterwelt benötigte, dann kamen wir zusammen und regelten die Sache. Wir waren stark, eigentlich zu stark. Meistens reichte allein unsere Anwesenheit, um es gar nicht erst zu Gewalt kommen zu lassen.

Wenn ein Team benötigt wurde, machte *Big Al* die Organisationsarbeit. Er war der wohl respektierteste Türsteher in der ganzen Stadt und sein Ruf ging weit über die Stadtgrenzen hinaus. Ich hatte einige Jahre lang das Vergnügen, mit ihm im *Pippin* zu arbeiten. Er war ein Hüne von Mann, 1,95 m groß, wog ca. 140 kg und hatte pechschwarze Haut. Er war in höchstem Maße charismatisch und kühler als Eiswasser; obwohl er ein furchteinflössender Kämpfer war, lag seine Hauptstärke anderswo. Als Knüpfer von engen Freundschaften und Diplomat lag seine große Stärke darin, daß er ein sehr, sehr böser Gegner sein konnte, der sich niemandem und nichts beugte. Ganz Coventry wußte, daß man sich mit diesem Mann besser nicht anlegte.

Das Klingeln des Telefons durchbrach die gemütliche Stille des Wohnzimmers in meinem 3-Schlafzimmer-Reihenhaus am Stadtrand. Mein Körper wollte sich nicht aus seiner bequemen, halbliegenden Lage auf dem Sofa aufrappeln, also stand meine Frau widerwillig auf und ging zum Hörer. Warum auch nicht? Sie saß schließlich garantiert nicht so bequem wie ich. Sobald sie den Hörer ans Ohr gelegt hatte, verzog sich ihr Gesicht.

„Es ist für dich, Al."

Mehr brauchte sie nicht zu sagen; ich kannte diesen Blick und diese Reaktion. Meine Ex-Frau war klein und orientalisch hübsch, hatte aber ein außerordentlich ausgeprägtes Bedürfnis nach ehelicher Dominanz und Wutausbrüche wie Schwefelsäure. Keinesfalls die hübsche, sanfte Kreatur, in die ich mich 10 Jahre zuvor verliebt hatte, aber andererseits war auch ich nicht mehr der genügsame, nette 18-jährige, den sie geheiratet hatte.

Der Anruf von Al konnte nur eins bedeuten, wie wir beide sofort wußten. Morgen sollte ein Treffen im *Holly Head* stattfinden. Über die Jahre hatte ich schon mehrfach solche Anrufe erhalten. Obwohl sie jedesmal Streit in meinem Haus verursachten, ging ich hin. Man erwartete es einfach, es war der Preis des Dazugehörens. Natürlich konnte man neinsagen, irgendeine Ausrede erfinden, aber es wurde einem angerechnet und nach ein oder zwei Absagen gehörte man nicht mehr dazu.

„Vielleicht brauche ich auch eines Tages ein Team", sagte man sich, *„wenn ich nicht für sie da bin, wenn sie mich brauchen, kommen sie auch nicht, wenn ich sie mal brauche."*

Meine Ex haßte es, wenn die „Teams" zusammengerufen wurden, sie haßte die Türarbeit und besonders die Selbstsicherheit, die ich durch die Türarbeit bekommen hatte. Vorher hatte ich ihr bei einem Ehekrach nur ungern widersprochen und zog es vor, Konfrontationen aus dem Wege zu gehen. Ich hatte tatsächlich Angst vor der Frau bekommen, die ich vorher über alles liebte. Obwohl es ihr wahrscheinlich selbst nicht bewußt war, verlor sie ihrerseits aufgrund meiner Nachgiebigkeit langsam den Respekt vor mir. Zum Glück für mich und zum Unglück für sie brachte ich das wachsende Selbstbewußtsein, das mir die Türarbeit gab, auch ins Familienleben mit. Der Wurm wandelte sich zum Adler, und die Ehe ging langsam bergab.

John war rein äußerlich ein zäher, mißmütig aussehender Typ mit narbiger Gesichtshaut, aber eigentlich war er ein ganz netter Kerl. Er war der Cheftürsteher im *Holly Head,* und wir waren seinetwegen zusammengekommen. Er hatte Ärger mit einigen kriminellen Schlägertypen bekommen, die das Lokal ab und zu besuchten, und hatte ihrem Anführer während einer Auseinandersetzung die Nase gebrochen. Der war verständlicherweise nicht gerade glücklich darüber. Die Sache setzte sich mit schweren Drohungen fort, bei denen auch Schießeisen usw. erwähnt wurden. Drohungen gibt es bei solchen Zwischenfällen immer, jedoch wird selten etwas daraus, Reden ist billig. Dieses Mal kamen aber immer mehr Drohungen, gefolgt von konkreten Hinweisen aus einschlägigen Kreisen, daß es am Samstagabend auf jeden Fall zu Gewalt kommen würde. Die Bande, um die es sich handelte, hatte einen schweren Ruf in der Gegend und war für Rachemaßnahmen und sogar Hausbesuche bekannt, deshalb wurde das „A-Team" zusammengerufen.

Also fand ich mich im *Holly Head* ein, einem riesigen, von der Hauptstraße abgelegenen Lokal am Rande des Stadtzentrums. Porsches und BMWs waren auf dem großzügigen Parkplatz dieses oh so schmucken, beliebten Lokals die Norm. Hier pflegte man das ganze Jahr über Polohemden und kurze Sommerhosen zu tragen; jeder Mann dort sah aus, als wenn er gerade von einem 4-wöchigen Urlaub auf den Bahamas zurückgekehrt war und die Frauen, als wenn sie gerade eine halbe Stunde im Schönheitssalon verbracht hatten. Körperlich gesehen waren sie die creme de la creme dieser einst stolzen aber heruntergekommenen Stadt, aber mir kamen sie nicht wie richtige Menschen vor. Plastikmenschen, stinkfein und unnahbar. Ich stamme aus der Arbeiterklasse und bin stolz darauf. Ich mag keine Snobs, aber nun genug von meinen Vorurteilen.

Ein Dutzend von uns gingen durch den hohen Eingangsbogen und wurden von einem Türsteher mit schwarzem Anzug und Fliege begrüßt. In der Mitte des mit allerlei alten Krimskrams geschmückten Raums befand sich eine runde Theke. Von allen Wänden prangten einem Jagdtrophäen entgegen. Eine alte, rote Telefonzelle stand stolz in einer Ecke, und der Teppich war weich und luxuriös, nicht klebrig und bierbesudelt wie in den meisten Kneipen. An diesem Abend waren die Plastikmenschen ganz und gar in der Minderheit, denn Al hatte Dutzende von Türstehern zusammengetrommelt. Alle Getränke gingen zu Lasten der Geschäftsleitung. Ich sah mich um. Jedes Gesicht war mir bekannt. Wer Ärger mit dieser Meute bekam, war nicht zu beneiden. Geduldig warteten wir auf einen Feind, von dem wir wußten, daß er sich nicht blicken lassen würde, wenn er ein bißchen Grips hatte. Wir waren bei aller Bescheidenheit die Elite, und sowohl sie als auch alle anderen in der Stadt wußten es, aber wir mußten vorsichtshalber dableiben. Das Klirren von zerbrochenem Glas, normalerweise die erste Warnung für einen Türsteher, daß Ärger bevorsteht, beendete schlagartig jede Unterhaltung. In wenigen Sekunden umzingelten mindestens 20 Türsteher zwei völlig verdutzte Frauen, zwischen denen Streit ausgebrochen war. Noch nie zuvor hatte ich so ein übermächtiges Aufgebot erlebt. Dieser kleine Zwischenfall stellte sich jedoch als Höhepunkt des Abends heraus, denn unsere Sparringspartner machten nicht den ernsthaften Fehler, in Erscheinung zu treten. Einige Leute lassen sich aber nicht verwarnen. Man muß ihnen wehtun.

Matey war groß und schlank, mit schnellen Händen, die er nur zu gerne einsetzte, wenn ihm jemand in die Quere kam. Wenn sich keiner in dieser Kategorie anbot, begnügte er sich statt dessen mit völlig unschuldigen Herumstehenden, um sein Ego und seinen Ruf zu festigen. Er hatte ein böses Talent dafür, anderen Leuten Schmerzen zuzufügen. Er liebte es einfach, Angst zu verbreiten. Wenn er ein Lokal oder einen Klub betrat, füllte ihn die Reaktion mit einer wohligen Wärme, die nur mit einem Orgasmus verglichen werden kann. Ein Mensch, der Freude an Gewalt hat und auch weiß, wie man Gewalt austeilt, ist ein Psychopath und ein sehr gefährlicher Mensch.

Er trug immer abgeschürfte Wanderstiefel aus Nappaleder, die wohl mehrere Erdumrundungen hinter sich hatten. Seine alte, ungebügelte Hose war nicht so faltig wie sein Gesicht, denn er sah aus wie eine Bulldogge, die auf einer Wespe kaut. Sein Haar war tintenschwarz und kurzgeschoren. Jeder hat das Recht häßlich zu sein, aber dieser Kerl überspannte den Bogen. Sein leicht wippender Gang war der Inbegriff der Arroganz. Er und seine drei Kumpel gingen überall zusammen hin und machten sich Feinde wie Millionäre Profit. G war ein sehr gefährlicher Feind; Matey unterschrieb unbewußt sein eigenes Todesurteil und begann, seine eigenen Nachruf zu verfassen, als seine Wanderstiefel ihn durch die Schwingtüren und über den dicken Teppich von G's namenlosem Lokal trugen. G und T waren die besten Chefs, für die ich je gearbeitet hatte; nette Leute und zwei der wenigen, die den Wert eines guten Türstehers kannten. G war kein Kämpfertyp, obwohl er kämpfen konnte; wenn er dein Feind wurde, hattest du selbst schuld. Ich habe noch nie erlebt, daß er sich mit jemandem anlegte, der nicht völlig im Abseits stand. Er war 1,72 m groß und von Natur aus stämmig, mit einem freundlichen, lächelnden Gesicht. Wie die meisten dicklichen Menschen wollte er immer bald eine Diät machen oder ein Fitneßtraining anfangen.

Was ihm körperlich fehlte, machte er jedoch mit Herz und Charakter wett; er war ein wandelndes Lexikon von Geschichten und Witzen. Er schwörte zum Beispiel, daß sein Kumpel einmal den Tacho aus seinem BMW schraubte, um den Kilometerstand vor dem Verkauf zurückzudrehen, und hinten am Tacho einen Aufkleber entdeckte, auf dem stand: *Oh nein, nicht schon wieder!* Gutmütig war er schon, aber gutgläubig auf keinen Fall. Als unser Freund also hereinkam und seine übliche, einschüchternde Schau abzog, teilte ihm G energisch mit, daß das hier nicht ginge – oder so ähnlich. Noch nie vorher hatte irgendeiner den Mut gefunden, Matey zu sagen wie es läuft, aber G beurteilte die Dinge, so wie er sie sah.

Mateys Gesicht verzog sich zu einem bösen Grinsen. *Mehr Sport*, dachte er sich. Der Blutrausch, den er so sehr liebte, stellte sich ein und seine schnelle Rechte schoß wie ein Blitz aus Hüfthöhe vor. G hatte halb damit gerechnet, stürmte innen vor und rang Matey mit einem Schulterstoß zu Boden. Innerhalb von Millisekunden stürzten sich die beiden in der Nähe lauernden Türsteher wie Furien auf Matey und schlugen und traten auf ihn ein, bis er bewußtlos liegenblieb. Dann schleppten sie den schlaffen Körper zu den drei Eingangsstufen und warfen ihn auf den gepflasterten Bürgersteig, wo sein Schädel mit einem dumpfen, ekelhaften Geräusch aufschlug.

Einen Moment sahen sie auf den leblosen Körper herab. Nichts. Dann kam das bekannte, vom Adrenalin verursachte Gefühl der Erleichterung und Entspannung im Magen, dicht gefolgt von Angst, als sie sich bewußt wurden, was sie ausgerechnet wem getan hatten.

„Laßt ihn liegen", sagte G, indem er die beiden Türsteher wieder hereinwinkte, „laßt den Mistkerl krepieren."

G war schon immer sehr fürsorglich. Das Ganze hört sich verdammt gnadenlos an, ist es ja auch, aber Abschaum dieses Kalibers kann man nicht mit Samthandschuhen anfassen.

Die ganze Stadt lebte und lag in Angst und Schrecken vor ihm. An jedem Wochenende, manchmal auch unter der Woche fügte er irgend jemandem schweren Schaden zu. Er stand nie nach irgend etwas Schlange und machte jeden platt, der sein Recht dazu bestritt. Einmal brach er jemandem an drei Stellen die Nase, im Barraum, draußen vor dem Lokal und auf dem Parkplatz, weil dieser zu lange Augenkontakt mit ihm hielt. Jeder der gegen ihn anging, wurde bestraft.

Die Glastür am Eingang explodierte und schoß eine Million Splitter in alle Richtungen, als die Vergeltung in Form eines Molotowcocktails hindurchkrachte. Der Türvorhang brannte sofort lichterloh, und Flammen breiteten sich wie Ausgeburten der Hölle auf dem mit Benzin durchnäßten Teppich aus. G rannte barfuß die Treppe hinunter, den Baseballschläger in der Hand, der normalerweise an seinem Bett Wache stand. Sein Herz pochte wie wahnsinnig und wollte dem Anschein nach aus seiner Brust springen. Nun, mit Baseballschlägern kann man Menschen sehr gut niederknüppeln, aber zur Feuerbekämpfung taugen sie recht wenig, also wechselte er seinen gegen den roten Feuerlöscher aus, der in der Nähe an der Wand hing.

Das Feuer zischte und fraß sich in die Holztür und in den feinen Teppich. Schaum sprühte aus dem Feuerlöscher und erstickte rasch und wirkungsvoll die Flammen. Das Feuer war aus. G's Herz auch, fast raus aus seiner Brust. T, seine Frau, näherte sich von hinten, schob ihren Arm um seinen mit dem Schlafanzug bekleideten Leib und massierte einfühlsam seine Brust. Sie starrten die verkohlten Reste der

182

Eingangstür an und wurden sich bewußt, daß es sie, ihre Kinder, ihre Leben hätte treffen können. Beide wußten, wer und warum. *G* seufzte tiefer als je in seinem Leben. Es war Krieg.

Früh am Samstag abend, achtzehn Uhr. Das hundert Jahre alte Steingebäude, *G's* Lokal, stand ruhig, einsam und fast menschenleer; die Ruhe vor dem Sturm. Die Holztheke mit ihren unzähligen Flaschen und Gläsern schien fast geisterhaft und unheimlich. Der Teppich atmete das verschüttete Bier und den Rauch des vorigen Abends wieder aus.

G saß schweigend mit drei anderen an einem Tisch. *T* und die beiden Kinder hatten aus Erfahrung gelernt, wann Reden und wann Schweigen angesagt war. Er schob sein Abendessen mit der Gabel erst zum Tellerrand, dann wieder in die Mitte. *T* wußte schon beim Kochen, daß er es nicht essen würde, aber sie kochte es ihm trotzdem. Als sie es auftischte, wußte er, daß er es nicht essen konnte, aber er nahm es an und dankte ihr dafür. Es war eine Schutzmauer, ein Spiel, das man spielt, wenn Sorgen einem den Appetit töten. Wenn man einfach weitermacht und so tut, als wenn alles wieder gut wird, dann wird es auch wieder gut, vielleicht. Seine zwei kleinen Töchter schienen nichts zu merken und aßen unbekümmert, aber in ihrem Unterbewußtsein registrierten sie sicherlich alles, was um sie herum vorging, und wurden davon geprägt. Diese Erfahrungen würden ihnen bestimmt im späteren Leben nützen. Ist es richtig, Kinder vor solchen ekelhaften Brutalitäten zu verschonen, oder setzen wir sie nur unvorbereitet einer bösen Welt aus, wenn wir sie allzu sehr verhätscheln?

Das unangerührte Abendessen von *G* lag unten in der Mülltonne, ein Symbol für die Notwendigkeit, etwas gegen die Situation zu unternehmen, die sich seit der Pubertät von Matey in der Gegend zusammengebraut und zugespitzt hatte – und zwar nicht mit Worten.

G war verzweifelt. Was war zu tun, was konnte er tun? Er durchsuchte die Korridore seiner Gedanken nach Lösungen. Er hatte diesen Weg schon mehrere Male in seinem Leben beschritten und wußte die Antwort schon vor der Suche, aber er wollte sie nicht wahrhaben. Er hatte sich schon beim letzten Mal geschworen, daß es wirklich das letzte Mal sein würde. Mit diesem Zuckerbrot gibt man seinem Herzen Hoffnung, wenn es mit Sorgen geplagt ist: *Stehe es noch einmal durch, es wird das letzte Mal sein; dann sind wir endgültig frei. Mach' es nur noch dieses eine Mal.* Aber selbst wenn man sich sagt, es sei das letzte Mal, weiß man es besser. Es wird nie so sein.

Neunzehn Uhr, bald Zeit, das Lokal aufzumachen. Mann, diese lange Warterei. Sein Zeitgefühl war völlig durcheinandergeraten, die Ungewißheit stieß ihm bereits den ganzen Tag Dolche ins Herz. Er wollte die Sache endlich hinter sich bringen. Ein lautes Pochen an der schweren neuen Eichentür ließ seinen Adrenalinspiegel hochschnellen. Noch ehe er die Tür entriegelte und öffnete, wußte er, wer da draußen stehen würde, aber er war erleichtert, daß die Stunde der Wahrheit jetzt gekommen war. Wenn dieser Bastard kämpfen wollte, dann hatte er die richtige Adresse gefunden. Matey stand in drohender Haltung auf der obersten Stufe, sein breites *Ich-bin-wieder-da*-Grinsen nur von der golfballgroßen Schwellung an seiner Oberlippe unterbrochen, die fast die dicke, sturmblaue Platzwunde unter dem blutunterlaufenen rechten Auge berührte.

Seine drei Kumpel standen kampfbereit auf der untersten Stufe. Baseballschläger, Eisenstange und Messer wurden offen zur Schau getragen, eine arrogante Herausforderung für G, das Gesetz und das Leben im allgemeinen. G versuchte seine schneller werdenden Atemstöße mit einem Seufzer zu verbergen, der zu sagen schien: *„Nicht du schon wieder; ich dachte, du hättest deine Lektion gelernt.“* Er faßte sich, errang die Kontrolle über seinen zitternden Körper und zeigte dann mit dem Finger auf Matey. Seine Augen weiteten sich in sarkastischer Überraschung.

„Irgendwie kommst du mir heute anders vor. Wie geht's dir denn so? Als ich dich das letzte Mal sah, warst du bewußtlos.“

Als die Wut gerade aus Mateys Ohren dampfen wollte, erschienen Dave, ein kurzer, untersetzter Judoka und Pete, ein größerer, athletisch aussehender Typ aus dem Lokal und flankierten G.

„Die Jungs kennst du doch schon, oder?“

184

Seine Worte waren noch in der Luft, als Mateys Faust ihr Ziel fand und ihn zu Boden schlug. Im Fallen umklammerte er Mateys Beine in Rugbymanier und beide purzelten die Treppe hinunter. Dave schleuderte einen schweren Bierkrug mit aller Kraft zum Kopf des Messerträgers, der gerade seinen Arm gehoben hatte, um den sich mit Matey auf dem Kopfsteinpflaster wälzenden *G* abzustechen. Unwillkürlich streckten sich seine Finger vor Schock, und er ließ das Messer fallen. Er schrie wie am Spieß, stieß immer wieder gellende Schmerzschreie aus, tanzte mit beiden Händen am Kopf umher, wollte den Schmerz und das sickernde Blut stoppen, das ihm vom Schädel durchs Haar quoll.

Petes Baseballschläger lieferte sich mit dem seines Gegenübers ein Gefecht; Holz knallte gegen Holz. Dave nahm alle drei Stufen auf einmal und schnappte sich Nr. 3, beförderte ihn mit einem Ogoshi-Hüftwurf zu Boden und lenkte seinen Kopf im Fallen aufs harte Pflaster.

„*Polizei!*" rief irgendwo jemand. Alle stoben sofort auseinander, mit Ausnahme von *Kopfverletzung*, der immer noch schrie und seinen Indianertanz aufführte.

„*Ich komm' mit ner Knarre wieder, du Bastard,*" hörte *G* gerade noch, als die Tür sich hinter ihm schloß. Das Blut draußen auf dem Kopfsteinpflaster war immer noch hellrot und warm, als die Jungs ihr drittes Bier zur Feier des Tages hinunterkippten. *G* aß eine Kleinigkeit, während sein Appetit es noch zuließ. Runde zwei war an *G* gegangen.

Der Tag begann für ihn früh, um fünf Uhr. Schlaflose Nächte waren ein weiteres Beiprodukt von Sorge und Streß, aber er beklagte sich nie, er hatte es alles schon erlebt. *G* und seine Sorgen waren gute Freunde, Bettgenossen. Er kam damit klar. Außerdem sollte es ja auch gut für den Charakter sein. Seltsamerweise hatten jedoch alle diese Hürden und Aufgaben, die dem Geist guttun sollten, eine zerstörerische Wirkung auf den Körper. Viele Lokalwirte sterben an Herzinfarkten, leiden an Magengeschwüren oder erleben Nervenzusammenbrüche, aber die Brauereien sind in diesen Fällen immer sehr verständnisvoll. Solange diese Problemchen nicht den täglichen Betrieb stören, haben sie nichts dagegen. Es hatte jedenfalls keinen Zweck, im Bett zu liegen und über alles nachzudenken. Wenn man die Gedanken sich selbst überläßt, halten sie sich nur mit den Problemen auf und ziehen einen in einen Strudel wachsenden Unglücks. Also stand er auf, zog den Vorhang etwas beiseite und rieb sich ein Guckloch am beschlagenen Fenster frei. Selbst von hier oben konnte er die dunkle, eingetrocknete Blutlache unten auf dem Bürgersteig ausmachen, die ihn sofort an den gestrigen Abend erinnerte und an die Tatsache, daß die Sache noch nicht ausgestanden war. Er konnte natürlich die Polizei verständigen, aber das wäre ebenso nützlich wie wenn einer den Schullehrer informiert, daß sein Kind in der Schule traktiert wird. Es zeigt dem Peiniger nur, daß man Angst hat und mit der Situation nicht alleine klarkommt.

Den ganzen Tag, die ganze Woche lang brachten ihm seine Gäste die Information, daß Matey etwas ausheckte, und zwar etwas Schweres. Es war auch nicht nur dummes Gerede, denn G hörte aus verläßlicher Quelle, daß Matey auf der Suche nach einer Pistole war. Er mußte leider einsehen, daß sich dieser Mann nicht mit den normalen Methoden aufhalten ließ. Gut, wenn er mit Schußwaffen spielen will, dann spielen wir eben mit Schußwaffen. Es ist wie beim Poker. Wenn man gewinnen und den Preis nehmen will, muß man mithalten, ob mit guten oder schlechten Karten. Bis zum Ende mithalten, egal was der andere setzt, und hoffen, daß er am Ende nur geblufft hat oder die eigenen Karten besser sind.

Eines hat man im Gaststättengewerbe immer zur Genüge, nämlich Kontakte. Ein Telefongespräch mit einem alten Freund in Touster, Northamptonshire, und eine halbautomatische Pistole von Sauer & Sohn wechselte für 150 Pfund den Besitzer. Der Vorspann war vorbei, jetzt begann der Hauptfilm. T fand es gar nicht gut, daß „Blei" ins Spiel gebracht wurde; G versicherte ihr aber, daß es nicht anders ging, und daß er Matey ja nur mit der Pistole abschrecken wollte. Vorsichtshalber würde er sie jedoch laden.

Seltsamerweise lebte Matey in einem netten, ruhigen Wohnviertel; G erhielt seine Adresse über einen weiteren Kontakt bei der Post. G, Dave und Pete saßen also am nächsten Freitagabend in einem „geliehenen" Auto, in einer kleinen Seitenstraße etwas abseits von Mateys Wohngebiet. Sie hatten herausgefunden, daß er diesen Weg jeden Freitag auf dem

Weg zur Stadt nahm. Es war Vollmond, und die kalte Novemberluft ließ *G's* Zähne klappern. Dave und Pete saßen hinten. Dave trug eine Schafslederjacke mit hochgeklapptem Kragen, der sein Gesicht verbarg und am Rand seiner schwarzen Pudelmütze abschloß. Auch Pete hatte den Kragen seiner Lederjacke hochgeschlagen; schwarze Lederhandschuhe schützten seine Hände vor der Kälte. *G's* buntgemusterte Trainingsjacke paßte hingegen überhaupt nicht zur warmen, dunklen Kluft seiner beiden Mitstreiter. Er berührte den kalten Stahl der Waffe in seiner Tasche. Die letzte Runde stand jetzt an. Er dachte an sein warmes Bett, an Tracy, an seine Kinder. Die Gedankenblase platzte aber, als Matey plötzlich hinter ihnen um die Ecke bog. *„Scheiße, wenn der Mond bloß nicht so hell wäre; wir stehen hier wie im Rampenlicht."* Matey muß in seinen Gedanken eine Million Kilometer entfernt gewesen sein, denn selbst in dieser sonst leeren Seitenstraße nahm er das Auto und seine Insassen nicht wahr. *G* beobachtete ihn im Rückspiegel und alle machten sich bereit.

Sobald er das Auto erreicht hatte, flogen die Türen auf. Alle drei stürzten sich auf ihn, schlugen und wälzten ihn zu Boden. Dave packte ihn an den Beinen, Pete am Kragen seiner Lederjacke; dann schleiften sie ihn über den Asphalt in eine abgelegene Ecke, wobei ihm die rauhe Oberfläche die Haut von Knöcheln und Gesicht schürfte. Sein verzweifeltes Zappeln erntete ihm einen heftigen Tritt von *G*, der seine stahlgekappten Stiefel für diesen besonderen Anlaß aus dem Schrank geholt hatte. Er wurde ruhiger, atmete aber in kurzen, scharfen Stößen.

Auf so einem Spielfeld hatte er noch nie gespielt. Es war ein sehr großes Feld, und er war ein kleines, verlorenes Kind. Es gefiel ihm ganz und gar nicht. Sie schleppten ihn in einen schmalen, kiesbedeckten Durchgang zwischen zwei neuen Fabrikgebäuden, wo kaum Platz für alle vier war. Pete hielt Matey am Boden, indem er den Kragen seiner Jacke festhielt, und Pete setzte sich auf seine Beine. *G* schaute herrisch auf ihn herab und lächelte. Der total verängstigte Ausdruck in Mateys Gesicht sagte ihm, daß die letzte Runde in einem langen, langen Kampf jetzt zuende ging.

G zog die Pistole langsam aus der Tasche und zeigte sie

dem zitterndem Wrack, das vor ihm lag. Mateys Augen quollen fassungslos hervor; seine Lippen versuchten Worte zu formen, die nicht kommen wollten. Nur Speichel lief ihm aus dem Mundwinkel, wie eine Ratte, die ein sinkendes Schiff verläßt. G hatte jetzt keine Angst mehr; ein fast unkontrollierbares, unbeschreibliches Machtgefühl durchrauschte seinen Körper, und eine dunkle, unheimliche Stimme im Hinterkopf sagte: *Erschieß` ihn, erschieß' ihn, erschieß' ihn.*

„*Du hast jetzt endgültig ausgeschissen*", sagte er, „*Du hast zuviele Leute verärgert, also mußt du jetzt weg.*" Er rammte Matey den Pistolenlauf in den Mund, wobei er ihm die Lippen aufriß und die Vorderzähne zerbrach, und verharrte mehrere endlose Sekunden in dieser Pose. Matey sah sein ganzes Leben vor sich abspielen und Dampf stieg aus seiner Hose, als sich seine Blase entleerte.

„*Knall' das Schwein ab*", drängte Dave. „*Mach' ihn kalt. Gib' mir die Knarre, ich mach's selbst.*"

Mateys Augen drehten sich in die äußersten Ecken ihrer Höhlen in ihrem Versuch, Daves Gesicht zu sehen und festzustellen, ob er bluffte oder todernst war. Wenn er bluffte, war es ein wirkungsvoller Bluff. Mateys leises Winseln, wie das eines eingesperrten Welpen, brachte G wieder zu sich; für einen Moment hatte er wirklich dran gedacht, abzudrücken. Er zog den blutigen Pistolenlauf aus Mateys Mund und sagte abschließend,

„*Nein, der ist es nicht wert. Ich glaube, er hat kapiert. Wenn du dich noch einmal in der Nähe von meinem Laden blicken läßt, bist du ein toter Mann.*"

Matey zitterte und weinte vor Erleichterung. G sah und hörte nie wieder etwas von ihm.

Das war natürlich ein Extremfall; so weit muß man nur sehr selten gehen. Man muß jeden Fall einzeln beurteilen, wie zum Beispiel den Diebstahl eines Schecks aus meinem damaligen Mietzimmer.

Nach einer zweiten Operation an meinem gebrochenen Arm war ich von meiner Fabrikarbeit krankgeschrieben und galt als vorübergehend arbeitsunfähig, weswegen ich freundlicherweise als Mietkostenzuschuß für das besagte Zimmer monatlich 120 Pfund vom Arbeitsamt erhielt. Das Zimmer maß ganze 3 mal 3 Meter und befand sich mit mehreren anderen Mietzimmern in einem alten, heruntergekommenen Reihenhaus ganz am Rande der Stadt, in einer Straße, die rund um die Uhr zugeparkt war. Die alte, bröckelige Mauer im Vordergarten grenzte ein winziges Stückchen grasloser Erde ab, das von zerrissenen Müllbeuteln und Abfall übersät war. Der Hintergarten war noch schlimmer und bot unzähligen Ratten ein Zuhause, die die umherstreunenden Katzen terrorisierten. Meine Vorbewohnerin war eine junge, zahlungsunfähige Prostituierte gewesen; das Bett hatte also eine recht bewegte Geschichte und eine total ausgeleierte Matratze.

Der Teppich war mindestens hundert Jahre alt und hatte mehr Löcher als ein Schweizer Käse. Den Stromzähler mußte man immer dann füttern, wenn gerade ein toller Film im Fernsehen lief und man keine 50-Pence Münzen mehr hatte. Ein altes, mit Klebefilm geflicktes Stromkabel ohne Anfang oder Ende verlief beim Waschbecken unter dem Teppich und war an jedem Loch sichtbar. Es schien das Waschbecken förmlich zu bewachen, denn wer nach einer Wäsche unachtsam mit nackten Füßen draufstand, erhielt einen Stromschlag, der ihn durchs Zimmer warf. Aus Erfahrung lernte ich, daß man sich besser auf dem Bett stehend abtrocknete, es sei denn, man trug Gummistiefel. Na ja, wenigstens ein Dach über dem Kopf.

Das Problem mit der gemeinschaftlich genutzten Eingangstür war der gemeinsame Briefschlitz. Manchmal verschwand die Post, noch ehe sie die schmutzigen, angebrochenen Steinfliesen unter dem Briefschlitz berührte, obwohl meine bis dato noch nicht angerührt worden war. Eine Woche nach Fälligkeit meines Schecks rief ich das Arbeitsamt an und beschwerte mich, daß noch nichts gekommen war. Man informierte mich, daß der Scheck nicht nur pünktlich abgeschickt, sondern auch eingelöst worden war. Jeder in diesem Mietshaus kannte mich; ich war also mehr als ein wenig darüber empört, daß irgendein Mitbewohner mich offensichtlich bestohlen hatte. Ich konfrontierte also jeden einzelnen im Haus, und jeder bestritt energisch, etwas mit dem Scheck zu tun gehabt zu haben. Trotzdem erzählte ich ihnen, was ich mit dem Schuldigen vorhatte, wenn ich ihn früher oder später erwischte. Mein Hauptverdächtiger war der junge Kerl, der das Zimmer neben meinem bewohnte, eine 1,90 m große Bohnenstange. Er war als Scheckdieb bekannt, kannte aber meinen Ruf und stritt die Tat mehrmals ab. Er wirkte auch sehr überzeugend, blieb aber auf meiner Liste der Verdächtigen ganz oben. Das Arbeitsamt weigerte sich, mir einen Ersatzscheck auszustellen, jedoch gab man mir eine Fotokopie des besagten Schecks, den ein gewisser T. J. Goss auf ein Konto bei der Lloyds Bank eingezahlt hatte. Innerhalb der nächsten Stunde standen Sharon und ich bei Lloyds am Schalter und bestanden darauf, den Filialleiter oder wenigstens seinen Assistenten zu sprechen. Es war keiner da. Der Filialleiter war in einer Besprechung (ist es nicht immer so?). Der junge Mann, mit dem ich sprach, bestätigte mir zwar, daß der Scheck auf das besagte Konto eingezahlt worden war, konnte mir aber wegen der Vorschriften nicht die Adresse des Kontoinhabers geben. Das Gesicht des jungen Mannes kam mir von meiner Arbeit bei *G's* bekannt vor, also trat ich näher heran und flüsterte,

„Hey, du kennst mich doch. Schreib' mir doch einfach die Adresse auf ein Blatt Papier, damit ich die Sache regeln kann. Keiner wird's merken."

Er sah sich um, zögerte einen Moment und kritzelte dann etwas auf ein Stück Papier, das er mir zuschob.

„Sei bloß vorsichtig, es geht um meinen Job", sagte er.

Das Haus lag im Stadtteil Longford, ganz in meiner Nähe. Ich kannte die Gegend sehr gut, aber der Name auf dem Papier sagte mir nichts. Mit Sharon an meiner Seite klopfte ich mit pochendem Herz an der Tür des kleinen Reihenhauses. Nichts. Ich klopfte noch einmal. Wieder nichts. Das Haus befand sich am Ende der Reihe und war durch eine kleine Gasse von der nächsten Reihe getrennt. Ich hüpfte links über eine kleine Gartenmauer und ging durch diese Gasse, um das Haus von hinten abzuchecken. Es war keiner da, nur eine behangene Wäscheleine und eine Kinderrutsche. Wir gingen zum Auto zurück.

„Ich komm' nachher wieder", sagte ich Sharon.

Sie war nur mitgekommen, um so etwas einmal zu erleben. Eine Live-Situation war mehr wert als hundert künstliche Kämpfe im Trainingsraum.

Zwei Stunden später stand ich wieder an dieser Haustür und

190

klopfte mit pochendem Herz. Ich wollte die Sache hinter mich bringen. Mein verbissener Gesichtsausdruck erschreckte die nette kleine Frau, die alsbald die Tür öffnete. Meine weiche Stimme beruhigte sie jedoch ein wenig.

„*Ist Mr. Goss zu Hause?*" fragte ich.

„*Ja*", sagte sie. „*Fred, hier will dich jemand sprechen*", rief sie die Treppe hinauf. „*Komm' mal runter.*"

Ich bedankte mich und wartete im schmalen aber gepflegten Flur, wo ich mir auch den Baseballschläger merkte, der an der Treppe Wache stand. Fred kam ohne Hemd nach unten; seine dunkle Haut und das schulterlange Haar erinnerten mich an einen Apachen. Seine Stimme bebte leicht, obwohl er es zu verbergen versuchte.

„*Kommen Sie rein*", sagte er, ging vor mir ins Wohnzimmer und setzte sich in einen dunkelbraunen Sessel.

„*Was kann ich für Sie tun?*"

Ich faltete die Fotokopie meines geliebten Schecks aus und reichte sie ihm.

„*Ich bin gekommen, um diese Sache in Ordnung zu bringen*", antwortete ich.

Er sah sie sich an. Er wußte, worum es ging, das merkte ich sofort, aber er konnte es kaum zugeben und spielte erst einmal sein Spielchen. Er faltete die Fotokopie zusammen und gab sie mir zurück.

„*Ich bin Gebrauchtwarenhändler, also seh' ich viele Schecks. An diesen kann ich mich nicht erinnern*", sagte er und zuckte wenig überzeugend mit den Achseln.

„*Mein Name ist Geoff Thompson. Das ist eine Fotokopie eines Schecks, der mir gestohlen wurde. Ich will ihn wiederhaben, und ich will die Person, die ihn mir gestohlen hat*", sagte ich trocken und ohne jegliche Freundlichkeit in meiner Stimme.

„*Ich mach' Ihnen einen Vorschlag. Kommen Sie morgen in meinen Laden. Wir gehen zusammen durch meine Rechnungsunterlagen und schauen mal nach, wer mir diesen Scheck gebracht hat. Ich habe das Gefühl, er hat ein Videogerät damit gekauft, aber ich muß erst in meine Bücher gucken, um sicher zu sein. Kommen Sie morgen zu mir.*"

Ich sah ein, daß er persönlich nichts mit dem Scheckdiebstahl zu tun hatte und nur eine Zwischenstation war, also entschuldigte ich mich für die Störung. Trotzdem wußte ich, was lief. Ich wußte, daß Gebrauchtwarenhändler oft mit gestohlenen Schecks handelten, dafür Waren verkauften oder sie sogar für einen Bruchteil ihres Werts ankauften, aber das ging mich hier nichts an. Er war, wie gesagt, nur der Mittelsmann. Ich wollte den Kerl, der ihm den Scheck übergeben hatte.

Der große Gebrauchtwarenladen stand neben einem *Fish & Chips*-Laden inmitten einer recht rauhen Gegend im Süden der Stadt. Rasenmäher, Gartengeräte und Büroschränke standen draußen wie Waisenkinder, die ein neues Zuhause suchten. Drinnen gab es alles, von Hanteln aus vierter Hand bis zu Eheringen aus zweiter. Fred huschte umher und versuchte, cool auszusehen, als wenn meine Anwesenheit ihn nicht störte. Ich wußte aber, daß er nervös war. Man hatte ihm sicherlich schon gesagt, *Gib' ihm, was er will. Mit dem ist nicht gut Kirschen essen.*

„*Was hast du für mich rausgefunden, Fred?*" fragte ich ihn.

Er konnte mir nicht in die Augen sehen. „*Ich hab' mal in meine Bücher geschaut. Ich hatte recht, er hat ein Videogerät damit gekauft, aber ich kann mich nicht mehr an ihn erinnern. Er kommt nur selten hierher. Tut mir leid, aber ich kann dir nicht weiterhelfen.*"

Er spielte mein eigenes Spiel, war aber nicht in meiner Liga.

„*Hör' mal zu Fred, ich weiß genau, daß du ihn kennst und daß du ihn nicht verpfeifen willst. Ich will dir auch keinen Ärger machen, weil ich weiß, daß du nur der Mittelsmann bist, aber ich bleib' dir auf der Pelle, bis du den Namen 'rausrückst. Das willst du bestimmt nicht, weil es schlecht für's Geschäft ist. Mir ist egal, wer er ist oder wen er kennt. Ich werde ihn finden und zerstören.*"

Er schaute zum Boden.

„*Ich kann auch keinen Ärger gebrauchen, Mann. Ich hab' gerade 18 Monate abgesessen. Ich brauch' jetzt Ruhe.*"

Ich gab ihm keine Antwort.

„*Hör' mal, komm' morgen wieder; ich seh' mal, was ich tun kann.*"

Er hatte keinen Bock mehr. Er hatte Angst vor mir, wollte

sich aber nicht den Ruf eines „Sängers" einhandeln. Das wäre in dieser Branche tödlich für ihn. Zu Hause machte er sich immer noch Sorgen. Diese Scheiße konnte er wirklich nicht gebrauchen.

„*John, wer ist denn dieser Geoff Thompson überhaupt?*" fragte er seinen Schwager am Telefon. „*Der macht mir wegen einem gestohlenen Scheck Ärger, den ich von irgendeinem Kerl angenommen hab'.*"

„*Was will er denn von dir?*" fragte John.

„*Er will wissen, von wem ich den Scheck angenommen hab', aber ich will den Kerl nicht verpfeifen.*"

John warnte ihn.

„*Wenn du nicht ins Krankenhaus willst, Fred, dann sag's ihm. Der ist stadtbekannt und hat verdammt gute Beziehungen. Ich kenn' ihn. Verscheißer' den bloß nicht. Sag's ihm, sonst bist du dran.*"

„*Nein, ich kann den Jungen nicht verpfeifen. Ich kann's einfach nicht.*"

Ich bewunderte seinen Mut; er ließ sich nicht leicht einschüchtern. Mir gefiel es überhaupt nicht, daß er die Finger an meinem Scheck gehabt hatte, aber irgendwie mochte ich ihn trotzdem. Er war ein richtiger Typ und hatte Mumm, aber Geschäft ist Geschäft. Ich beschloß, ihm ein Ultimatum zu stellen. Gib' mir den Namen oder du bist selbst dran. Ich adressierte einen frankierten weißen Umschlag an mich selbst und steckte einen blanken Papierzettel hinein. Meine Absicht war, Fred diesen Umschlag zu geben und ihm klarzumachen, daß er den Namen auf den Zettel schreiben und den Umschlag innerhalb einer Woche abschicken sollte. Wenn ich ihn nicht innerhalb einer Woche erhielt, würde ich seinen Laden kurz und klein hauen und mir mein Geld von ihm holen. Ich atmete tief ein und betrat den Laden. Sobald Fred mich sah, kam er zu mir herübergeschossen. Ich brauchte nichts zu sagen und nicht zu drohen.

„*Ich hab' mich überall in der Stadt über dich erkundigt und du hast einen guten Namen. Alle meinen, daß ich dir's sagen soll.*"

Ich unterdrückte ein frohlockendes Grinsen.

„*Also, wie heißt er?*" „*Paul*", sagte er.

Auf der Rückfahrt ließ ich mir die ganze Sache noch einmal

durch den Kopf gehen. Ich konnte einfach nicht glauben, daß dieser spindeldürre Bastard die Frechheit gehabt hatte, mich zu beklauen. Für mich war er niedriger als Ameisenhoden. Er hatte mich schwer enttäuscht und würde eine Lektion von mir bekommen müssen. Mein Klopfen an seiner Tür wurde nicht beantwortet, also trat ich kurzerhand die Tür ein.

Sein Zimmer war noch kleiner als meins, aber vollgestopft mit teuren Elektrogeräten, einige noch originalverpackt, Stereo, Fernseher und Videogerät. Ich nahm mir vor, alles als Entschädigung für meinen Verlust mitzunehmen, falls er bis heute abend nicht zurückkam. Eigentlich wollte ich es gleich tun, aber unterließ es aus Rücksicht vor seiner kleinen, blonden Freundin, die mit ihm lebte. Er hatte ihr auf das Leben seiner Mutter geschworen, daß er nie wieder klauen würde, wenn sie nur bei ihm blieb. Liebe ist nicht blind, sie kann ausgesprochen dumm sein, aber ich wollte ihr nicht wehtun.

In dieser Baracke ereilten einen nächtliche Depressionen schneller als die Starre nach dem Tod. Wie oft lag ich im Bett und ersehnte mir den Schlaf herbei, der mich für kurze Zeit erlösen würde, um morgens aufs neue mit Depressionen aufzuwachen. Ich klopfte an seiner reparierten aber noch zersplitterten Tür. Er öffnete sie gerade soweit, daß er den Kopf herausstecken konnte. Die Wut stand mir im Gesicht geschrieben, aber er blieb vorerst cool.

„Geoff, alles OK?"

Ich beantwortete seine Frage mit einer Frage.

„Ich glaub' du hast mir etwas zu sagen, oder?"

Er kam in den Flur und schloß die Tür hinter sich, um seine Tat vor *Blondie* zu verbergen. Er sah mit Recht verängstigt aus, denn ich wollte ihn verhauen. Ich stieß ihm den Zeigefinger auf die Brust.

„Du hast meinen Scheck gestohlen!"

Er deutete mit den Fingerspitzen auf die Brust, als wenn er sagen wollte „Wer, ich?"

„Nein Mann, ich nicht, das würde ich dir nicht antun, Geoff."

Ich hatte vor, ihn gleich im Flur K.o. zu schlagen, aber er muß wohl geahnt haben, daß es gleich Prügel geben würde und blieb ständig in Bewegung, als ich an ihm Maß nahm. Offensichtlich hatte er schon einmal Saures bekommen.

„Komm mit nach unten, Mann. Gehen wir nach draußen. Ich will nicht, daß sie mithört." Er deutete mit dem Kopf zur Tür.

Natürlich wollte er nicht, daß sie mithörte, aber er wollte nicht deswegen nach draußen. Er wollte nach draußen, weil er sich dort sicherer fühlte, in der Annahme, daß ich ihn nicht in aller Öffentlichkeit schlagen würde. Seine zweite Masche war, sich auf die kleine Gartenmauer zu setzen. Ich würde doch wohl nicht auf einen sitzenden Mann einschlagen! Die dritte Masche war, seine Brille abzunehmen und die Gläser zu putzen. Nicht weil sie es nötig hatten, sondern um die Tatsache zu unterstreichen, daß er eine Brille trug. Keiner würde einen Brillenträger schlagen. Der war auf jeden Fall schon einmal verhauen worden! Ich zeigte noch einmal mit dem Finger,

„Du hast mein Geld. Ich will's wiederhaben."

Seine Stimme war voller Mitgefühl.

„Nein, Geoff, das stimmt nicht. Ich hab's nicht. Hör zu, ich hab' gerade ein Geschäft im Gange, bei dem einiges 'rausspringt. Ich kann dir davon 'was abgeben, wenn du knapp bei Kasse bist."

Ich schüttelte angewidert den Kopf.

„Du hast also mit meinem Scheck nichts zu tun gehabt und willst mir trotzdem aus reiner Warmherzigkeit Geld geben?"

Er wußte, daß er ausgeschissen hatte, kam aber noch mit einem letzten Versuch.

„Ich hab' den Scheck nicht geklaut, Geoff. Auf das Leben meiner Mutter."

Seine Stimme bebte. Das funktionierte vielleicht bei seiner Freundin, aber nicht bei mir. Mir war klar, daß ich ihm welche verpassen mußte, aber sein Kauern machte mir Probleme. Ich wollte ihn nicht schlagen. Mein Gott, wurde ich mit zunehmendem Alter weich? Das Problem war, daß ich ihn einfach verhauen mußte, sonst käme er glatt mit der Sache davon. Ich kam aber nicht auf Volltouren. Im Gegenteil, er tat mir langsam etwas leid.

„Wieviel Geld hast du?"
Er muß das Verständnis in meinen Augen gesehen haben.
„Nichts Mann, keinen Pfennig."
BUMM! Ein linker Haken knallte gegen seine Schläfe und verfrachtete seine Brille auf die andere Straßenseite. Sein gesamter Körper rollte nach hinten, dann wieder vor.

„Mach', daß du in deine verdammte Bude gehst und mein Geld holst", brüllte ich ihn wütend an, wobei ich meiner Forderung mit einem linken Rundtritt in seine Magengrube Nachdruck verlieh.

Einen Moment lang sah ich Widerstand in seinen Augen. Vielleicht würde er mir tatsächlich den Vorwand geben, ihn fertigzumachen und ihm die diebischen Finger zu brechen. Manchmal haßte ich die dunkle Seite meiner Natur, die nur deshalb Leben gewann, weil es Leute wie ihn gab, die das Schlimmste aus mir hervorbrachten. Eines Tages, so versprach ich mir, würde ich das alles hinter mir lassen und das Böse in mir nie wieder wecken müssen. Aber Coventry würde das, so wußte ich, nie zulassen. Er muß es auch so gesehen haben, denn er machte schneller als die italienische Armee einen Rückzug, fischte in seiner Hintertasche herum und brachte einen Packen Geldscheine zum Vorschein. Seine Hand zitterte, als er ihn mir reichte, und seine Augen flehten mich an, das Geld nicht zu nehmen. Ich zählte die Scheine. Nur hundert Pfund.

„Das reicht nicht, es fehlen zwanzig."
Seine Handbewegung sagte
„Mehr hab' ich nicht, Mann, sonst hab' ich nichts."
Ich schob das Geld in meine Hosentasche; seine Augen folgten meiner Hand, dann sah er mir ins Gesicht.

„Geoff, ich hab' nicht mal was zu essen in der Bude. Nicht einmal eine Flasche Milch im Kühlschrank."
Ich blieb hart. Ich mußte hart bleiben.

„Na und? Daran hättest du denken müssen, b e v o r du mein Geld geklaut hast. Ich schulde dir nichts. Nichts."
Sein Blick ging zum Boden und ich dachte an die Kleine da oben, die seinetwegen nichts zu essen und trinken haben würde. Das Gute in mir siegte über das Böse. Ich nahm das Geld wieder aus der Tasche, zählte dreißig Pfund ab und gab sie ihm. *„Du kommst morgen abend mit fünfzig Pfund zum*

Red Lion, sonst find' ich dich und schlag' dich windelweich. Und diesmal gründlich. Ich werde wohl im Alter weich", sagte ich im Weggehen.

Er erschien am nächsten Abend und brachte mir den Restbetrag.

"Aber du erzählst keinem davon, Geoff, OK?"

"Nein", sagte ich.

Es war aber zu spät. Ich hatte schon vorher dafür gesorgt, daß sein Name Dreck war.

Ein nachdenklicher Geoff Thompson

Nachwort

Ich habe viele Jahre lang und überall nach den literarischen Antworten auf meine Fragen, Sorgen, Ängste und Mißverständnisse über den Kampf und seine vielen Aspekte gesucht. Ich habe viele Bücher über Kämpfer und Kampfesweisen gelesen, von denen einige sogar vorgaben, die Antworten auf die von mir gestellten Fragen zu beinhalten. Wie besiege/kontrolliere ich meine Angst? Wie werde ich mich tatsächlich fühlen, wenn eine gewaltsame oder potentiell gewaltsame Auseinandersetzung bevorsteht? Welche meiner eingeschliffenen Techniken werden mir in einem reellen Kampf tatsächlich nützen? Wie werde ich erkennen, wann eine bestimmte Situation körperlichen Einsatz erfordert? Und so weiter. Die meisten Bücher, die ich las, waren interessant oder sogar informativ, aber nicht ein einziges sagte mir, was ich wissen wollte. Manche ihrer Verfasser wußten offensichtlich nicht die Antworten; bei anderen hatte ich den Verdacht, daß sie die Antworten wußten, diese aber aus unerklärlichen Gründen nicht preisgeben wollten. Mein Verlangen nach dieser unauffindbaren Information wurde so stark, daß ich beschloß, die Antworten selbst zu finden. Dann würde ich ein Buch schreiben und meine Feststellungen unverhohlen und vollständig den Tausenden von Karateka, Judoka, Aikidoka, Ringern und Boxern sowie der Allgemeinheit zur Verfügung stellen.

Die Türarbeit im Stadtzentrum von Coventry lieferte mir alle Antworten, manchmal auf brutale, knallharte Weise. Zum Teil unter großen Schwierigkeiten fand ich heraus, daß jeder Mensch sein und lernen kann, was er will. Wenn man die Hitze des Schmelzofens aushalten kann, ist es möglich, sich zu jeder Person formen zu lassen, die man wirklich sein will. Ein weicher Typ kann hart, ein schwacher stark werden. Dieses ist das Buch, wonach ich selbst so lange gesucht hatte.

Ich bin mir bewußt, daß ich manchen mit meiner brutalen Ehrlichkeit und meinem gelegentlichen Übereifer vor den Kopf gestoßen haben könnte. Wenn es so ist, möchte ich mich an dieser Stelle aufrichtig entschuldigen. Meine Absicht war nur, meinen Lesern einen Einblick in die Arbeitsweise gewalttätiger Menschen zu verschaffen, damit die noch von diesem Krebsgeschwür der Brutalität Verschonten die Möglichkeit haben, die Symptome zu erkennen und frühzeitig mit entschlossener Gegengewalt oder sonst für geeignet gehaltenen Mitteln zu reagieren.

Ich habe in diesem Buch mehrmals betont, daß ich gegen Gewalt bin. Gewalt sollte meines Erachtens nur als letzter Ausweg angewendet werden. Nun mag man sich fragen, weshalb ich selbst so schnell bereit bin, zur Gewalt zu greifen. Nun, ganz einfach, um zu überleben. Wenn man eine Auseinandersetzung nicht verbal beilegen kann, sondern im Gegenteil und in aller Ehrlichkeit überzeugt ist, daß ein körperlicher Angriff unweigerlich bevorsteht, dann sollte man meiner Meinung nach zuerst angreifen. Eine Millisekunde Unentschlossenheit kann in der brutalen Welt des 20. Jahrhunderts den Unterschied zwischen Leben und Tod, Überleben und Zerstörung ausmachen. Wer das für übertrieben hält, sollte einmal an einer Nachtclubtür mit mir stehen, wenn es losgeht, und mir dann sagen, daß ich Unrecht habe. Jeder, der vor mir steht und böse Absichten zu erkennen gibt, ist in großer Gefahr, „vermöbelt" zu werden.

Die Theorie, die ich hier von mir gebe, gehört nicht mir allein. Alle großen Feldherren der beiden Weltkriege, Bürgerkriege oder egal welcher Kriege hatten stets die Devise: Schiesse zuerst und warte nicht, bis du beschossen wirst. Admiral Woodward ließ die *Belgrano* vor den Falklandinseln versenken, weil er den Kreuzer für eine Bedrohung hielt. Hätte er erst einen Angriff abgewartet, wären er und seine Besatzung sehr wahrscheinlich nicht mehr unter den Lebenden.

Coventry ist eine gewalttätige Stadt und hat alle Anzeichen des industriellen Verfalls, aber ich wurde in dieser Stadt geboren und liebe sie einfach. Die hiesige Gewalt geht wie überall sonst von einer kleinen Minderheit aus, die von disziplinlosen Schulen und einem Justizsystem verhätschelt werden, das sich in seiner Toleranz gegenüber solchen Leuten lächerlich macht. Die Einwohner dieser Stadt sind vorwiegend nette, freundliche Menschen, die diese böse Minderheit nur deshalb tolerieren, weil sie keine andere Wahl haben. Ich selbst wende nur Gewalt gegen Gewalt oder potentielle Gewalt an, um diese Mehrheit zu beschützen.

200

Der Autor mit bekannten englischen Boxern

Wenn ich und meine Sorte nicht an den Türen der Gaststätten und Klubs von Coventry stehen würden, hätten die Gesetzlosen das Sagen und viele Unschuldige das Nachsehen.

Man mag einige meiner Taten für barbarisch und meine Ansichten für extrem halten, aber es handelt sich in einer freien Gesellschaft um meine persönliche Wahl, die man hoffentlich als solche respektiert. Würde ich in einer freundlicheren Umgebung leben, wo sich die Gewalt nicht so freizügig als offene Wunde im Narbengesicht der Menschheit offenbarte und wo das Leben sich nicht so sehr als Schaustätte eines ständigen Kampfs zeigte, dann könnte ich hier sicherlich für Weisheit anstelle von Gewalt im Umgang mit anderen plädieren.

Heute arbeite ich immer noch an den Türen von Coventry, aber nur aus finanziellen Gründen. Sobald es meine Geldbörse zuläßt, werde ich aufhören und meine Fliege sozusagen an den Nagel hängen. Warum? Weil ich die Türarbeit aus finanziellen Gründen begonnen habe und auch jetzt nur wegen des Sahnehäubchens, nämlich Geld, an diese Branche gebunden bin. Ich lebe in einem wunderschönen Haus mit meiner geliebten Sharon, die mich wie Porzellan behandelt und mir ein Kaleidoskop von Lebensglück gezeigt hat, das ich nie erahnt hätte. All das könnte ich aber schnell und erbarmungslos mit meinem Leben oder meiner Freiheit verlieren, sollte ich im Dienst töten oder getötet werden. Zur Zeit arbeite ich an der Tür im *Devon* und habe die Ehre, zur besten *Tür* in Coventry zu gehören, unter der Obhut von Seymore, der ein Gentleman ist und mein Idealbild von einem Türsteher verkörpert.

Oft ertappe ich mich dabei, daß ich die Taktiken und Theorien der Gewalt, nach denen ich so lange gelebt habe, kritisch hinterfrage und untersuche und mich frage, ob es nicht eine freundlichere Alternative zur Gegengewalt gibt. Wie ich die Dinge auch drehe, komme ich aber immer wieder zur selben traurigen Erkenntnis: bei diesen Leuten und in dieser Umgebung wäre alles andere wirkungslos und würde nur meine eigene Sicherheit sowie die der Menschen, die ich beschützen soll, gefährden.

Im Rückblick bin ich überzeugt, daß ich richtig gehandelt habe. Ich habe meine Examen in der Schule des Mutes

202

mit Bravour bestanden. Dabei hat mir das Kämpferdasein beigebracht, daß Freundschaft wahrlich etwas unschätzbar Wertvolles und das Leben tatsächlich schön ist. Gewalt und gewalttätige Menschen stellen nur die Dornen dar, die an jeder Rose zu finden sind. Die Existenz dieser Dornen darf uns nur nicht den süßen Duft der Rose versauern.

Als ich meine Türarbeit begann, war ich ein schmächtiger, ängstlicher junger Mann und kam mir vor wie ein junger Bergsteiger, der vor seinem ersten Gipfel steht. Das ganze Leben war wie ein Peiniger auf dem Schulhof, und ich wollte den Schmerz stoppen, um ein glücklicheres, mutigeres Leben zu führen. Karate gab mir die moralische Kraft, die Herausforderung anzunehmen, und die Erkenntnis, daß ich mit dieser Herausforderung klarkam und fertigwurde, gab mir das Rückgrat. Der Kreis hat sich jetzt geschlossen. Ich bin wieder freundlich und schonend im Umgang mit anderen, aber ich habe alle meine Ängste fest an der Leine und lasse mich nicht vom Leben kleinkriegen. Mein Geist übt eine eiserne Disziplin aus, die jede negative Einstellung platter als einen Schatten quetscht.

Ich danke Gott dafür, daß er mir den Mut gab, meinen Dämonen entgegenzuwirken und sie für immer zu vertreiben. Dem einen oder anderen hat dieses Buch hoffentlich gezeigt, wie es geht.

Geoff Thompson

Geoff Thompson im Training

Auf reine Karate-Techniken verläßt er sich
nicht mehr. Stattdessen favorisiert er eine
taktile Vorkampfstellung, die dem WT
ähnelt und die er „*Fence*" (Zaun)
nennt.
Daraus entwickelt er möglichst ansatzlose,
überfallartige Angriffstechniken, wobei er
selbst den Haken (nicht den Schwinger!)
vorzieht.

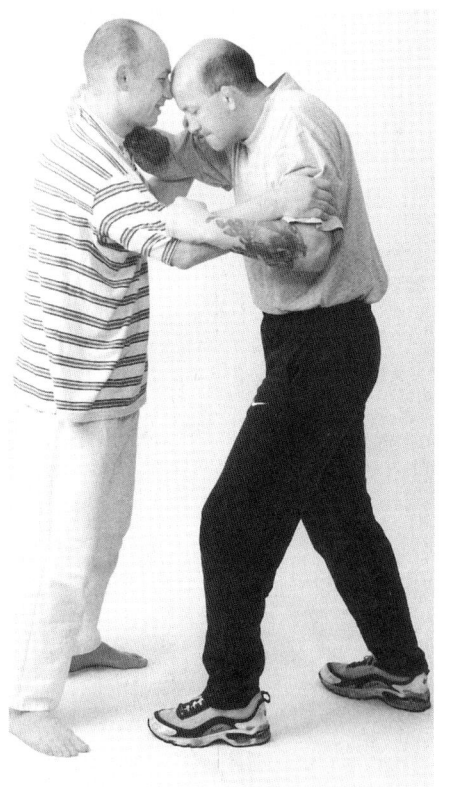

Unten links warnt er vor
der guten alten „*Kopfnuss*"
die viele Schläger in
ihrem Repertoire
haben.

Beautiful Sharon

Und hier ist die Gelegenheit, Sharon in Aktion zu sehen, Geoffs Herz-dame. Die Lady hat so einiges auf dem Kasten. Unter anderem ist sie eine der wenigen weiblichen Schiedsrichter im Ringen!

GEOFF THOMPSON:

Das beste Buch seiner Art auf dem heutigen Markt! Es hat mir die Augen geöffnet! Es deckt so viele Aspekte ab, daß man es nicht nur einem Stil zuordnen kann; es befaßt sich mit allen Stilen, aber, als scheinbares Paradox, mit keinem Stil. Es ist alles umfassend und meiner Meinung nach eines der ausführlichsten Bücher zum Thema Kampf, die es heute gibt.
Sehr empfehlenswert!

Es ist für mich eine besondere Freude, eine Empfehlung zu dem Buch *On Single Combat* schreiben zu dürfen, nicht zuletzt weil der Verfasser ein Mann ist, den ich sehr bewundere. Aber ein netter Mensch und ein großer Kampfkünstler zu sein, und Keith ist ganz gewiß beides, reicht allein nicht aus, um mich dazu zu bewegen, ein Buch über meine Lebensaufgabe - die Kampfkunst - zu befürworten. Dafür muß das Buch mich wirklich beeindrucken. Dieses tat viel mehr, es öffnete mir die Augen! Auf den ersten Blick könnte man *On Single Combat* irrtümlicherweise als ein Buch über Wing Chun oder WingTsun (WT) - so schreibt sich das System von Großmeister Leung Ting - sehen. Schließlich ist der Verfasser ein weltweit anerkannter Meister dieser Kunst, aber der Inhalt deckt soviele Aspekte ab, daß man dieses Buch nicht nur einem Stil zuordnen kann; es befaßt sich mit allen Stilen aber, als scheinbares Paradox, mit keinem Stil. Es ist alles umfassend und meiner Meinung nach eines der ausführlichsten Bücher zum Thema Kampf, die es heute gibt.

Ich lernte Keith 1997 in London kennen, wo wir einen Tag damit verbrachten, uns über die Kampfkünste zu unterhalten und Ideen auszutauschen. Nach nur wenigen Minuten war es offensichtlich, daß unsere Wege und Erfahrungen mit der Kampfkunst sehr, sehr ähnlich waren. Ich empfand sofortige Sympathie und tiefen Respekt für ihn. Das hört sich vielleicht von einem ehemaligen Nachtklubtürsteher seltsam an, dessen Grundsystem Shotokan-Karate ist. Auf den ersten Blick könnte man meinen, daß Keith und ich um Welten auseinanderliegen, doch sprechen wir dieselbe Sprache, unsere Gedanken und Meinungen laufen parallel, und unsere Überzeugungen sind untrennbar ähnlich. Wie kann das sein? Vielleicht weil wir beide auf der Suche nach dem persönlich besten Weg den bitteren Geschmack der Frustration kosten, nein in vollen Zügen trinken mußten und unterwegs die schmerzhaften Schläge des Boxers, die zerreißenden Hebel des Ringers und die Hammerschläge des Trittspezialisten zu spüren bekamen. Auch den Straßenkämpfer haben wir kleingekriegt, und wir kennen beide die geistigen Qualen, die der Kampf mit dem größten Gegner von allen - uns selbst - mit sich bringt. Aufgrund dieses schweren Werdegangs kennen wir uns selbst und können, wie General Sun Tzu vor etwa 2500 Jahren sagte, in 100 Schlachten ohne Angst vor der Niederlage gehen. Eine weitere wichtige Erkenntnis, die wir auf unserer blutigen und schwierigen Reise gewannen, war die absolute Sinnlosigkeit von Gewalt und die Tatsache, daß körperliche Gegenwehr nur dann gerechtfertigt ist, wenn keine anderen Mittel vorhanden sind. Ein ausgebildeter Kampfkünstler zu sein heißt, eine sehr große Verantwortung zu tragen. Hat man gewisse Fähigkeiten erreicht, macht man sich keine Sorgen mehr über das eigene Verletzungsrisiko bei einer Auseinandersetzung, sondern quält sich mit dem Gedanken, einen Gegner schwer zu verletzen oder gar zu töten, der eigentlich nur einen Wink in die richtige Richtung anstelle einer Faust aufs Auge brauchte. Auf Meisterniveau entwickelt sich die Kunst also zur Selbstkontrolle, nicht zur Selbstverteidigung. Man steht über dem Bedürfnis, andere zu kontrollieren und konzentriert sich auf die höhere und wertvollere Aufgabe, sich selbst zu kontrollieren. Das Training findet auf einer inneren, undefinierbaren Ebene statt, wo man mit den Dämonen im eigenen Geist und den dunklen Kräften der Welt kämpft. Hat man dieses Stadium erreicht – ein lobenswertes Ziel und keinesfalls für den Schwachmütigen – dann entsteht eine Aura, die den Meister von anderen Menschen unterscheidet.

Als ich Keith zuerst kennenlernte, empfing er mich nicht mit dem eisernen Handschlag eines Mannes, dessen Bewußtsein immer noch auf der körperlichen Ebene arbeitet und auch von der unannahbaren Haltung des Unsicheren war nichts zu spüren. Ich machte vielmehr mit einem sanften, selbstbewußten Mann mit einem freundlichen Lächeln, einer offenen Einstellung und der Aura eines Kämpfers Bekanntschaft. Napoleon sagte einmal, daß die Ansicht des Schlachtfelds nach einer Schlacht ausreicht, um Prinzen mit Liebe für den Frieden und Abscheu gegen den Krieg zu inspirieren. Keith und ich haben dieses Schlachtfeld gesehen und diese Inspiration gefühlt. Es gibt mehrere Wege zum Gipfel eines Bergs, aber vom Gipfel ist die Aussicht die gleiche. Darin ist die geistige Verwandtschaft zwischen Keith und mir begründet, und deswegen schreibt ein eingefleischter Shotokan-Kämpfer das Vorwort zu einem Buch von einem geschätzten WingTsun (WT)-Kämpfer.

208

Nach meiner Überzeugung sind Liebe und Wissen die zwei wichtigsten Dinge im Leben. Dieser Verfasser und sein Buch haben beides im Überfluß und werden von mir für jeden wärmstens empfohlen, der Selbstschutz bzw. Selbstverwirklichung auf der körperlichen oder geistigen Ebene sucht.

Dieses Buch enthält soviel gesunden Menschenverstand, daß jeder es lesen und sich für die Realität vorbereiten sollte. Ob Anfänger oder Experte, Mann oder Frau, Lehnsmann oder Fürst - dieses Buch enthält etwas für jeden, unabhängig von Stil, Hautfarbe, Glaubensrichtung oder Lebenseinstellung. **Es könnte irgendwann Leben retten. Sehr empfehlenswert, das beste Buch seiner Art auf dem heutigen Markt!**

Geoff Thompson

Escrima-Europa Cheftrainer Bill Newman, Geoff Thompson, Sharon, Keith R. Kernspecht, Escrima-Meister Steve Tappin, Freddie. London 97

KRAFTTRAINING
für
KUNG FU und KARATE

Mit großem Ernährungsteil

Eberhard Schneider

BESTSELLER! 13. Auflage

Krafttraining
für Kung Fu & Karate

In der 10. Auflage!

Der Verfasser hat die Krafttrainingsszene 20 Jahre als Aktiver und Beobachter studiert, Beiträge aus seiner Feder sind in deutschen und amerikanischen Kraftsportmagazinen erschienen. Sein Interesse für Kampfkünste führte dazu, Kenntnisse über Kraft- und Techniktraining miteinander zu verbinden. Ein deutsches Buch dieser Art war lange überfällig.

Wozu Kraft?

Wir kennen die Philosophie: Mit einem überlegenen Kampfsystem kann ein stärkerer Gegner besiegt werden; Technik besiegt die rohe Kraft, der Geist überwindet den Körper.

Schon richtig. Aber wie stehen die Chancen, wenn der stärkere Gegner in gleichem Maße technisch versiert ist? Dann entpuppt sich die Schwäche als das, was sie von vornherein war: Als ein Nachteil.

Im Boxen ist das ein alter Hut. Hier würde niemand auf die Idee kommen, einen dünnen Weltergewicht-

ler (67 kg) gegen einen muskulöser Halbschwergewichtler (79,5 kg) antreten zu lassen, nur weil vielleicht beide gleich groß sind und über ein ähnliches Maß an Kampferfahrung verfügen. Die Vorteile des kräftigeren wären offensichtlich: Seine starken Angriffe könnten die schwachen Abwehren des anderen zerschlagen, während jener mit schwachen Abwehren nur schwer die stärkeren Abwehren durchdringen würde.

Bei "Kampfsportlern" muß man oft deutlicher werden und z.B. einen 190 Pfund-Braungurt gegen eine 110 Pfund-Dan-Trägerin antreten lassen. Eigentlich müßte die "Meisterin" den Braungurt "wegputzen" können, aber in aller Regel gibt es keinen Kampf, sondern betretene Gesichter, aber dann fängt das große Argumentieren an: "Ja, aber ..." – obgleich die gescheiten Theoretiker in Wirklichkeit längst am Boden lägen.

Wer also in körperlichen Auseinandersetzungen überlegen sein möchte, tut gut daran, sich nicht ausschließlich auf das Erlernen von Kampftechniken zu beschränken. Im Ernstfall wird er über jeden Vorteil froh sein, den er auf seiner Seite hat – und neben technischem Können ... ist ein Mehr an Kraft ein solcher Vorteil.

Somit stellt sich die Frage: Wie bekommt man mehr Kraft? Durch *gezieltes* Krafttraining!

Aus dem Inhalt:

• Was muß beachtet werden, damit Krafttraining nicht langsam macht?

• Wie ist zu verhindern, daß Krafttraining durch Störung der Feinmotorik zum Einschleifen falscher Techniken führt?

- Die besten Übungen – Gründe für die Auswahl – die Rolle der Koordinationsmuster.

- Vor- und Nachteile von Trainingsmaschinen.

- Grundkenntnisse des Krafttrainings – Belastungen, Wiederholungen, Sätze – die Rolle des "Cheatens" – progressives Training – mit kleineren Programmen größere Fortschritte – Überkompensation und Trainingshäufigkeit.

- Trainingszeiten und Energierhythmen – wie man sie beruflichen Sachzwängen anpaßt.

- Aufwärmen: Abkehr von der "alten Schule" – Physiologisches und Praktisches.

- Bessere Muskelerholung durch gezielten Milchsäureabbau.

- Vor- und Nachteile des Aufpumpeffekts.

- Dehnungsübungen – die Rolle von Kontraktionsreflexen.

- Zusammenstellen eines sinnvollen Programms unter Berücksichtigung der behandelten Gesichtspunkte.

- Krafttraining oder Bodybuilding ? Der Stellenwert der Nautilus- Maschinen, die Funktion von Muskelketten.

- Besondere Maßnahmen: Mangelnde Höhe des Mae-Geri, Dehnungsübungen oder Beinmuskeltisch ? – Alternativen zur Hantelkniebeuge bei Rückenbeschwerden – "knurpselnde" Deltamuskeln – schmerzende Trizepssehnen – neue Erkenntnisse über die Behandlung von Blutergüssen und Schwellungen nach "Vollkontakt".

- Isometrisches Training an der "Chinesischen Holzpuppe".

- Ausführliche Informationen über Ernährung zur Leistungssteigerung – Grundwissen – Spezialkenntnisse – Nahrungskonzentrate: Propaganda und Wirklichkeit – Vor- und Nachteile von Vitaminüberdosierungen – individuelle Stoffwechsel.

- Trainingsreizverstärker für Fortgeschrittene.

- Anabolika – wie sie wirken – was man beachten muß – Einblicke ins pharmazeutische Leistungstraining".

- Verletzungen und Verschleißerscheinungen durch Krafttraining.

- Umfangreiches Vitamin-Kapitel

Das Standardwerk von Eberhard Schneider beantwortet Fragen, die andere noch gar nicht gestellt haben, und erklärt in leichtverständlicher Sprache, wie man in kürzester Zeit *funktionelle* Kraft für Kung Fu oder Karate aufbauen kann. Darüber hinaus ist es eine Fundgrube für Sportler jeglicher Couleur, weil es allgemeingültige Trainingsprinzipien analysiert und scharf von kommerzieller Propaganda trennt.

238 Seiten mit über 100 Fotos und Abbildungen.